아름다운 가정을 가꾸는 교훈

가범
(家範)

司馬 光 지음
李 永 求 해역

'가범(家範)'이란 어떤 책인가?

가범은 북송(北宋)의 정치가이자 사학자인 사마광(司馬光 : 1019~1086)이 저술한 유가류(儒家類)에 속하는 저서의 이름이다.

가범은 모두 10권 22장으로 이루어져 있다. 전체 내용은 민첩한 덕으로 행동의 근본을 삼아 집안의 교육과 사회의 질서를 구현한 일화들이다.

제1권에서는 첫머리에 '주역(周易)' 가인괘(家人卦)의 괘사와 단사를 싣고 '대학'의 경문과 '효경'의 일부 문장과 '서경'의 요전(堯典) 일부와 '시경' 대아 사제(思齊)편의 글을 전재하여 총론으로 다루었는데 이 번역서에서는 제일 마지막 22장으로 옮겼다. 제1권에는 어떻게 하면 집안을 잘 다스릴 수 있는가 하는 방법과 집안을 잘 다스린 모범적 18가(十八家)를 나열했다.

제2권에서는 조상에 대한 모범론을 전재하고 본받을 수 있는 선조의 일곱 집안을 열거했다.

제3권에서는 아버지의 엄한 자식교육을 다뤄 공자(孔子) 등 10인의 교육법과 군자의 교육론을 피력했고 주(周)나라 태임(太任)을 비롯한 여러 가정의 예를 들어 어머니의 자식교육론도 나열했다.

제4권과 제5권에서는 아들이 부모에게 효도하는 방법과 효자로서 효행을 실천한 25가정을 예로 들어 설명했고, 부모가 사랑하지 않아도 자식은 효도해야 하는데 사랑하지 않는 부모를 효도로 모신 사람들의 행적을 이론과 함께 다루었다.

제6권에서는 여자로서 효도하는 방법과 그것을 실천한 집안을 소개하고, 손자로서의 처신과 효를 설명하고, 백부와 숙부를 모시는 방법과 실천에 옮긴 여섯 집안을 소개하고, 조카로서의 처신과 모범적으로 실천한 두 집안을 실었다.

제7권에서는 형의 처신과 형으로서 집안을 이끌어 가는 모범사례 다섯 집안을 소개하고, 아우로서 형을 섬기는 법과 모범적인 아우 25인을 나열하고, 고모와 누이와 누이동생이 행해야 할 행동과 그것을 행동으로 옮긴 네 명의 여인들을 소개하고, 남편과 아내의 도리를 열거하고 여섯 가정의 사례를 들었다.

제8권과 제9권에서는 아내란 무엇인가에서부터 아내로서의 도리와 가정을 이끄는 방법을 다루고 정절을 지킨 여인 16명과, 정처(正妻) 외의 여인의 행동 강령을 제시하고 그 강령에 따른 22 여인의 행적을 담았다.

제10권에서는 외삼촌과 생질의 인간관계를 논하고 외삼촌과 생질의 각별한 사례 세 집안과, 시부모의 도리와 며느리의 도리와 며느리의 도리를 다한 8명의 행적과, 첩으로서의 행동거지와 본처를 섬기는 도리와 두 가지 사례, 유모와 보모의 행동준칙과 그들이 행한 모범사례 네 가지를 나열하고 그 방안을 제시했다.

'가범'은 완전한 가정교육의 지침서이며 주자(朱子)가 소학을 저술할 때 내용의 절반 이상을 가범에서 발췌하였다.

주자가 일찍부터 "민첩한 덕으로 행동의 근본을 삼은 것을 사마광이 본받았다."고 했는데, 이는 이 가범을 두고 한 말이다.

사마광은, 중국의 섬주(陝州) 하현(夏縣) 속수향(涑水鄉)에서 태어났다. 자(字)는 군실(君實)이고 어사중승(御史中丞)에 있다가 당시 왕안석(王安石)의 신법에 반대하여 파직되자 낙양에 칩거하면서 '자치통감(自治通鑑)' 294권을 편찬했다. 죽은 뒤 온국공(溫國公)에 봉해지고 문정(文正)이란 시호가 내려졌다. 문집 80여 권이 있다.

사마광은 유학(儒學)을 발흥시키고 공자(孔子)의 도를 실천하는데 앞장섰으며 명분(名分)과 도의(道義)를 평생의 신조로 일관한 지행(知行)을 겸비한 학자였다. 따라서 '가범(家範)'을 지은 것은 어쩌면 당연한 그의 의무였는지도 모른다.

가범(家範) 제요(提要)

　신(臣 : 紀昀, 陸錫熊, 孫士毅) 등이 삼가 고찰해 보니 '가범(家範)' 10권은 송(宋)나라 사마광(司馬光)이 편찬하였습니다.

　사마광이 지은 '온공역설(溫公易說)' 등의 여러 글이 이미 별도로 기록되어 있습니다.

　이런 내용은 송나라 역사서 '예문지'와 '문헌통고(文獻通考)' 등에 나와 있는데 그 곳에 기록된 목차도 이 '가범'과 같습니다.

　당시의 원본은 한(漢)나라 안지추(顔之推)가 '가훈(家訓)'을 지어서 자제들을 교육한 것이었는데, 그 의론이 매우 바르고 글의 뜻이 넘쳐서 능히 모든 경의 뜻을 다 포용하지 못하여 적인걸(狄仁傑)이 '가범(家範)' 1권을 지었습니다.

　역사의 기록에 그 목록만 실려 있고 글은 전하지 않습니다. 이에 사마광이 적인걸의 옛책 이름을 취하여 별도로 살펴보고 보충하여 후학들의 본보기로 제시하였습니다.

　제일 첫머리에 '주역' 가인괘(家人卦)의 괘사와 단사를 다 싣고, '대학(大學)' 경문(經文)과, '효경(孝經)' 일부 문장과, '서경(書經)' 요전(堯典) 일부와, '시경' 대아(大雅) 사제(思齊)편의 글을 실어 '가범'의 머리글로 하였습니다.〔이 책에서는 이 부분을 마지막장으로 넣어 총론(總論)이라 했다.〕

　그 뒤로 '집안을 다스리는 것'에서부터 '유모(乳母)'에 이르기까지 19편으로 이뤄졌습니다.

　역사에 전해 내려오는 일에서 법칙이 될 만한 여러 가지를 모아서 사마광이 하고 싶은 말을 사이에 넣었는데, 주자(朱子 : 朱

熹)가 지은 '소학(小學)'과 뜻의 차이는 있으나 기본적인 방향
은 대략 같습니다.

　사마광이 지은 '가범'은 그 절목을 완전히 갖추어 날마다 쓰는
데 필요하고 간결하면서도 번거롭지 않아서, 실제로 유학자들이
행동을 다스리는 데 중요한 요소가 될 것입니다.

　주자(朱子)가 일찍이 주례(周禮) 사씨(師氏)를 논하여 이르
기를 "지극한 덕으로써 도(道)의 근본을 삼은 것은 명도선생(明
道先生)이 본받았고 민첩한 덕으로써 행동의 근본을 삼은 것은
사마온공(司馬溫公)이 본받았다."고 하였는데, 이 편을 보면 법
을 본뜨고 풍속을 따르고자 꾀한 내용의 대개를 볼 수 있습니다.

　건륭(乾隆 : 청나라 연호) 42년 5월에
　공손히 교정해 올립니다.

　총찬관(總纂官) 신(臣) 기균(紀昀)·육석웅(陸錫熊)·손사의(孫士毅)
　총교관(總校官) 신(臣) 육비지(陸費墀).

　欽定四庫全書 子部一 家範 儒家類 提要
　臣等謹按 家範十卷 宋司馬光撰 光所著溫公易說 諸書已別著錄
是書見於宋史 藝文志文獻通考者 卷目俱與此相合 蓋猶當時原本
自顔之推作家訓 以敎子弟 其議論甚正 而詞旨氾濫 不能盡本諸經
訓 至狄仁傑著有家範一卷 史志雖載其目 而書已不傳 光因取仁傑
舊名別加甄輯 以示後學準繩 首載周易家人卦辭 大學 孝經 堯典 詩
思齊篇語 則卽其全書之序也 其後自治家至乳母凡十九篇 皆襍採
史傳事可爲法則者 亦間有光所論說 與朱子小學義例差異 而用意
畧同 其節目備具 切於日用 簡而不煩 實足爲儒者 治行之要 朱子
嘗論周禮師氏云 至德 以爲道本 明道先生以之 敏德以爲行本 司馬
溫公以之 觀於是編 其型方訓俗之規 尤可以槩見矣 乾隆四十二年
五月恭校上
　總纂官 臣 紀昀 臣 陸錫熊 臣 孫士毅
　總校官 臣 陸費墀

차 례

8　가범(家範)

제5권 가범(家範卷五) / 129

제6장 아들·하〔子下〕 / 129

제6권 가범(家範卷六) / 161

제7장 여자[女] / 161

제9권 가범(家範卷九) / 269

제16장 아내·하〔妻下〕 / 269

가범(家範)

제1권 가범(家範卷一)

제1장 집안을 다스리다〔治家〕

1. 순종해야 할 6가지 바른 도(道)

위(衛)나라 대부 석작(石碏)이 말했다.

"임금은 의롭고 신하는 따르며 아버지는 인자하고 아들은 효도하며 형은 사랑하고 동생은 공경하는 일을 '순종해야 할 여섯 가지 바른 도리'라고 이른다."

衛石碏[1]曰 君義臣行 父慈子孝 兄愛弟敬 所謂六順[2]也

1) 衛石碏(위석작) : 춘추 시대(春秋時代) 위나라의 대부 석작.
2) 六順(육순) : 순종해야 할 여섯 가지 도리.

2. 집안을 다스리는 데는 예의가 최고

춘추 시대 제(齊)나라 안영(晏嬰)이 말했다.

"군주는 명령하고 신하는 그것을 함께 하며 아버지는 사랑하고 아들은 효도하며 형은 우애하고 아우는 공경하며 지아비는 화목하고 아내는 유순하며 시어머니는 자애롭고 며느리는 경청하는 것을 예라고 한다.

군주는 명령하고 어긋나지 않으며 신하는 군주의 명령과 함께 하고 두 마음을 가지지 않으며 아버지는 인자하고 가르치며 아들은 효도하고 조신하며 형은 사랑하고 우애하며 아우는 공경하고 따르며 남편은 화목하고 의로우며 아내는 유순하고 정직하며 시어머니는 자애롭고 따르게 하며 며느리는 잘 듣고 유순한 것은 예절의 선물이다. 집안을 다스리는 데는 예절 만한 것이 없고 남자와 여자의 분별은 예의의 큰 부분이다. 그러므로 집안을 다스리는 자는 반드시 예의를 먼저 한다.

남자와 여자는 섞여 앉지 않으며 옷걸이를 같이 사용하지 않으며 수건이나 빗을 함께 쓰지 않으며 친히 주고받지 않는다. 형수와 시동생은 서로 문안하지 않으며 여러 어머니들은 함께 빨래나 양치질을 하지 않는다. 집 밖의 말〔言〕은 문지방 안으로 들이지 않으며 집 안의 말은 문 밖으로 나가지 않게 한다.

여자가 시집가서 큰 연고가 없으면 친정으로 가지 않으며 고모나 누이나 여동생이나 딸이 시집갔는데 되돌아온다면 형제간이라도 자리를 함께하여 앉지 않으며 그릇을 함께하여 밥먹지 않는다.

남자와 여자는 중매하는 이가 있지 않으면 서로 이름을 알지 않고 폐백을 받지 않았으면 서로 사귀거나 친하게 지내지 않는다.

그러므로 장가를 가려면 날짜를 가려서 군주에게 고하고 몸을 재계하여 귀신에게 고하며 술과 음식을 만들어 고을의 동료들을 부르는 것은 남녀의 분별을 더욱 두텁게 하는 일이다."

齊晏嬰[1]曰 君令臣共 父慈子孝 兄愛弟敬 夫和妻桑 姑慈婦聽 禮也 君令而不違 臣共而不貳[2] 父慈而敎 子孝而箴 兄愛而友 弟敬而順 夫和而義 妻桑而正 姑慈而從 婦聽而婉 禮之善物也 夫治家莫如禮 男女之別 禮之大節也 故治家者 必以爲先 禮 男女不雜坐 不同椸枷[3] 不同巾櫛 不親授受 嫂叔不通問 諸母[4]不漱裳 外言不入於梱 內言不出於梱 女子許嫁 纓 非有大故[5]不入其門 姑姊妹女子子已嫁而反 兄弟弗與同席而坐 弗與同器而食 男女非有行媒不相知名 非受幣[6]不交不親 故日月以告君 齋戒以告鬼神 爲酒食以召鄉黨僚友 厚其別也

1) 齊晏嬰(제안영) : 춘추 시대 제(齊)나라의 재상 안영.

2) 不貳(불이) : 두 마음을 갖지 않다. 곧 배신하지 않다.

3) 椸枷(이가) : 지금의 옷걸이. 옛날의 횃대.

4) 諸母(제모) : 적모(適母), 서모(庶母), 또는 백중숙(伯仲叔)의 모

5) 大故(대고) : 큰 불상사나 또는 잔치.

6) 受幣(수폐) : 결혼하려고 예물을 보낸 단계.

3. 부인은 전송할 때 문밖을 나가지 않는다

또 안영이 말했다.

"남자와 여자는 제사 지내는 일이나 상사(喪事)가 아니면 그릇을 서로 주고받지 않는다. 서로 주고받으려면 여자는 받을 때 광주리에 받고, 광주리가 없으면 다 거두어 놓은 후에 거두어 간다.

밖과 안이 우물을 함께 쓰지 않고 함께 목욕하지 않고 이부자리를 통용하지 않고 빌려 주고 빌리는 일을 서로 하지 않는다. 남자는 안으로 들어와서 휘파람을 불거나 손으로 가리키지 않으며 밤에 다닐 때에는 촛불을 가지고 다니며 촛불이 없으면 중지한다.

여자가 문 밖을 나갈 때에는 반드시 얼굴을 가리고 다니며 밤에 다닐 때에는 촛불을 밝히고 움직이며 촛불이 없으면 움직이지 않는다. 도로에서는 남자는 오른쪽으로, 여자는 왼쪽으로 다닌다."

"사람이 태어나서 7세가 되면 남자와 여자가 자리를 함께 하지 않으며 음식을 함께 먹지 않는다. 남자 나이 10세가 되면 밖의 스승에게 나아가 배우고 밖의 사랑채에서 잠잔다. 여자 나이 10세가 되면 밖으로 나가지 않는다."

"부인이 남을 보내고 맞이할 때에는 문밖으로 나가지 않으며 형제를 볼 때에도 대문 턱을 넘지 않는다."

"군주 부인의 부모가 살아 계시면 부인은 돌아가서 문안을 드리고, 돌아가시면 경을 보내서 위로한다."

又男女非祭非喪不相授器 其相授則女受以筐 其無筐則皆坐奠之
而后取之 外內不共井 不共湢浴[1] 不通寢席 不通乞假 男子入內 不

嘯不指 夜行以燭 無燭則止 女子出門 必擁蔽其面 夜行以燭 無燭
則止 道路 男子由右 女子由左

又子生七年 男女不同席 不共食 男子十年 出就外傳²⁾ 居宿於外
女子十年不出

又婦人送迎不出門 見兄弟不踰閾

又國君夫人父母 在則有歸寧³⁾ 沒則使卿寧⁴⁾

1) 湢浴(벽욕) : 목욕하다.
2) 外傅(외부) : 밖의 스승. 학교의 선생님.
3) 歸寧(귀녕) : 돌아가서 안부를 묻다.
4) 卿寧(경녕) : 경을 보내서 안부를 묻다. 곧 위로하다.

4. 남녀 사이의 분별하는 예절을 알다

춘추 시대 노(魯)나라 공보문백(公父文伯)의 어머니는 계씨
(季氏) 집안으로 시집갔다.

계강자(季康子)가 노나라 조정에 있을 때, 더불어 말하면 응대
하지 않았다. 쫓아서 침문(寢門)에 이르러도 응대하지 않고 방안
으로 들어갔다.

계강자가 조정에서 물러나와 들어가 뵙고 말하기를

"비(肥)는 명을 듣지 못했습니다. 비에게 잘못이 있습니까."
라고 하자, 공보문백의 어머니가 말했다.

"침문 안은 부인이 업(業)을 다스리는 곳으로 위아래가 한 가
지이다. 밖의 조정에서는 그대가 장차 군주의 관직을 업으로 삼
고 집안에서는 그대가 장차 계씨(季氏)의 정사를 다스리는데 이
것은 다 내가 감히 왈가왈부할 바가 아니다."

공보문백의 어머니는 계강자(季康子)의 종조숙모(從祖叔母)
이다. 어느 날 계강자가 찾아와 뵙자 그는 문을 열고 더불어 말하
였으나 모두 문지방을 넘지 않았다.

중니(仲尼)가 이 소문을 듣고 "남녀 사이의 분별하는 예절을
행할 줄 안다."라고 했다.

魯公父文伯¹⁾之母 如季氏 康子²⁾在其朝 與之言 弗應 從之及寢
門³⁾ 弗應而入 康子辭於朝而入見 曰 肥也不得聞命 無乃罪乎 曰 寢
門之內 婦人治其業焉 上下同之 夫外朝子將業君之官職焉 內朝子
將庀季氏之政焉 皆非吾所敢言也

公父文伯之母 季康子之從祖叔母也 康子往焉 闔門⁴⁾而與之言 皆
不踰閾 仲尼⁵⁾聞之 以爲別於男女之禮矣

1) 魯公父文伯(노공보문백) : 춘추 시대 노(魯)나라의 대부. 이름은 촉(歜). 그
   의 어머니는 경강(敬姜)이다.
2) 康子(강자) : 노나라 대부 계강자(季康子). 이름은 비(肥)이다.
3) 寢門 (침문) : 사랑으로 드나드는 문.
4) 闔門(위문) : 문을 열다.
5) 仲尼(중니) : 공자의 자(字).

5. 한나라 만석군 석분(石奮)의 집안

한(漢)나라 때 만석군(萬石君) 석분(石奮)은 별로 배운 것이
없었지만 공손하고 몸을 삼갔는데 그런 태도는 누구와 비교할 사
람이 없었다. 석분의 맏아들은 이름이 건(建)이고 둘째는 갑(甲)
이고 셋째는 을(乙)이고 막내아들은 경(慶)인데, 다 착한 행동을
하고 부모에게 효도하며 몸을 조심하였으며 벼슬이 2천 석(二千
石)의 녹봉에 이르렀다.

이에 한경제(漢景帝)가 말하기를 "석분과 그의 아들 넷이 다
2천 석의 녹봉을 받으니 모든 사람들이 그를 높이고 그의 집안을
칭송하므로 그것을 이름하여 석분은 '만석군'이다."라고 불렀다.

경제 말년에 만석군은 상대부(上大夫)의 관직에서 물러나 집
에서 노년을 보냈다. 자손들이 작은 벼슬아치라도 되어 돌아와 찾
아뵈면 만석군은 반드시 조정에서 입는 관복을 입고 만나보았으
며 그 자손의 이름을 부르지 않았다.

자손에게 잘못이 있으면 그들을 말로 꾸짖지 않고 자신의 방에
들어가 앉아서 밥상을 대해도 먹지 않았다. 그러면 여러 사람이

서로 그 잘못을 나무라고 집안에서 제일 나이가 많은 사람이 사죄의 뜻으로 윗옷을 벗고 마음으로부터 사죄하여 고친 다음에야 비로소 용서하였다.

자손들 가운데 관을 쓸 나이가 된 자가 곁에 있을 때에는 비록 일 없이 한가하게 있을 때라도 반드시 관을 쓰고 점잖게 행동했다. 하인들에게는 온화하고 즐거운 모습으로 대하면서도 오직 조심하고 삼갔다.

만석군이 상을 집행할 때에는 매우 심하게 슬퍼했는데 자손들이 그의 가르침에 따르고 만석군과 같이 행동하였다.

만석군 집안의 효도와 공손함은 군국(郡國 : 전국 곳곳)에 알려졌는데, 비록 제(齊)나라나 노(魯)나라의 선비라도 행실을 삼가는 태도는 모두 만석군에게 미치지 못한다고 인정하였다.

한나라 무제(武帝) 건원(建元) 2년에 낭중령(郎中令) 왕장(王臧)이 문학으로써 황태후(皇太后)에게 죄를 얻었다.

황태후가 "선비된 자는 문학은 많으나 본바탕이 부족하다. 지금 만석군의 집안에서는 말하지 않아도 몸소 실천한다."라고 했다. 이로 인하여 맏아들 건(建)이 낭중령이 되었고 막내아들 경(慶)이 내사(內史)가 되었다.

건이 늙어서 백발이 되었는데도 만석군은 오히려 아무 탈 없이 지냈다. 건은 5일마다 목욕하고 돌아와 아버지를 뵙고, 친히 침실 곁의 작은 방으로 들어가 만석군을 모시는 자에게 가만히 부탁하여 만석군의 속옷과 변이 묻은 옷을 달라고 하여 가져다 몸소 빨았다. 그 세탁한 옷을 모시는 자에게 돌려주며 언제나 만석군이 이 일을 알지 못하게 하였으며 이것을 일상으로 삼았다.

만석군이 거처를 능리(陵里)로 옮겼다. 어느 날 내사(內史)인 경(慶)이 술에 취해 돌아오면서 마을의 바깥문을 들어올 때 수레에서 내리지 않았다. 만석군이 이 말을 듣고 음식을 먹지 않았다.

경이 두렵고 황송하여 윗옷을 벗고 사죄하였지만 만석군은 용서하지 않았다. 온 문중(門中) 사람들과 형 건이 윗옷을 벗고 용서를 빌었다. 이에 만석군이 꾸짖어 말했다.

"내사의 직책에 있는 사람은 존귀한 사람이다. 그가 마을 문으로 들어오면 마을의 어른이나 노인은 두려워서 모두 달아나 숨어 버린다. 내사가 수레 안에 앉아서 태연하게 있는 것은 참으로 당연한 일이다."(이 말은 간접적으로 경의 잘못을 꾸짖은 것이다)

이에 떠들썩하게 한 일을 사죄하고 경을 용서하여 물러가게 하였다. 이러한 일이 있은 뒤부터 경과 그의 자제들은 마을의 문을 들어서면 수레에서 내려 종종걸음으로 집에 이르렀다.

만석군은 한무제 원삭(元朔) 5년에 죽었다. 건은 늙었으면서도 통곡하고 슬픔을 다하였으며 지팡이를 짚고 장지까지 따라 갔다. 그 뒤 두어해 만에 건도 또한 죽었다.

모든 자손들이 만석군에게 효도하였으나 건이 제일 효자였다.

漢萬石君石奮[1] 無丈學 恭謹 擧無與比 奮長子建 次甲 次乙 次慶 皆以馴行孝謹 官至二千石 於是景帝[2]曰 石君及四子皆二千石 人臣尊寵乃擧集其門 故號奮爲萬石君 孝景季年 萬石君以上大夫祿歸老于家 子孫爲小吏[3] 來歸謁 萬石君必朝服見之 不名 子孫有過失 不誚讓 爲便坐 對案不食 然後諸子相責 因長老肉袒[4]固謝罪 改之 乃許 子孫勝冠者在側 雖燕必冠 申申如[5]也 僮僕訢訢如[6]也 唯謹 其執喪 哀戚甚 子孫遵敎 亦如之 萬石君家 以孝謹聞乎郡國 雖齊魯諸儒質行 皆自以爲不及也 建元二年 郎中令王臧以文學 獲罪皇太后 太后以爲儒者 文多質少 今萬石君家不言而躬行 乃以長子建爲郎中令 少子慶爲內史 建老白首 萬石君尙無恙 每五日洗沐歸謁親 入子舍 竊問侍者 取親中帬厠牏 身自澣灑 復與侍者 不敢令萬石君知之 以爲常 萬石君徙居陵里 內史慶醉歸 入外門不下車 萬石君聞之 不食 慶恐 肉袒謝罪 不許 擧宗及兄建肉袒 萬石君讓曰 內史貴人 入閭里 里中長老皆走匿 而內史坐車自如 固當 乃謝罷慶 慶及諸子入里門 趨至家 萬石君元朔[7]五年卒 建哭泣哀思 杖乃能行 歲餘 建亦死 諸子孫咸孝 然建最甚

1) 漢萬石君石奮(한만석군석분) : 한(漢)나라의 만석군 석분(石奮). 석은 성이고 분은 이름이다. 석분은 건(建), 갑(甲), 을(乙), 경(慶)의 네 아들을 두

었는데 다 녹봉이 2천 석이었다. 네 아들과 석분의 녹봉을 함께 더하면 1만석
이라 만석군이라고 하였다.

2) 景帝(경제) : 한나라의 5대 황제.

3) 小吏(소리) : 조그마한 벼슬. 곧 낮은 직책의 벼슬.

4) 肉祖(육단) : 사죄의 뜻으로 윗옷을 벗고 몸을 드러내는 것.

5) 申申如(신신여) : 언행이 조용한 모양.

6) 訢訢如(은은여) : 화기애애하며 공손한 모양.

7) 元朔(원삭) : 무제(武帝)의 연호.

6. 죽으면서 차용증을 불태우다

번중(樊重)의 자(字)는 군운(君雲)이다. 대대로 농사를 잘 지
어서 재물 불리기를 좋아하였다.

번중의 성품은 온화하고 후덕하였으며 집안에는 법도가 있었
고 3대가 재물을 함께 하고 살았다. 자손들은 아침저녁으로 예의
를 공손하게 갖추어 정승의 집안과 같았다.

그 산업을 경영하는 데에서는 한 가지 물건도 버리는 일이 없
었다. 하인들에게 노역을 나누어 줄 때는 각각의 적성에 맞게 하
였으므로 하인들도 위아래가 모두 힘을 다하였다.

이러한 결과로 재물이 해마다 배로 늘어났으며 전답을 3백여
경(頃)까지 넓히는 데에 이르렀다. 그가 세우는 집들은 다 대단
하고 높은 누각이었으며 언덕에 도랑을 내고 물을 흐르게 하고 또
연못에 고기를 넣어 길러서 필요하면 반드시 공급하도록 하였다.

일찍이 번중은 그릇을 만들기 위해 먼저 가래나무와 옻나무를
심었는데 사람들이 어리석다고 비웃었다. 세월이 지나 다 그 활
용처를 얻었는데, 예전에 비웃던 자들은 다 빌려 달라고 하였다.

어느덧 재물이 수만금에 이르렀는데 종족 가운데 어려운 사람
들에게 나누어 주고 고을의 어려운 사람에게도 나누어 주었다.

어느 해 외손(外孫) 하씨(何氏) 형제가 재물 때문에 서로 다
투었는데 번중은 매우 부끄럽게 여기고 밭 2경(頃)을 떼어서 그

들의 송사를 해결해 주었다. 고을 사람들 모두가 칭찬하였으며 추대하여 삼로(三老)로 삼았다.

번중은 80세에 생애를 마쳤다. 그 동안 고을에서 번중에게 돈을 빌려 간 사람들이 수백만 명이었는데 죽기 전에 차용증과 문서를 모두 불태웠다.

돈을 빌려간 사람들이 이 소식을 듣고 다 부끄러워하고 다투어 서로 갚으려 하였다. 그러나 번중의 아들들이 아버지의 유언을 따라서 마침내 받지 않았다.

樊重字君雲 世善農稼 好貨殖 重性溫厚 有法度 三世共財 子孫朝夕禮敬 常若公家[1] 其營經産業 物無所棄 課役童隸 各得其宜 故能上下戮力 財利歲倍 乃至開廣田土三百餘頃[2] 其所起廬舍 皆重堂高閣 陂渠灌注 又池魚牧畜 有求必給 嘗欲作器物 先種梓漆 時人嗤之 然積以歲月 皆得其用 向之笑者 咸求假焉 貲至巨萬 而賑瞻[3]宗族 恩加鄉閭 外孫何氏兄弟爭財 重恥之 以田二頃解其忿訟 縣中稱美 推爲三老[4] 年八十餘終 其素所假貸人間數百萬 遺令焚削文契 債家聞者皆慙 爭往償之 諸子從敕[5] 竟不肯受

1) 公家(공가) : 황족의 집안.
2) 頃(경) : 백 이랑. 백 묘(百畝). 6척(尺) 4방(方)이 1보(步), 백 보가 1묘.
3) 賑瞻(진섬) : 가난한 이를 도와 주다.
4) 三老(삼로) : 고을의 장로.
5) 敕(칙) : 아버지의 유언.

7. 아내와 자식을 군신의 예절로 대하다
남양(南陽)에 사는 풍양(馮良)은 뜻과 행실이 높고 깨끗하였다. 그는 아내와 자식을 대하는 데도 임금과 신하 같은 예절을 지켰다.

南陽馮良[1] 志行高潔 遇妻子如君臣
1) 馮良(풍양) : 어느 때 사람인지 자세하지 않다. 성은 풍, 이름은 양이다.

8. 아무 것도 취하지 않은 사홍미

송(宋)나라 시중(侍中) 사홍미(謝弘微)의 종숙(從叔)인 혼(混)은 유의(劉毅)의 일당으로 몰려서 죽임을 당했다.

사혼(謝混)의 아내는 진양공주(晉陽公主)였는데 낭야왕(琅邪王) 연(練)에게 다시 시집보내려 했다. 진양공주가 고집을 꺾지 않고 가지 않자 조서를 내려 사씨 집안과 인연을 끊도록 하였다.

진양공주는 사혼(謝混)의 집안일을 사홍미에게 맡겼다.

사혼의 집안은 대대로 재상을 지낸 집안으로 한 집안이 두 번이나 봉함을 받았으며 전답이 10여 곳에 산재해 있었고 하인이 1천여 명이나 되었다.

사혼에게는 두 딸이 있었는데 나이가 겨우 5, 6세에 불과했다.

사홍미가 집안의 생업을 맡아 기강을 바로잡았는데 모든 일을 정부의 공적인 일같이 행했다. 돈 한 푼이나 비단 한 치라도 들고 나는 데는 다 장부가 있었다.

송나라 무제(武帝)가 즉위하여서 진양공주를 한 등급 내려 동향군(東鄕君)으로 봉하고 그의 절개와 의리를 아름답게 여겨 사씨 집안으로 돌아갈 것을 허락했다.

사씨 집안은 혼(混)이 죽고 9년이나 지났는데도 이 때 집안은 잘 정돈되어 있었고 창고는 가득 찼으며 집안의 문도들도 평일과 다름이 없었을 뿐 아니라 전답은 옛날보다 늘었다.

동향군(진양공주)이 탄식하여 말했다.

"복야(僕射 : 사혼)가 항상 이 한 자식을 중하게 여겼는데 가히 사람을 알았다고 말할 수 있다. 복야는 망하지 않았구나."

안팎의 친척이나 마을의 친구들이, 동향군이 돌아오는 것을 보고 문안에 들어와 탄식하지 않은 자가 없었으며 혹은 눈물까지 흘리며 사홍미의 의리에 감동했다.

사홍미는 성품이 엄정하고 행동거지가 반드시 예법에 맞았으며 하인이나 종들 앞에서 망언이나 실없는 웃음이 없었다. 이 때문에 높고 낮은 이 할 것 없이 사홍미를 신같이 여겼다.

어느덧 동향군(진양공주)이 죽었다. 남겨진 재산이 천만금이며 전택은 10여 곳에 있었으니, 곧 회계 땅이나 오흥군이나 낭야군 등의 여러 곳이었다.

이 때는 태부(太傅) 사공염(司空琰)이 사업을 편안하게 하였으며 하인들이 수백 명이나 되었다. 정부나 민간인들이 이르기를 '집안의 재산은 마땅히 두 딸에게 돌아갈 것이고 전답이나 종들은 응당 사홍미에게 돌아갈 것이다.' 라고 했으나, 사홍미는 한 가지도 취하지 않았다. 동향군의 장사도 개인의 녹봉으로 치렀다.

사혼의 사위 은예(殷叡)는 본래 노름을 좋아했는데, 사홍미가 재물을 가지지 않는다는 소리를 듣고 처제 몫과 백모(伯母)와 양쪽 고모의 몫까지 함께 탈취하여 돌아갔다. 그러나 안사람들이 다 사홍미의 사양함에 감화되어서 한 번도 다투지 않았다.

사홍미의 외삼촌 아들인 영군장군(領軍將軍) 유담(劉湛)이 사홍미에게 말하기를

"천하의 모든 일은 중도에 맞게 재단하는 것이 옳은데 그대는 그 일에 대해 죄를 묻지 않으니, 어떻게 관직에 있을 것인가."

라고 했는데, 홍미는 웃기만 하고 대답하지 않았다.

또 어떤 사람이 야유하기를

"사씨가 대대로 재산을 많이 모았는데 그대가 하루 아침에 던져 버렸다. 비유컨대 물건을 장강이나 바다에 던지는 일이 청렴한 것인가?"

라고 하자, 홍미가 말했다.

"친척들이 재물 때문에 서로 다투는 일은 더러움이 지극히 심한 것이다. 지금 안사람들이 오히려 말이 없는데 어찌 도리로써 다투게 하랴. 지금 많은 것을 나누고 작은 것을 함께 해도 궁핍한 지경에 이르지 않는데, 내 한 몸 죽은 뒤에 어찌 다시 관련됨이 있으랴."

宋侍中[1]謝弘微[2]從叔混[3] 以劉毅[4]黨見誅 混妻晉陽公主[5]改適琅邪王練[6] 公主雖執意不行 而詔與謝氏離絶[7] 公主以混家事委之弘

微 混仍世宰相 一門兩封 田業十餘處 僮役千人 唯有二女 年竝數
歲 弘微經紀8)生業 事若在公 一錢尺帛 出入皆有文簿 宋武受命9) 晉
陽公主降封東鄉君 節義可嘉 聽還 謝氏自混亡至是九年 而室宇修
整 倉廩充盈 門徒不異平日 田疇墾闢有加於舊 東鄉歎曰 僕射生平
重此一子 可謂知人 僕射10)爲不亡矣 中外親姻里黨故舊見東鄉之歸
者 入門莫不歎息 或爲流涕 感弘微之義也 弘微性嚴正 擧止必修禮
度 婢僕之前不妄言笑 由是尊卑大小 敬之若神 及東鄉君薨 遺財千
萬 園宅十餘所 及會稽吳興琅邪諸處 太傅安司空琰時事業 奴僮猶
數百人 公私或謂 室內資財宜歸二女 田宅僮僕應屬弘微 弘微一物
不取 自以私祿營葬 混女夫殷叡素好摴蒱 聞弘微不取財物 乃濫奪
其妻妹及伯母兩姑之分以還 戲責內人 皆化弘微之讓 一無所爭 弘
微舅子領軍將軍劉湛謂弘微曰 天下事宜有裁衷 卿此不問 何以居
官 弘微笑而不答 或有譏以謝氏累世財産充殷 君一朝棄擲 譬棄物
江海以爲廉耳 弘微曰 親戚爭財 爲鄙之甚 今內人尚能無言 豈可道
之使爭 今分多共少 不至有乏 身死之後 豈復見關

1) 宋侍中(송시중) : 남북조 시대의 송(宋)나라 시중. 시중은 벼슬 이름.
2) 謝弘微(사홍미) : 사람 이름. 사혼의 조카.
3) 混(혼) : 사혼(謝混). 남북조(南北朝) 당시 송(宋)나라의 대신.
4) 劉毅(유의) : 남북조 때의 사람.
5) 晉陽公主(진양공주) : 누구인지 자세하지 않다.
6) 琅邪王練(낭야왕연) : 누구인지 자세하지 않다.
7) 離絶(이절) : 상관관계를 끊다.
8) 經紀(경기) : 기강을 바로잡다.
9) 宋武受命(송무수명) : 송(宋)나라 무제가 즉위하다.
10) 僕射(복야) : 벼슬 이름. 국정을 담당한 중책.

9. 집안을 위하여 아내를 내쫓다

유군량(劉君良)은 영주(瀛州)의 낙수(樂壽) 사람이다.
여러 대가 함께 동거하여 형제들이 4종(四從)간까지 함께 살기에 이르렀다. 이들은 다 친형제같이 지내며 옷감 한 자나 곡식 한 말이라도 서로 함께 하였다.

수(隋)나라 말기에, 천하에 크게 기근이 들고 도적들이 사방에서 일어났다. 군량의 아내가 그 틈을 타 따로 살고자 하여 비밀리에 정원의 나무에 둥지를 튼 새새끼를 몰래 꺼내어 둥지를 바꿔서 넣어 놓았다. 이에 모든 새들이 크게 서로 싸웠다.

온 집안이 괴이하게 생각했다. 이에 아내가 군량에게 말했다.

"지금 천하가 크게 어지러운 것은 싸우는 때이기 때문입니다. 뭇새들도 능히 모여 살지 못하는데 하물며 사람에 있어서겠습니까!"

이 말을 들은 군량이 그럴 것이라 여기고 드디어 따로 살기로 하였다. 이후 한 달 가량 지나서 군량이 아내가 저지른 일이라는 사실을 알고 밤에 아내의 머리채를 잡아서 꾸짖어 말하기를

"집안을 파괴하는 도적은 당신이 아닌가!"

라고 하고, 모든 형제들을 불러서 고하고 나서 그 아내를 쫓아냈다. 그리고 다시 함께 모여 살기를 처음과 같이 했다.

고을에서는 서로 의지하며 도둑을 피하였다. 이들을 이름하여 '의성보(義成堡)'라고 하였다.

집은 여섯 채로 하였으며 정주(부엌)는 하나였고 자제들은 수십 명이었는데 다 예법으로 다스렸다.

당나라 태종 정관 6년에 조서를 내려 그의 집안을 정표하였다.

劉君良[1] 瀛州樂壽人 累世同居 兄弟至四從 皆如同氣 尺布斗粟相與共之 隋末 天下大饑 盜賊群起 君良妻欲其異居 乃密取庭樹鳥雛交置巢中 於是群鳥大相與鬪 擧家怪之 妻乃說君良曰 今天下大亂 爭鬪之秋 群鳥尙不能聚居 而況人乎 君良以爲然 遂相與析居 月餘 君良乃知其謀 夜攬妻髮 罵曰 破家賊乃汝耶 悉召兄弟 哭而告之 立逐其妻 復聚居如初 鄕里依之以避盜賊 號曰義成堡 宅有六院共一廚 子弟數十人 皆以禮法 貞觀[2]六年 詔旌表其門

1) 劉君良(유군량) : 수(隋)나라 때 사람.
2) 貞觀(정관) : 당(唐)나라 태종(太宗)의 연호.

10. 9대가 동거한 장공예(張公藝) 가정

당(唐)나라 때의 장공예(張公藝)는 운주(鄆州)의 수장(壽
長) 사람이다. 9대가 한 집에서 살았는데 북제(北齊) 때부터 수
(隋)나라, 당(唐)나라에 이르기까지 그의 집안에 정표하였다.

당나라 인덕(麟德) 연중에 고종(高宗)이 태산(泰山)에 제사
지내는 일을 행하고 수장 땅을 지날 때, 장공예의 집으로 가서 장
공예를 불러 친족간에 화목하는 도를 물었다.

공예는 종이와 붓을 청하여 대답했는데 거기에는 '참을 인(忍)
자' 1백여 자를 써서 아뢰었다.

공예가 대답한 뜻은 종족들이 화합하지 못하는 이유는, 어른들
이 옷과 음식을 분배하는 데 고르지 못하거나 항렬이 낮은 자와 젊
은이가 예절을 갖추지 못해 서로 상대방의 잘못을 책망하기 때문
에 어그러져 다툼이 생긴다는 것이다. 혹 이같이 고르지 못한 일
이나 불충분한 태도를 서로 참으면 항상 화목하게 된다는 말이다.

張公藝[1] 鄆州壽張人 九世同居 北齊隋唐 皆旌表其門 麟德[2]中 高
宗[3] 封[4]泰山 過壽張 幸其宅 召見公藝 問所以能睦族之道 公藝請紙
筆以對 乃書忍字百餘以進 其意以爲宗族所以不協 由尊長衣食或
有不均 卑幼禮節或有不備 更相責望 遂成乖爭 苟能相與忍之 則常
睦雍矣

1) 張公藝(장공예) : 당나라 때 산동(山東)사람. 9대가 동거한 집안으로 유명함.
2) 麟德(인덕) : 당나라 고종의 연호
3) 高宗(고종) : 당나라 3대 황제. 이름은 치(治). 태종(太宗)의 아홉째아들.
4) 封(봉) : 흙을 모아 쌓고 하늘에 제사하는 일.

11. 당시에 가장 모범적이었던 유공작의 집안

당(唐)나라 때 하동(河東)의 절도사(節度使)였던 유공작(柳

公綽)의 집안은, 3공 9경(三公九卿)들의 고관 사이에서 가장 가정의 예법이 엄정하기로 이름나 있었다.

유공작의 집에는 중문 동쪽에 작은 별채가 있었다. 조정에 나가는 날 이외에는 공작은 날이 밝으면 언제나 그 별채로 갔다. 중영(仲郢) 등 여러 아들들은 모두 의관을 정제하고 중문 북쪽에 나란히 서서 아침 문안을 드렸다.

공작은 여기에서 집안 일을 처리하고 빈객들을 접대하며 아우 공권(公權)과 여러 종제(從弟)와 함께 두 번씩 모여 식사를 하는 등, 아침부터 저녁까지 이 작은 별채를 떠나지 않았다.

불을 켤 무렵이 되어 촛불이 들어오면 자제 중 한 사람에게 경서(經書)나 사서(史書)를 가져오게 하여 친히 한 번 읽고 관리로서 가져야 할 마음가짐이나 집안을 다스리는 방법에 대하여 강의하였다. 어떤 때는 문장에 대해 논의하였고 어떤 때는 거문고를 듣다가 인정(人定) 소리가 울린 뒤에야 자신의 침실로 들어갔다.

이 때에도 여러 아들들은 중문의 북쪽에 나란히 서서 밤문안을 드렸다. 이러한 행동을 무려 20년 간 하루도 바꾸지 않았다.

흉년을 만났을 때에는 아들들도 모두 채소만으로 식사하게 하며 말했다.

"옛날 우리 형제가 단주자사(丹州刺史)로 계셨던 아버지 곁에 있을 때 아버지께서는 우리의 학업이 다 이뤄지지 않았다고 하여 고기 먹는 일을 허락하지 않으셨다. 내 감히 이것을 잊지 못한다."

고모나 자매나 조카 항렬이 되는 여자 중에서 아버지와 사별하였거나 과부가 된 자가 있으면 비록 먼 친척이라도 반드시 신랑을 가려 시집보냈는데, 나무에 조각한 화장품상자와 수놓고 물들인 무늬 있는 비단으로 된 혼수품을 마련해 주면서 언제나 말했다.

"혼수품이 풍부하게 갖추어지기를 기다리고 있으면 시집가는 때를 놓치게 된다."

공작이 죽은 뒤에는 그의 아들 중영이 아버지가 정한 법률을 지키고 따랐다.

唐河東節度使¹⁾柳公綽²⁾ 在公卿間最名 有家法 中門東有小齋 自
非朝謁之日 每平旦輒出 至小齋 諸子仲郢³⁾等 皆束晨省於中門之
北 公綽決公私事 接賓客 與弟公權⁴⁾及群從弟再食 自旦至暮不離小
齋 燭至 則以次命子弟一人執經史立燭前 躬讀一過 畢 乃講議居官
治家之法 或論文 或聽琴 至人定鐘然後歸寢 諸子復昏定於中門之
北 凡二十餘年 未嘗一日變易 其遇饑歲 則諸子皆蔬食 曰 昔吾兄
弟侍先君爲丹州刺史 以學業未成 不聽食肉 吾不敢忘也 姑姊妹姪
有孤煢者 雖疎遠必爲擇壻嫁之 皆用刻木牀匲 縑文絹爲資裝⁵⁾ 常言
必待資裝豊備 何如嫁不失時 及公綽卒 仲郢一遵其法

1) 節度使(절도사) : 지방의 행정을 보살피는 지금의 도지사.

2) 柳公綽(유공작) : 자는 자관(子寬)이고 장안(長安) 사람이다.

3) 仲郢(중영) : 자는 유몽(諭蒙)이고 공작의 장남이다.

4) 公權(공권) : 자는 성현(誠縣).

5) 資裝(자장) : 시집보낼 때 챙겨 주는 의복, 세간 등. 곧 혼수품.

12. 2백 명의 대가족이 한 집안에서 살다

송나라의 공경(公卿) 가운데 능히 선조가 지키던 법을 오래도
록 지켜서 그 기세가 쇠퇴하지 않은 집안은 오직 예전 정승 이방
(李昉)의 집안이 있을 뿐이다.

자손들이 몇대를 걸쳐 2백여 명에 이르며 이들이 함께 한 집안
에 살면서 재산도 공동으로 소유하였다.

논과 밭에서 거두어 들이는 수확물이나 집세로 거두어 들이는
물품과 벼슬하는 자가 받은 녹봉과 물품 등은 모두 다 한 창고에
모아 보관하였다가 가족의 수를 계산하여 그 가족수에 따라 날마
다 식사를 준비하게 하였다. 결혼하는 일이 있거나 장사를 치르
는 때의 비용은 모두 일정한 액수가 정해져 있었다. 또 그 일은 자
제들에게 맡아보게 하였다. 이러한 법칙은 당시의 한림학사(翰林
學士) 종악(宗諤)이 제정한 것이었다.

國朝¹⁾公卿能守先法 久而不衰者 唯故李相昉²⁾家 子孫數世 二百
餘口 猶同居共爨 田園邸舍所收及有官者俸祿 皆聚之一庫 計口日
給 餠飯婚姻喪葬所費 皆有常數 分命子弟掌其事 其規模大抵出於
翰林學士宗諤³⁾所制也

1) 國朝(국조) : 송나라의 조정. 사마광(司馬光)이 지칭한 나라.

2) 李相昉(이상방) : 이씨로서 정승인 방(昉)이라는 사람의 뜻. 곧 정승 이방.
   자는 명원(明遠). 상(相)은 재상의 뜻.

3) 宗諤(종악) : 이종악이며 자는 창무(昌武). 이방의 셋째아들이다.

13. 인간은 무리로 모여 살아야 한다

무릇 사람의 손톱이나 이빨의 날카로움은 호랑이나 표범에 미
치지 못한다. 완력의 강함은 곰에 미치지 못한다. 달려서 빠른 것
은 사슴에 미치지 못한다. 높이 나는 데는 제비나 참새에 미치지
못한다. 사람은 오직 무리가 모여서 밖의 근심거리를 막지 않으
면 도리어 다른 동물들의 먹이가 될 뿐이다.

그러므로 성인(聖人)이 예의를 가르쳐서 사람이 아버지와 아
들과 형과 아우의 친함을 알게 하였다. 사람이 그의 아버지를 사
랑할 줄 알면 그의 형과 아우도 사랑할 줄 안다. 그의 조상을 사
랑하면 그의 종족을 사랑할 줄도 안다.

이것들은 가지와 잎이 나무의 뿌리와 줄기에 붙어 있고 손과 발
이 몸체와 머리에 매어 있어 떠나지 못하는 것과 같으니, 어찌 한
낱 찬연(燦然)한 조리로써 영광스러움을 보는 것과 같겠는가? 이
것은 사실 서로 의지하여 밖의 근심을 막고자 하는 것일 뿐이다.

토욕혼(吐谷渾)의 아시(阿豺)는 아들을 20명이나 두었다. 아
시가 병들어서 죽음에 임박하여 말하기를

"너희들은 각각 화살 한 개를 가지고 놀아보아라."

하더니, 잠깐 있다가 동생 모리연(慕利延)에게 말하기를

"너는 화살 한 개를 잡아 꺾어 보아라."

하자, 모리연이 곧바로 꺾었다. 또 말하기를

"너는 19개를 취하여 꺾어 보아라."
라고 했는데, 모리연이 능히 꺾지 못하였다. 이에 아시가 말했다.
"너희들은 알았느냐. 한 개는 쉽게 꺾을 수 있지만 많은 것은 꺾기 어렵다. 20명이 힘을 합하여 한 마음이 된 연후에야 나라가 굳건한 것이다."
말을 마친 후에 죽었다.
저들은 오랑캐들인데도 오히려 종족이 서로 도와야 강하다는 사실을 알았거늘 하물며 중국 사람들에 있어서랴!
성인(聖人)께서는 한 가족만으로는 족히 홀로 서지 못한다는 것을 알았다. 그러므로 생질이나 외삼촌과 혼인으로 맺어진 사위나 동서 등으로 돕게 한 것도 오히려 부족할까 두려워하였다.
그러므로 백성을 사랑하고 양육하여 호위하게 한 것이다.
어버이를 사랑하는 자는 자신을 사랑하는 것이요, 백성을 사랑하는 자는 어버이를 사랑하는 것이다. 이와 같으면 그의 몸은 편안함이 태산과 같고 수명은 기성(箕星)이나 익성(翼星)과 같이 하는데 다른 사람들이 어떻게 업신여기겠는가!
예로부터 성인이나 현인들은 먼저 자신의 구족(九族)을 친하게 한 다음에 능히 타인에게 베풀었다.
저 어리석은 자들은 그렇지 않다. 자신의 구족을 저버리고 형제를 멀리하고 자신만 오로지 하여, 자신이 고아가 되고 남에게 죽일 놈이 되는 것을 알지 못한다. 이익이 있은들 무엇하겠는가?
옛날에 주(周)나라 여왕(厲王)이 자신의 구족을 버리자 시인(詩人)이 풍자하여 말했다.
"덕으로 하면 나라가 편안하며 아들은 성벽이 되네.
그 성벽이 무너지지 않게 하며 홀로 두려움에 떨지 마라."
진실로 홀로 살게 되면 가히 두려운 것이다.

夫人爪牙之利 不及虎豹 膂力之强 不及熊羆 奔走之疾 不及麋鹿 飛颺之高 不及燕雀 苟非群聚以禦外患 則反爲異類食矣 是故聖人 敎之以禮 使人知父子兄弟之親 人知愛其父 則知愛其兄弟矣 愛其

祖 則知愛其宗族矣 如枝葉之附於根幹 手足之繫於身首 不可離也
豈徒使其粲然條理 以爲榮觀哉 乃實欲更相依庇 以扞外患也 吐谷
渾¹⁾阿豺²⁾有子二十人 病且死 謂曰 汝等各奉吾一隻³⁾箭將玩之 俄而
命母弟慕利延⁴⁾曰 汝取一隻箭折之 慕利延折之 又曰 汝取十九隻箭
折之 慕利延不能折 阿豺曰 汝曹知否 單者易折 衆者難摧 戮力一
心 然後 社稷可固 言終而死 彼戎狄也 猶知宗族相保以爲强 況華
夏⁵⁾乎 聖人知一族不足以獨立也 故又爲之甥舅婚媾姻婭⁶⁾以輔之
猶懼其未也 故又愛養百姓以衛之 故愛親者 所以愛其身也 愛民者
所以愛其親也 如是則其身安若泰山 壽如箕翼⁷⁾ 他人安得而侮之哉
故自古聖賢 未有不先親其九族⁸⁾然後 能施及他人者也 彼愚者則不
然 棄其九族 遠其兄弟 欲以專利其身 殊不知身旣孤 人斯戕之矣 於
利何有哉 昔周厲王⁹⁾棄其九族 詩人刺之曰 懷德惟寧 宗子惟城 毋
俾城壞 毋獨斯畏¹⁰⁾ 苟爲獨居 斯可畏矣

1) 吐谷渾(토욕혼) : 선비(鮮卑)의 지족(支族). 본래 청해(靑海) 부근에서 부
   락을 이루어 당(唐)나라에 예속되었다가 나중에 토번(吐藩)에 합병되었다.
2) 阿豺(아시) : 토욕혼의 족장, 곧 임금.
3) 一隻(일척) : 여기서는 화살 1개의 뜻.
4) 慕利延(모리연) : 아시의 동생.
5) 華夏(화하) : 중국을 뜻한다.
6) 姻婭(인아) : 혼인으로 맺어진 사위나 동서 등의 사람들. 인척.
7) 箕翼(기익) : 28수(宿)의 기성과 익성으로 장수를 뜻한다.
8) 九族(구족) : 위로 4대 밑으로 4대. 곧 고조(高祖)에서 현손(玄孫)까지.
9) 厲王(여왕) : 주(周)나라의 폭군. 포사에게 빠져서 나라를 망하게 했다.
10) 懷德~毋獨斯畏(회덕~무독사외) : '시경' 대아(大雅) 판(板)편의 문장.

14. 공족(公族)은 왕실의 가지와 잎

송나라 소공(昭公)이 장차 왕족들을 제거하려 하였다.
공자(公子) 악예(樂豫)가 말리며 말했다.
"옳지 않습니다. 공족(公族)이란 공실(公室)의 가지와 잎입니

다. 만약 제거하신다면 근본이 도움을 받지 못할 것입니다. 칡넝
쿨도 능히 그 뿌리를 보호하기 때문에 군자는 이로써 종족을 비
유한 것인데 하물며 나라의 임금에 있어서야 어떻겠습니까? 속
담에 이른바 '도움받으면서 멋대로 도끼로 쳐 없앤다.' 는 말과 같
이 되니, 그 일은 반드시 옳지 않습니다. 임금께서는 그것을 헤아
리십시오. 덕으로써 친애하면 모두 팔다리와 같이 됩니다. 누가
감히 멀리 하겠습니까. 왜 제거하려 하십니까?"

소공이 듣지 않았는데, 과연 난리가 일어났다.

宋昭公[1]將去群 公子樂豫[2]曰 不可 公族 公室之枝葉也 若去之則
本根無所庇廕矣 葛藟猶能庇其根本 故君子以爲比 況國君乎 此諺
所謂庇焉而縱尋斧焉者也 必不可 君其圖之 親之以德 皆股肱也 誰
敢攜貳[3] 若之何去之 昭公不聽 果及於亂

1) 昭公(소공) : 성공(成公)의 뒤를 이은 송나라의 임금.
2) 樂豫(악예) : 송나라 대공(戴公)의 현손(玄孫).
3) 攜貳(휴이) : 사이가 나쁘다. 두 마음을 품다. 배반하다.

15. 형을 모함하여 축출한 화해

춘추 시대에 화해(華亥)가 그 형 합비(合比)를 대신하여 우사
(右師)가 되고자, 평공(平公)에게 참소하여 그의 형을 쫓아냈다.

이 일을 두고 좌사(左師)가 말했다.

"그대 해(亥)는 반드시 망할 것이다. 그대는 종실을 상하게 했
는데 다른 사람이 눈에 보이겠는가. 다른 사람 역시 그대가 눈에
보이지 않을 것이다."

그 뒤 얼마 있다가 화해는 과연 망했다.

華亥[1]欲代其兄合比爲右師 譖於平公[2]而逐之 左師曰 汝亥也 必
亡 汝喪而宗室於人何有 人亦於汝何有 既而華亥果亡

1) 華亥(화해) : 춘추 시대 송(宋)나라 사람. 화합비(華合比)의 동생.

2) 平公(평공) : 춘추 시대 송나라의 평공.

16. 균등하게 하면 원망이 없다

공자가 말했다.

"그 어버이를 사랑하지 않고 다른 사람을 사랑하는 것을 패덕(悖德)이라 하고, 그 어버이를 공경하지 않고 다른 사람을 공경하는 것을 패례(悖禮)라 한다. 이를 따르면 거스르게 되고 백성에게는 법칙이 없어지게 된다. 이러한 것들은 착한 데 있지 않고 다 흉한 데 있게 되는 것이니 덕은 비록 얻을지라도 군자는 귀하게 여기지 않는 것이다. 그러므로 그 자신을 사랑하고자 하면서 종족을 버린다면 어찌 능히 자신을 사랑하는 데 있다고 할 것인가?"

공자가 말했다.

"균등하면 가난한 것이 없고 고르게 하면 적은 것이 없고 편안하면 기울어질 것이 없다. 그 가정을 잘 위하는 자는 그 가진 것을 다 균등하게 나누어, 비록 거친 밥에 배부르지 않고 옷이 다 떨어져 갖추어지지 않더라도 사람들의 원망이 없다.

원망이 생기는 원인은, 자신이 좋아하는 데는 두텁게 하고 미워하는 곳에는 박하게 하기 때문에 일어나는 것이다."

孔子[1]曰 不愛其親而愛他人者 謂之悖德 不敬其親而敬他人者 謂之悖禮 以順則逆 民無則焉 不在於善而皆在於凶 德雖得之 君子不貴也 故欲愛其身而棄其宗族 烏在其能愛身也

孔子曰 均無貧 和無寡 安無傾 善爲家者 盡其所有而均之 雖糲食[2]不飽 敝衣不完 人無怨矣 夫怨之所生 生於自私及有厚薄也

1) 孔子(공자) : 이름은 구(丘). 자는 중니(仲尼). 춘추 시대 노(魯)나라 대학자이며 유학(儒學)의 비조. 성인(聖人)으로 추앙한다.

2) 糲食(여식) : 현미밥. 거친 밥.

17. 곡식 한 말도 방아 찧어 함께 먹는다

한(漢)나라의 속담에 "옷감 한 자로도 오히려 옷을 만들고 곡식 한 말로도 오히려 방아 찧을 수 있다."고 했다.

옷감 한 자로 옷을 만들어서 함께 입을 수 있고 곡식 한 말을 방아 찧어서 함께 먹는다고 한 말은, 문제(文帝)가 천하의 부(富)를 가지고도 동생 한 사람을 용납하지 못한 일을 풍자한 것이다.

漢世諺[1]曰 一尺布 尙可縫 一斗粟 尙可春 言尺布可縫而共衣 斗粟可春而共食 譏文帝[2]以天下之富 不能容其弟也

1) 漢世諺(한세언) : 한(漢)나라 때의 속담.
2) 文帝(문제) : 한나라의 황제.

18. 가난해도 친척의 끼니를 해결해 주다

양(梁)나라의 중서시랑(中書侍郎) 배자야(裵子野)의 집안은 가난하였다. 아내와 자식들은 항상 가난에 굶주리고 추위에 떨었는데도 그는 내외종 형제 중에 가난한 자들을 다 먹여 살렸다.

어느 해 수해와 가뭄이 들었는데 쌀 두 섬으로 묽은 죽을 쑤어서 겨우 다 먹고 지낼 수 있었으며 배자야도 똑같이 먹고 지냈다.

그의 아내와 자식들도 꺼리는 기색이 없었다.

이러한 행동이 다 친족과 화목하게 지내는 도리이다.

梁中書侍郎裵子野 家貧 妻子常苦饑寒 中表[1]貧乏者 皆收養之 時逢水旱 以二石米爲薄粥 僅得徧焉 躬自同之 曾無厭色[2] 此得睦族之道者也

1) 中表(중표) : 내외종 형제들.
2) 厭色(염색) : 꺼리는 기색. 곧 싫어하는 기색.

제2권 가범(家範卷二)

제2장 할아버지〔祖〕

1. 사람의 선조가 된 자는 후손을 생각하라

사람의 선조가 된 자로 그 후손들의 이로움을 생각하지 않는 사람은 없다. 그러나 과연 후손들을 이롭게 한 자는 적었다.

어떤 뜻으로 말하는가?

지금 후손들을 위해 계획하는 자들은 생계를 해결해 주는 데 지나지 않기 때문이다. 전답이 수천이나 되고 저택이 이곳 저곳에 있으며 곡식이 창고에 가득하고 금은과 비단이 상자 속에 가득 차 있어도 마음이 차지 않아서 더 구하며 부족함을 느끼는데, 시시연(施施然)하여 자자손손 여러 대가 쓰더라도 다 쓰지 못할 것이다.

그러나 의(義)로써 그의 자식을 훈계하고 예로써 그 가정을 가지런히 하지 못함으로써, 수십 년 간 힘들여 모은 재산을 자손들은 어느 세월인가 사치와 방탕으로 모두 없앤다.

그리고 도리어 그 선조들이 힘들여 모은 일을 어리석다고 하며 스스로 즐길 줄 몰랐다고 비웃기도 하고 또는 인색하였다고 원망하며 나에게는 아무런 은혜도 없다고 학대할 뿐이다.

처음에는 속이고 도둑질하여 그 욕심을 채우다 그것이 부족하면 문서를 가져다 남에게 저당 잡히고 빚을 지기도 한다. 아버지가 죽은 뒤에 갚는다는 조건으로 말이다.

그의 뜻을 관찰하건대 오직 그 아버지가 오래 사는 일을 병으

로 여기는 것이다. 심지어는 심한 병이 있어도 치료하지 않고 또
는 몰래 독약을 사용하는 자도 있게 된다.

이런 형편으로 보면 앞에서 말한 후세를 이롭게 하는 자는 결론
적으로 자손들의 나쁜 짓을 도와서 자신의 재앙을 만드는 것이다.

지금의 사(士)와 대부(大夫)들은 그의 선조가 또한 우리 조정
〔宋朝〕의 이름난 신하들이다.

집안이 매우 부자인데 더욱 인색하여 곡식 한 말이나 비단 한
폭도 반드시 자신이 직접 들이고 내어서 자물쇠를 직접 채운다. 낮
에는 그 자물쇠를 자신이 직접 지니고 밤에는 자물쇠를 베개 밑
에 둔다. 의심이 심하여 물자가 떨어져 고생하는 남을 생각하지
않는다. 자손들이 그의 자물쇠를 훔쳐서 곡간을 열고 상자를 열어
그의 재물을 취하지만 그 사람은 뒤에 깨어난다. 곧 베개 밑을 더
듬어 자물쇠를 찾지만 얻지 못하고 분노가 치밀어 드디어 죽는다.

그의 자손들은 곡할 생각도 하지 않고 서로 다투어 재산을 숨
긴다. 드디어는 서로 송사하기에 이른다. 그의 딸들은 체면 불구
하고 첩지를 가지고 스스로 관아에 나가서 문서를 들춰 시집갈 혼
수를 다투게 되어 고을의 웃음거리가 된다.

대개 자손들이 어려서부터 장성함에 이르기까지 오직 이로움
이 있음을 알고 의(義)가 있음은 알지 못하기 때문이다.

계속 생겨나는 재물은 진실로 사람들에게 없어서는 안 되는 것
들이다. 그러나 너무 많은 재물을 구하게 되면 많은 것이 오히려
누가 되지 않는 일이 드물었다.

자손들을 현명하게 하면 어찌 현미밥(거친 밥)이나 거친 베옷
을 스스로 충당하지 못하여 도로에서 죽음에 이르겠는가! 만약 자
손들이 어질지 못하다면 비록 금을 집안에 가득 쌓는다 하여도 무
슨 이익이 되겠는가? 많이 감추어서 자손들에게 주는 일을, 나는
어리석음이 심하다고 여긴다.

그렇다면 어진 이나 성인들이 자손들의 궁핍을 돌보지 않았는
가. 그렇지 않았다. 옛날의 성인은 자손들에게 덕과 예를 남겼으
며 현인은 자손들에게 염치와 검소함을 남겨 주었다.

순(舜)임금은 지극히 미천했지만 덕을 쌓아서 제왕이 되기에 이르렀으며 이로써 자손을 보호하고 여러 대에 이르도록 제사를 받들어 끊이지 않았다.

주(周)나라는 후직(后稷)과 공류(公劉)와 태왕(太王)과 왕계(王季)와 문왕(文王)으로부터 덕을 쌓고 많은 공을 이루어 무왕(武王)에 이르러서 천하를 두었다.

그를 찬양하는 시에 말했다.

"그 자손에게 좋은 업을 물려 주어 착한 아들 즐겁게 하셨네."

이는 넉넉한 덕택을 말하며 예법을 밝혀서 후세에 물려주어 고루 편안하게 한 일을 말한 것이다.

그러므로 능히 자손들이 왕통을 이어서 8백 년이나 계속되었으며 그의 자손이나 그 밖의 자손들이 천하에 이름을 드날려 제후들이 바둑돌같이 천하에 산재하였다.

그 자손을 이롭게 한 것이 어찌 크지 아니한가?

爲人祖¹⁾者 莫不思利其後世 然果能利之者 鮮矣 何以言之 今之爲後世謀者 不過廣營生計以遺之 田疇連阡陌 邸肆跨坊曲²⁾ 粟麥盈囷倉 金帛充篋笥 慊慊然³⁾求之猶未足 施施然⁴⁾自以爲子子孫孫 累世用之 莫能盡也 然不知以義方訓其子 以禮法齊其家 自於數十年中 勤身苦體以聚之 而子孫於時歲之間 奢靡遊蕩以散之 反笑其祖考之愚不知自娛 又怨其吝嗇 無恩於我 而厲虐之也 始則欺紿攘竊⁵⁾ 以充其欲 不足則立券擧債於人 俟其死而償之 觀其意 惟患其考之壽也 甚者 至於有疾不療 陰行酖毒 亦有之矣 然則囂之所以利後世者 適足以長子孫之惡而爲身禍也 頃嘗有士大夫 其先亦國朝名臣也 家甚富而尤吝嗇 斗升之粟 尺寸之帛 必身自出納 鎖而封之 晝則佩鑰於身 夜則置鑰於枕下 病甚 困絶不知人 子孫竊其鑰 開藏室 發篋笥 取其財 其人後蘇 卽捫枕下 求鑰不得 憤怒 遂卒 其子孫不哭 相與爭匿其財 遂致鬪訟 其處女亦蒙首執牒 自訐於府庭⁶⁾ 以爭嫁資⁷⁾ 爲鄕黨笑 蓋由子孫自幼及長 惟知有利 不知有義故也 夫生生之資 固人所不能無 然勿求多餘 多餘希不爲累矣 使其子孫果賢耶

豈蔬糲布褐不能自營 至死於道路乎 若其不賢耶 雖積金滿堂奚益
哉 多藏以遺子孫 吾見其愚之甚也 然則賢聖皆不顧子孫之匱乏⁸⁾邪
曰 何爲其然也 昔者聖人遺子孫以德以禮 賢人遺子孫以廉以儉 舜
自側微積德至於爲帝 子孫保之 享國百世而不絶 周自后稷公劉太
王王季文王⁹⁾ 積德累功 至於武王¹⁰⁾而有天下 其詩¹¹⁾曰 詒厥孫謀 以
燕翼子 言豊德澤 明禮法 以遺後世 而安固之也 故能子孫承統八百
餘年 其支庶猶爲天下之顯 諸侯奉布於海內 其爲利豈不大哉

1) 祖(조) : 사람의 선조 곧 부모 이상을 가리킨다.

2) 坊曲(방곡) : 방방곡곡. 이곳 저곳.

3) 慊慊然(겸겸연) : 마음에 차지 않는 모양.

4) 施施然(시시연) : 기뻐하고 기뻐하는 모양.

5) 欺紿攘竊(기태양절) : 속이고 도둑질하다. 속이고 훔치다.

6) 府庭(부정) : 관아, 관청.

7) 嫁資(가자) : 혼수품.

8) 匱乏(궤핍) : 궁핍하다.

9) 后稷公劉太王王季文王(후직 공류 태왕 왕계 문왕) : 후직은 순(舜)임금의
   신하이며 농사를 창시한 사람. 공류는 주(周)나라 무왕(武王)의 고조 태왕
   은 무왕의 증조 왕계는 무왕의 할아버지. 문왕은 이름이 창(昌)이고 서백(西
   伯)이며 무왕의 아버지.

10) 武王(무왕) : 문왕의 아들. 이름은 발(發)이다. 은나라 주(紂)왕을 토벌하
    여 무너뜨리고 주왕조(周王朝)를 창업한 왕.

11) 其詩(기시) : '시경' 대아(大雅) 문왕유성(文王有聲)편의 문장.

2. 자식에게 나쁜 땅을 물려준 손숙오

춘추 시대 손숙오(孫叔敖)는 초나라 정승이었다.

죽음에 임박하였을 때 아들에게 훈계하여 말했다.

"왕께서 자주 나에게 봉지를 내려주려 하셨으나 나는 받지 않
았다. 내가 죽으면 왕께서 너에게 봉토를 내릴 것이다. 받을 때 반
드시 좋은 땅을 받지 마라. 초(楚)나라와 월(越)나라 사이에 침

구(寢邱)라는 땅이 있는데 이 땅은 좋지 않을 뿐 아니라 그 이름
도 사납다. 그러나 오래도록 보유할 수 있는 땅은 이 땅뿐이다."
  손숙오가 죽자 초나라 왕이 좋은 땅으로 손숙오의 아들을 봉하
려 했다. 손숙오의 아들은 좋은 땅을 사양하고 침구 땅을 청구하
였다. 손숙오의 아들은 아버지의 유언을 받들어 침구 땅을 하사
받고 대대로 빼앗기지 않고 소유하였다.

  孫叔敖[1]爲楚相 將死 戒其子曰 王數封我矣 吾不受也 我死 王則
封汝 必無受利地 楚越之間 有寢邱[2]者 此其地不利而名甚惡 可長
有者唯此也 孫叔敖死 王以美地封其子 其子辭 請寢邱 累世[3]不失
1) 孫叔敖(손숙오) : 춘추 시대 초(楚)나라의 명재상.
2) 寢邱(침구) : 초(楚)나라와 월(越)나라의 중간 지점에 있는 땅으로 항상 침
   수 지역이었다.
3) 累世(누세) : 여러 대를 지나다. 대대로.

  3. 한나라 소하(蕭何)의 자손보호
  한(漢)나라의 정승 소하(蕭何)는 논밭을 팔고 반드시 옹색한
집에서 살았으며 집안을 위하여 담장이나 집을 치장하지 않았다.
  소하가 말했다.
  "어진 후손이 태어나면 나를 검소하다 할 것이고 후손이 어질
지 않다 하더라도 권문세가(權門勢家)에게 집을 빼앗기는 일은
없을 것이다."

  漢相國[1]蕭何[2] 買田宅必居窮僻處 爲家不治垣屋 曰 令後世賢師
吾儉 不賢無爲勢家所奪
1) 漢相國(한상국) : 한나라의 정승. 상국은 정승·재상의 뜻.
2) 蕭何(소하) : 한나라 때 삼걸(三傑)의 한 사람. 한나라 고조(高祖) 유방(劉
   邦)을 도와 천하를 다스리고 찬후(酇侯)에 봉해지다. 한나라의 율령(律令)
   은 모두 소하가 제정하다시피 했다.

4. 나라고 어찌 자손의 뒤를 걱정하지 않겠는가

한(漢)나라의 태자태부(太子太傅) 소광(疏廣)이, 자신은 늙어서 더 이상 가르칠 수 없다며 고향으로 돌아가기를 청하였다.

임금이 그 동안의 수고비로 황금 20근을 하사하였는데 태자(太子)가 더해 주어 50근을 받았다. 소광은 시골집으로 돌아오자, 날마다 집안 사람에게 일러서 이것 저것을 사들이고 술과 음식을 장만하게 하여 친척들이나 친구들이나 손님들을 초대하여 매일같이 잔치를 벌였다. 또 자주 집안 사람에게 받은 금이 얼마나 남았는가를 묻고 그것을 팔아 음식 준비를 재촉하였다.

한 해가 지났을 때 소광의 자손들이 소광에게 신임받고 사랑받는 친척 노인에게 은밀히 찾아가 부탁했다.

"우리들은 아버지대에 산업을 일으켜 재산의 기틀을 확고히 하기를 바라고 있습니다. 그런데 음식을 마련하여 잔치를 벌이는 비용으로 다 소모되고 있습니다. 어른께서는 저희 아버지에게 권고하시어 논이나 밭을 사도록 설득하여 주십시오"

이 말을 들은 친척 노인은 곧 한가한 틈을 타, 소광에게 아들들의 뜻을 권고하였다. 소광이 이 말을 듣고 말했다.

"내 어찌 늙었다고 자손들의 앞날을 생각하지 않겠는가? 우리 집안에는 옛부터 내려오는 논밭이 있어 자손들이 힘을 기울여 경영한다면 족히 의식을 해결할 수 있어서, 다른 사람들같이 생활할 수 있네. 만약 지금 여기에 다시 재산을 늘려 준다면 자손들에게 오히려 게으름을 가르치는 꼴이 될 걸세. 현명한 사람도 재산이 많으면 자신의 지조를 손상시키며 어리석은 사람이 재산을 많이 가지면 그 과실은 더욱 커지네. 부자란 모든 사람의 원망일 뿐이네. 나는 이미 자손을 가르칠 힘이 없네. 다만 자손들이 허물을 더하여 원망받는 일이 없게 하고자 할 뿐이네."

太子太傅[1]疏廣[2] 乞骸骨歸鄕里 天子賜金二十斤 太子贈以五十

斤 廣日令家具設酒食 請族人故舊賓客 相與娛樂 數問其家 金餘尙
有幾何 趣賣以共具 居歲餘 廣子孫竊謂其昆弟老人廣所愛信者曰
子孫冀及君時 頗立産業基址 今日飮食 費且盡 宜從大人所勸 說君
買田宅 老人卽以閒暇時爲廣言此計 廣曰 吾豈老誖不念子孫哉 顧
自有舊田廬 令子孫勤力其中 足以共衣食 與凡人齊 今復增益之以
爲嬴餘 但敎子孫怠惰耳 賢而多財則損其志 愚而多財則益其過 且
夫富者 衆之怨也 吾旣亡以敎化子孫 不欲益其過而生怨

1) 太子太傅(태자태부) : 황태자를 가르치며 모시는 벼슬. 소광이 모신 태자는
   후일에 한나라의 원제(元帝)가 되었다.
2) 疏廣(소광) : 자는 중옹(仲翁). 동해 난릉 사람. 서한(西漢)의 명신(名臣).

5. 후손에게 '청백리'라는 칭송을 물려주다

탁군태수(涿郡太守) 양진(楊震)은 성품이 공평하고 청렴하였
다. 그의 자손들도 항상 거친 음식을 먹고 걸어서 다녔다.
양진의 친척되는 어른이 말하기를
"혹시나 그대가 산업을 일으켰으면 한다네."
라고 하자, 양진이 좋지 않은 기색으로 말했다.
"후세에서 청백리(淸白吏)로 칭송되는 이것을 자손에게 물려
줄 것인데, 이 또한 두터운 일 아닙니까?"

涿郡太守楊震[1] 性公廉 子孫常蔬食步行 故舊長者 或欲公爲開産
業 震不肯 曰 使後世稱爲淸白吏 子孫以此遺之 不亦厚乎

1) 楊震(양진) : 후한(後漢)의 학자. 자는 백기(伯起). 학식이 많고 제자가 많아
   당시에 관서의 공자(孔子)라 함. 성품이 곧고 사심이 없어, 태위(太尉) 때 불
   의를 탄핵하여 간하다 참소당해 관직에서 파면당하고 스스로 독을 먹고 죽음.

6. 무엇을 더 물려주라는 것인가?

남당(南唐)의 덕승군절도사(德勝軍節度使) 겸 중서령(中書

슘) 주본(周本)은 베풀기를 좋아하였다.

　어떤 사람이 그에게 권하기를

　"그대의 나이가 이미 많으니 조금이라도 남겨서 자손에게 물려주는 것이 어떠한가."

라고 하자, 주본이 말했다.

　"나는 농사꾼으로 있다가 오무왕(吳武王)을 섬겨서 지위가 정승까지 이르렀는데 무엇을 더 물려주라는 것인가?"

　南唐德勝軍節度使兼中書令周本 好施 或勸之曰 公春秋[1]高 宜少留餘貲以遺子孫 本曰 吾繫草屩[2]事吳武王 位至將相 誰遺之乎

1) 春秋(춘추) : 사람의 나이.

2) 草屩(초갹) : 짚신. 곧 농사꾼을 말한다.

7. 사치하기는 쉬우나 검소하기는 어렵다

　앞서 송(宋)나라 장문절공(張文節公)이 정승이 되었는데 사는 집은 비바람을 가리지 못하였고 먹는 음식은 처음 하양서기(河陽書記)가 되었을 때와 다름이 없었다.

　그와 친한 어떤 사람이 충고하기를

　"그대가 받는 월 녹봉이 얼마인데 그렇게 검소하게 살아가는가? 바깥 사람들은 그대의 청렴하고 검소한 태도를 아름답게 여기지 않고, 도리어 한(漢)나라 공손홍(公孫弘)이 높은 벼슬 자리에 있으면서 보잘것 없는 베이불을 덮고 청렴함을 자랑하며 검소한 척했던 것처럼, 속이는 것으로 여기고 있네."

라고 하자, 장문절공이 탄식하여 말했다.

　"내가 받는 지금의 녹봉으로 제후의 복장을 몸에 걸치고 왕의 음식을 먹는 데 어떤 어려움이 있겠는가? 그런데 사람의 정이란 검소한 데서 사치로 빠지기란 아주 쉽고 사치하다가 검소하게 살기란 아주 어려운 것이네. 지금 받는 이러한 녹봉을 어찌 항상 받을 수 있겠는가. 하루 아침에 잃어버릴 수 있는 것이네. 집안 사람

들이 사치에 습관이 되었다가 검소하게 살려고 하면 반드시 할 수
없게 될 것이네. 그렇다면 어찌 처음부터 분수를 지키는 것만 같
겠는가? 내가 세상의 물정을 그르친다면 집안이 오히려 오늘날
과 같겠는가?"
  듣는 사람이 장문절공의 깊이 있는 생각에 감복했다.
  이러한 사례들은 다 덕업으로써 자손에게 물려준 것들이다. 되
돌아 보게 하는 점이 많지 않은가?

  近故¹⁾張文節公²⁾ 爲宰相 所居堂室 不蔽風雨 服用飮膳 與始爲河
陽書記³⁾時無異 其所親 或規之曰 公月入俸祿幾何 而自奉儉薄如此
外人不以公淸儉爲美 反以爲有公孫布被之詐⁴⁾ 文節歎曰 以吾今日
之祿 雖侯服王食 何憂不足 然人情由儉入奢則易 由奢入儉則難 此
祿安能常恃 一旦失之 家人旣習於奢 不能頓儉 必至失所 曷若無失
其常 吾雖違世 家人猶如今日乎 聞者服其遠慮 此皆以德業遺子孫
者也 所得顧不多乎
1) 近故(근고) : 멀지 않은 옛날. 곧 바로 전대(前代).
2) 張文節公(장문절공) : 송(宋)나라의 장지백(張知白). 자는 용회(用晦). 하
   북 사람. 시호가 문절(文節)이다.
3) 河陽書記(하양서기) : 하양절도사 밑에 있는 관리. 장지백이 처음받은 관직.
4) 公孫布被之詐(공손포피지사) : 한(漢)나라의 재상 공손홍(公孫弘)이 '베
   이불을 덮는 것은 맑은 이름을 낚는 속임수이다.'라고 희롱당한 것을 뜻한
   다. 곧 거짓으로 청렴한 척하다.

  ## 8. 후손에게 유리한 묘자리를 택하다
  진(晉)나라 광록대부(光祿大夫) 장징(張澄)이 아버지를 장사
지낼 때 곽박(郭璞)이 묘자리를 점쳐서 말했다.
  "한 곳은 장사 지내면 100세까지 살고 삼사(三司)의 지위에 오
르지만 자손들은 번창하지 못합니다. 또 한 곳은 나이가 절반에
가깝고 향교의 지위에 오르되 대대로 어질고 현명한 후손들이 태

어날 것입니다."

장징은 자신에게 불리한 두 번째 장지로 정하여 아버지의 장사
를 지냈다.

그는 지위가 광록대부에 이르렀으며 64세에 죽었다. 그의 자손
들은 번창하여 공작과 후작과 정승과 장군이 되어 양(梁)나라와
진(陳)나라 때까지 계속해서 그치지 않았다.

비록 반드시 장지에 원인이 있는 것은 아니지만 그렇다.

이것은 자손을 사랑하는 마음이 자신을 생각하는 마음보다 두
터운 것이다.

돌아가신 아버지께서는 임금을 모시는 직책에 올라 항상 말씀
하셨다.

"나는 이미 얻은 것이 많다. 마땅히 그것을 자손에게 물려준다."

마음씀이 이와 같으면 후손 돌보는 일이 깊다고 하지 않을 수
있겠는가?

晉光祿大夫張澄[1] 當葬父 郭璞[2]爲占墓地曰 葬某處 年過百歲 位
至三司[3] 而子孫不蕃 某處年幾減半 位裁鄕校 而累世貴顯 澄乃葬
其劣處 位止光祿 年六十四而亡 其子孫昌熾 公侯將相 至梁陳不絶
雖未必因葬地而然 足見其愛子孫厚於身矣 先公[4]旣登侍從 常曰 吾
所得已多 當留以遺子孫 處心如此 其顧念後世不亦深乎

1) 張澄(장징) : 한(漢)나라 이후의 동진(東晉) 사람인 듯하다.
2) 郭璞(곽박) : 동진(東晉)의 학자. 복서가(卜筮家). 자는 경순(景純). 박학하
   고 시부를 잘했으며 '이아' '산해경' '초사'의 주를 지었다.
3) 三司(삼사) : 삼공(三公). 후한 때의 태위(太尉) 사도(司徒) 사공(司空)을
   말한다.
4) 先公(선공) : 사마광(司馬光)의 아버지를 가리킨다.

제3권 가범(家範卷三)

제3장 아버지〔父〕

1. 공자가 자식을 교육한 방법

공자(孔子)의 제자 진항(陳亢)이 공자의 아들 백어(伯魚)에게 물었다.

"그대는 선생님께 특별히 들은 말이 있는가."

백어가 말했다.

"없다. 다만 일찍이 홀로 서 계실 때 내가 빠른 걸음으로 뜰 앞을 지나가자 불러서 '시(詩)를 배웠느냐.'라고 하시기에 '아직 배우지 않았습니다.' 하니, '시를 배우지 않으면 말을 할 수가 없다.'라고 하셔서 나는 물러나 시를 배웠다.

다른 날에 또 홀로 서 계실 때 내가 빠른 걸음으로 뜰 앞을 지나가자 불러서 '예(禮)를 배웠느냐.'라고 하시기에 '아직 배우지 못했습니다.' 하니, '사람이 예를 배우지 않으면 세상에 서 있을 수가 없느니라.'라고 하셔서 나는 물러나 예를 배웠다. 이 두 가지 외에는 특별한 것이 없다."

진항이 물러나서 기뻐하며 말했다.

"한 가지를 질문하여 세 가지를 얻었다. 시에 대해 알게 되었고 예에 대해 알게 되었으며 군자(君子 : 공자)께서는 자식을 우리와 다름 없이 대한다는 것을 알았다."

陳亢[1]問於伯魚[2]曰 子亦有異聞乎 對曰 未也 嘗獨立 鯉趨而過庭
曰 學詩乎 對曰 未也 不學詩 無以言 鯉退而學詩 他日又獨立 鯉趨
而過庭 曰 學禮乎 對曰 未也 不學禮 無以立 鯉退而學禮 聞斯二者
陳亢退而喜曰 問一得三 聞詩聞禮 又聞君子之遠[3]其子也

1) 陳亢(진항) : 자는 자금(子禽)이고 진(陳)나라 사람이며 남돈후(南頓侯)에
　봉해졌다. 공자의 72제자 중의 하나.
2) 伯魚(백어) : 공자의 아들 이(鯉)의 자이다.
3) 遠(원) : 자식이라고 특별히 하지 않고 다른 제자와 똑같이 대한다는 뜻.

2. 자식을 사랑하되 밖으로 나타내지 않는다

증자(曾子)가 말했다.

"군자(君子)는 자식에게, 사랑은 하되 얼굴에 나타내지 않으며
일을 시키되 안쓰러워하는 모습을 보이지 않으며 도로써 따르게
하되 강압적인 말로써 하지 않는다. 마음속으로 비록 사랑할지라
도 밖에 나타내지 않고 항상 엄하고 근엄한 것으로 임하고 얼굴
빛으로 기뻐하지 않는다. 도로써 따르게 하지 않는 것은 자식을
버리는 것이다. 그러나 강압적으로 하면 혹은 은혜를 상하게 할
수 있으니 세월로써 점차 어루만져야 하는 것이다."

曾子[1]曰 君子之於子 愛之而勿面[2] 使之而勿貌[3] 遵之以道而勿强
言 心雖愛之 不形於外 常以嚴莊莅之 不以辭色悅之也 不遵之以道
是棄之也 然强之或傷恩 故以日月漸摩之也

1) 曾子(증자) : 공자의 제자. 이름은 삼(參). 효자로 유명. '효경(孝經)'을 지음.
2) 面(면) : 낯빛에 나타내는 것.
3) 貌(모) : 안쓰러워하는 모습을 보이는 것.

3. 북제(北齊) 황문시랑 안지추(顏之推)의 교훈

북제(北齊) 시대의 황문시랑(黃門侍郞) 안지추(顏之推)의

가훈(家訓)에 적혀 있다.

　"아버지와 아들 사이는 엄격해야 하니 너무 허물 없이 친하면 안 되고 피를 나눈 형제나 자식을 사랑하는 일은 너무 간략하게 하면 안 된다. 사랑이 너무 간결하면 사랑과 효도가 서로 접목되지 못하고 너무 허물 없이 친하면 게으르고 거만한 것이 몸에 배게 된다. 벼슬하여 명사(命士) 이상의 직책에 오르면 아버지와 아들이 집을 따로 하여 사는데 이것은 서로 허물없는 사이가 되지 않게 하는 도리이다. 가려운 곳을 긁어 주고 아픈 곳을 주무르며 이불을 개고 베개를 상자에 넣어 주고 하는 일은 서로간에 간결한 예의로 다정하게 하는 가르침인 것이다."

　北齊[1]黃門侍郎顔之推[2]家訓曰 父子之嚴不可以狎[3] 骨肉[4]之愛不可以簡[5] 簡則慈孝不接 狎則怠慢生焉 由命士[6]以上 父子異宮 此不狎之道也 抑搔癢痛[7] 懸衾篋枕[8] 此不簡之敎也

1) 北齊(북제) : 나라 이름. 시조는 고양(高洋)이고 북조(北朝)라고도 한다. 다섯 임금으로 28년만에 북주(北周)에 멸망됐다.

2) 顔之推(안지추) : 남북조(南北朝)의 명신. 학자. 임기(臨沂) 사람. 박학하고 술을 좋아했다. 양(梁)나라에서 산기시랑(散騎侍郎), 북제(北齊)에서 중서사인(中書舍人)과 황문시랑을 지냈고 주(周)에서 어사상사(御史上士), 수(隋)나라에서 학사가 되었다. '안씨가훈' 20편이 전해지고 문집 30권은 망실되었다.

3) 狎(압) : 너무 가까이 하여 허물이 없다.

4) 骨肉(골육) : 형제나 자식.

5) 簡(간) : 간단하다. 딱딱하다. 간결하다. 간략하다.

6) 命士(명사) : 벼슬하여 천자에게 임명받은 관료.

7) 抑搔癢痛(억소양통) : 가려운 곳을 긁어 주고 아픈 곳을 만져 주는 것. 곧 효자가 하는 일.

8) 懸衾篋枕(현금협침) : 이불을 개서 올리고 베개를 상자에 담아 정돈하는 일. 곧 효자가 어버이를 섬기는 일.

4. 자식은 어렸을 때부터 가르쳐야 한다

석작(石碏)이 위(衛)나라 장공(莊公)에게 간하여 말했다.

"신이 듣건대 자식을 사랑하면 의(義)로써 가르치고 사특한 곳에 빠지지 않게 해야 한다고 합니다.

교만하고 사치하고 음란하고 방탕한 태도는 스스로 사특해지는 일입니다. 이상의 네 가지는 총애가 지나치고 용돈이 지나친데에서 생기는 현상입니다. 예로부터 자식을 사랑할 줄은 알고 가르칠 줄은 알지 못하여, 위태하고 욕되며 어지러워지고 망하는 데이르게 된 자가 셀 수 없이 많았습니다.

사랑하려면 마땅히 가르쳐서 사람답게 만들어야 합니다. 사랑하면서 위태하고 욕되고 어지럽고 망하는 데 빠지게 한다면 어찌능히 자식을 사랑한다고 할 수 있겠습니까?

자식을 사랑하는 사람들이 많이 말하기를 '아직 어려서 알지못하니, 성장하기를 기다렸다 가르치면 된다.'고 하는데 이것은쓸모 없는 나무의 싹을 기르는 것과 같아서 한 아름이 되도록 기다렸다가 베어 없애려면 힘을 많이 들여야 하지 않겠습니까. 또새장을 열어서 새를 놓아 주었다가 다시 잡으려는 일이나 고삐를풀어서 말을 놓아 먹이다가 잡는 일과 같습니다. 어찌 처음부터새를 놓아 주지 않고 말을 풀어 주지 않은 쉬운 일과 같겠습니까."

石碏諫衛莊公[1]曰 臣聞 愛子教之以義方 弗納於邪 驕奢淫泆 所自邪也 四者之來 寵祿過也 自古知愛子不知教 使至於危辱亂亡者可勝數哉 夫愛之當教之使成人 愛之而使陷於危辱亂亡 烏在其能愛子也 人之愛其子者 多曰兒幼未有知耳 俟其長而教之 是猶養惡木之萌芽曰 俟其合抱[2]而伐之 其用力顧不多哉 又如開籠放鳥而捕之 解韁放馬而逐之 曷若勿縱勿解之爲易也

1) 莊公(장공) : 춘추 시대 위나라의 임금.

2) 合抱(합포) : 한 아름.

5. 어린아이는 속이지 않아야 한다

곡례(曲禮)에 말이 있다.

"어린아이의 교육은 항상 속이지 않는 것을 보여 주어야 한다. 어린아이는 서 있을 때에는 반드시 바르게 서 있어야 하며 머리를 기울여 듣지 않아야 한다.

어른이 손을 잡아 이끄시면 두 손으로 어른의 손을 받들고, 어른이 칼을 차듯이 자신을 옆에 끼고 입을 가까이 대고 말씀하시면 자신의 입을 가리고 대답한다."

曲禮[1] 幼子常 視毋誑
立必正方 不傾聽
長者與之提攜[2] 則兩手奉長者之手 負劍[3] 辟咡詔之[4] 則掩口而對[5]

1) 曲禮(곡례) : '예기(禮記)'의 편 이름. 곡례는 3천 조목이나 된다.
2) 提攜(제휴) : 이끌어서 옆에 끼다.
3) 負劍(부검) : 칼을 차는 듯. 옛날에 칼을 찰 때에는 옆에 끼는 것처럼 찼기 때문에 사람을 옆에 끼는 것을 이와 같이 표현하였다.
4) 辟咡詔之(벽이조지) : 머리를 기울여 나이 어린 사람의 입 언저리에 입을 대고 말하다. '벽'은 기울이다. 이는 입의 언저리. 조는 말하는 것.
5) 掩口而對(엄구이대) : 자신의 입을 가리고 대답하다. 혹시 자신의 침이 어른에게 튈 일을 대비한 것이다.

6. 남자와 여자의 교육법

'예기' 내칙편에 말했다.

"자식이 밥을 먹게 되면 오른손으로 먹는 법을 가르친다. 말을 하게 되면 사내아이는 빨리 대답하게 하고 계집아이는 느리게 대답하게 하며 사내아이의 띠는 가죽으로 하고 계집아이는 실로 한다.

6세가 되면 숫자와 방위의 이름을 가르친다.

7세가 되면 사내아이와 계집아이가 자리를 같이하지 않게 하며 또 함께 먹지 않게 한다.

8세가 되면 집과 방에 들어가고 나갈 때와 모임의 자리에 나갈 때와 음식을 먹을 때는, 반드시 어른보다 뒤에 행하도록 해서 비로소 사양하는 도리를 가르친다.

9세가 되면 날짜 세는 것을 가르친다.

10세가 되면 바깥 스승에게 나아가 배우게 하고 바깥 사랑채에 거처하게 하며 글쓰기와 셈을 배우게 한다.

13세가 되면 음악을 배우고 시를 외고 작으로 춤추게 한다.

성장하여 15세가 되면 상(象)으로 춤추게 하고 활쏘기와 말타기를 배우게 한다.

內則¹⁾ 子能食食²⁾ 教以右手 能言 男唯 女兪 男鞶革 女鞶絲 六年 教之數與方名 七年 男女不同席 不共食 八年 出入門戶 及卽席飮食 必後長者 始教之讓 九年 教之數日 十年 出就外傳³⁾ 居宿於外 學書計 十有三年 學樂 誦詩 舞勺⁴⁾ 成童⁵⁾ 舞象⁶⁾ 學射御

1) 內則(내칙) : '예기'의 편명.
2) 食食(식사) : 밥을 먹다. 앞의 식은 먹다의 뜻으로 발음이 '식'이고, 뒤의 식은 밥의 뜻으로 발음이 '사'이다.
3) 外傳(외부) : 학업을 전수하는 남자 스승.
4) 舞勺(무작) : 작은 작(酌). '시경' 주송(周頌)의 작(酌)이라는 시. 작의 시를 노래하며 절주(節奏)로 삼아 춤추는 것으로 이 춤을 문무(文舞)라고 한다.
5) 成童(성동) : 15세 이상을 말한다.
6) 舞象(무상) : 상은 '시경' 주송편의 무(武)라는 시를 말한다. 무를 노래하며 절주로 삼아서 춤추는 것으로 무무(武舞)라고 하며 춤을 출 때 창과 방패따위 병기를 손에 쥐고 춤을 춘다.

7. 돼지를 잡아 아들에게 먹인 증자

증자(曾子)의 아내가 외출하려 하는데 어린 아들이 따라가려고 울었다. 증자의 아내가 아들을 달래며 말했다.

"울지 마라. 내 돌아오거든 너를 위해 돼지를 잡아 주마."

아내가 밖에서 돌아와 그 말을 증자에게 하였다. 증자는 곧바로 돼지를 잡아 삶아서 아들에게 먹이고 아내에게 말했다.

"어린아이를 가르치면서 속이지 마시오."

曾子之妻出外 兒隨而啼 妻曰 勿啼 吾歸 爲爾殺豕 妻歸 以語曾子 曾子卽烹豕[1]以食兒 曰 毋敎兒欺也

1) 烹豕(팽시) : 돼지고기를 삶다. 곧 돼지를 잡다.

8. 제나라에서 자라면 제나라 말을 하게 된다

한(漢)나라 가의(賈誼)가 말했다.

"옛날의 왕자(王者)들은 태자(太子)가 태어나면 진실로 예(禮)로써 키웠다. 선비로 하여금 업어서 기르되 궐문을 지날 때는 내리게 하고 종묘 앞을 지날 때는 빠른 걸음으로 지나가게 하여 효자의 도로써 가르쳤다. 그러므로 어린 아들을 위하여 가르침을 진실로 몸소 행하도록 하였다.

어린이가 방긋방긋 웃을 때, 곧 앎이 있을 때에는 삼공(三公)과 삼소(三少)에게 효도와 인(仁)과 예와 의를 밝히게 해서 도(道)로써 습관을 들이고 사특한 사람들은 축출하여 나쁜 행동을 보지 못하게 하였다.

또 천하(天下)에서 품행이 단정한 선비로, 효도하고 우애하고 널리 듣고 도술이 있는 자를 뽑아서 보호하고 돕게 하였다.

또 이들에게 태자와 더불어 숙식을 함께 하고 출입을 함께 하게 하여, 태자가 태어나서부터 올바른 일만 보게 하고 올바른 말만 듣게 하고 올바른 길만 가게 하였다. 좌우와 앞뒤에 모두 다 올바른 사람만 있게 하였다.

습관적으로 올바른 사람과 함께 살면 바르지 않은 것이 없게 된다. 이것은 사람이 제(齊)나라에서 태어나 제나라에서 성장하면 당연히 제나라 말을 하는 것과 같은 이치이다.

또 습관적으로 바르지 못한 사람과 함께 살면 당연히 바르지 못한 사람과 같아진다. 사람이 초(楚)나라에서 태어나 초나라에서 성장하면 자연적으로 초나라 말을 하는 것과 같은 이치이다."

賈誼[1]言 古之王者 太子始生 固擧以禮 使士負之 過闕則下 過廟則趨 孝子之道也 故自爲赤子而敎 固已行矣 提孩[2]有識 三公三少[3] 固明孝仁禮義 以道習之 逐去邪人 不使見惡行 於是皆選天下之端士[4] 孝弟博聞有道術者 以衛翼之 使與太子居處出入 故太子乃生而見正事 聞正言 行正道 左右前後 皆正人也 夫習與正人居之 不能毋正 猶生長於齊 不能不齊言[5]也 習與不正人居之 不能毋不正 猶生長於楚不能不楚言[6]也

1) 賈誼(가의) : 전한(前漢)의 문제(文帝) 때 문신(文臣). 낙양 사람. 33세에 요절한 문장가. '신서(新書)' '가장사집(賈長沙集)'이 있다.
2) 提孩(제해) : 두세 살의 어린아이. 지각이 생기는 나이.
3) 三公三少(삼공삼소) : 삼공은 태사(太師) 태부(太傅) 태보(太保). 삼소는 삼공의 밑에 있는 직책으로 소사(少師) 소부(少傅) 소보(少保)이다.
4) 端士(단사) : 품행이 단정한 선비.
5) 齊言(제언) : 품행이 있는 언어. 즉 표준어를 말한다.
6) 楚言(초언) : 품행이 없는 언어. 즉 사투리를 말한다.

9. 습관은 자연적으로 이루어진다
'안씨가훈(顔氏家訓)'에 말했다.

"옛날에 성왕(聖王)들은 자식을 낳아 두세 살이 되면, 사보(師保)의 벼슬을 두어 인(仁)과 효(孝)와 예(禮)와 의(義)를 명확히 밝혀 도(道)로써 익히도록 하였다.

보통 사람들은 제멋대로 하여 이에 능하지는 못하지만 그래도 서너 살이 되어 사람의 얼굴을 알아보고 사람들이 기뻐하고 성내는 것을 알 때면 교육을 시작해야 한다. 이 때부터는 해야 할 일을 하게 만들고 하지 말아야 하는 일은 중지하게 한다. 이렇게 하여 6, 7세에 이르면 매를 치고 벌을 주는 것도 살펴서 해야 한다. 아버지와 어머니가 위엄이 있으면서도 인자하면 자식들은 두려워하고 몸을 삼가면서도 부모에게 효도하게 된다. 내가 세상의 일들을 보건대 교육에는 관심이 없고 사랑만 있어서 매양 능히 그러하지 못하고 있다.

음식을 먹는 일에서부터 일상적인 행동을, 하고 싶은 대로 하게 내버려 둔다. 또 마땅히 훈계해야 할 일은 도리어 부추기고 응당히 꾸짖어야 할 일은 도리어 웃어 넘긴다. 이렇게 큰 아이가 조금 앎이 있게 되면 '법이 마땅히 그러한 것이구나.' 하게 된다.

게으름과 교만이 이미 습관이 되고 나서 바야흐로 제재하려 한다. 이 때는 화가 머리끝까지 치솟아 매를 잡고 죽음에 이르도록 때리지만 위엄은 없어지고 자식의 분노와 원망만 날마다 쌓이게 되어 더욱 부모를 원망한다. 이 자식이 장성하면 마침내 부모를 해치는 무뢰한이 되는 것이다.

공자께서 말씀하시기를 '젊어서 길들어진 것은 천성(天性)과 같고 습관은 자연스러운 것과 같다.' 라고 했는데 옳은 말이다.

속담에도 이르기를 '며느리를 가르치는 일은 며느리가 가마 타고 올 때부터 하고, 자식을 가르치는 일은 방긋방긋 웃을 때부터 한다.' 라고 했는데 이 말은 참으로 옳은 말이다."

顔氏家訓曰 古者聖王 子生孩提 師保固明仁孝禮義 道習之矣 凡庶縱不能爾 當及嬰稚[1] 識人顔色 知人喜怒 便加敎誨 使爲則爲 使止則止 比及數歲[2] 可省笞罰[3] 父母威嚴而有慈 則子女畏愼而生孝矣 吾[4]見世間 無敎而有愛 每不能然 飮食運爲 恣其所欲 宜誡翻獎 應呵反笑[5] 至有識知 謂法當爾 憍慢已習 方乃制之 捶撻至死而無威 忿怒日隆而增怨 逮于長成 終爲敗德 孔子云 少成若天性 習慣如自然是也 諺[6]云 敎婦初來 敎兒嬰孩 誠哉斯語

1) 嬰稚(영치) : 젖먹이. 어린아이.
2) 數歲(수세) : 여기서는 여섯 일곱 살의 나이를 말한다.

3) 笞罰(태벌) : 매를 때리고 벌을 주는 일.
4) 吾(오) : 안지추(顏之推) 자신을 지칭한 것.
5) 宜誡翻獎應呵反笑(의계번장응가반소) : 마땅히 훈계해야 할 것은 도리어 권
   장하고 응당히 꾸짖어야 할 것은 도리어 웃어 넘긴다.
6) 諺(언) : 안지추 때의 속담.

10. 어찌 자식에게 매질하고자 원하겠는가

무릇 사람이 자식을 가르치지 않는 자라도 또한 자식이 죄악에
빠지기를 바라는 것은 아니다.

다만 꾸짖는데 거듭하여 안색을 손상시키면서 회초리로 종아
리를 때려 그 살이 아파하는 일을 차마 하지 못하기 때문이다. 이
것을 질병으로 비유하면, 어찌 탕약이나 쑥뜸을 쓰지 않고 병을
구제할 수 있겠는가.

부지런히 생각하고 훈계하여 독려하는 자라고 해서 어찌 자식
에게 매질하고 벌을 가하기를 원하겠는가? 진실로 마지못해 하
는 일이다.

凡人不能敎子女者 亦非欲陷其罪惡 但重於訶怒 傷其顏色 不忍
楚撻1)慘其肌膚爾 當以疾病爲喩 安得不用湯藥針艾2)救之哉 又宜
思勤督訓者 豈願苛虐於骨肉乎 誠不得已也
1) 楚撻(초달) : 회초리로 종아리를 때리다.
2) 針艾(침애) : 침술과 쑥뜸질.

11. 40세에도 어머니에게 매를 맞다

양나라 대사마(大司馬) 왕승변(王僧辨)의 어머니 위씨부인
(衛氏夫人)은 성품이 매우 엄정하였다.

왕 대사마가 분성(湓城)에 있을 때 3천 명의 군사를 거느리고
있었는데 그 때 나이 40살이 넘었었다.

이 때에도 위부인은 자신의 뜻과 조금이라도 틀리면 매를 들어 왕 대사마의 종아리를 때렸다.

그러므로 그가 마침내 커다란 공훈을 세우기에 이르렀다.

王大司馬[1]母衛夫人 性甚嚴正 王在溢城 爲三千人將 年踰四十 少不如意 猶捶撻之 故能成其勳業[2]

1) 王大司馬(왕대사마) : 양(梁)나라 때의 왕승변(王僧辨)이다. 대사마에 이르렀다.

2) 勳業(훈업) : 커다란 공훈.

12. 가르치지 않으면 패륜에 이른다

양(梁)나라 원제(元帝) 때 한 학사(學士)가 있었다.

그는 총명하고 재주가 있어 어려서부터 아버지의 사랑만 받고 가르침을 받을 기회를 놓쳤다.

말 한 마디를 옳게 하면 그것을 길거리에서 자랑하기를 1년 내내 하였고, 행동을 한 가지 잘못하면 문장을 꾸며 감추었는데 그가 스스로 고치기만 바랐다.

그가 나이가 들어 혼인도 하고 벼슬도 하였는데 난폭함과 게으름이 날로 심해졌다. 마침내는 말도 제대로 가려서 하지 못하여 아무 데서나 '장(腸)을 빼내서 북을 만들겠다.'고 했다.

이러한 것으로 볼 때 사랑만 하고 가르치지 않으면 마침내 피해만 있을 뿐이다.

전해 내려오는 말에 "비둘기가 그 새끼를 기르는데 아침에는 위에서 밑으로 내리는 것을 따르고 저녁에는 아래에서 위로 오르는 것을 따르는데 공평하기가 균일하다."고 했다.

사람에 이르러서는 혹은 그러하지 못하다.

기(記)에 말했다.

"아버지가 자식에게 '어진 이는 친하게 대하고 무능한 사람은 하대하라.'고 하는데 그 아버지가 친하는 사람이 과연 현명하고

그 아버지가 하대하는 사람이 과연 무능하다면 좋은 일이다. 그러
나 사사로운 사랑에 빠져 이따금씩 무능한 사람과 친하게 지내고
어진 이를 하대하면 재앙은 이것으로 말미암아 일어나는 것이다."

梁元帝[1]時 有一學士 聰敏有才 少爲父所寵 失於敎義 一言之是
偏於行路 終年譽之 一行之非 揜藏文飾 冀其自改 年登婚宦 暴慢日
滋 竟以語言不擇 爲周逖抽腸釁鼓云 然則愛而不敎適所以害之也
傳稱[2] 鳲鳩之養其子 朝從上下 暮從下上 平均如一 至於人或不能然
記曰[3] 父之於子也 親賢而下無能 使其所親果賢也 所下果無能也 則
善矣 其溺於私愛者 往往親其無能而下其賢 則禍亂由此而興矣

1) 梁元帝(양원제) : 오계(五季) 시대의 양(梁)나라 원제(元帝)로, 양나라 간
   문제(簡文帝)의 아들.
2) 傳稱(전칭) : 전해 내려오는 말.
3) 記曰(기왈) : 어떤 기록에 있다.

13. 지나친 사랑은 자식을 망친다

'안씨가훈'에 말했다.

"사람이 자식 사랑하기를 균등하게 하기란 극히 어려운 일이
다. 예로부터 오늘날에 이르기까지 이로 인한 폐단이 많다.

어질고 준결한 자는 스스로 상도 받고 사랑도 받지만 완악하고
노둔한 자 또한 마땅히 불쌍하고 가여운 것이다.

편애하는 자를 두는 것은 사랑을 두텁게 하고자 함인데 다시 생
각해 보면 재앙이 된다.

공숙단(共叔段)의 죽음은 어머니가 실상은 편애한 데에서 비
롯된 것이고, 한(漢)나라 때 조왕(趙王)이 죽임을 당한 것은 아
버지 고조(高祖)가 그렇게 만든 것이다. 후한 말기에 유표(劉表)
의 일가친척이 멸망당한 일이나 원소(袁紹)의 땅이 다 갈라진 것
도, 신령스런 거북점이나 밝은 거울과 같다고 이를 수 있으며 이
러한 일들은 통상적인 논란거리인 것이다."

顔氏家訓曰 人之愛子 罕亦能均 自古及今 此弊多矣 賢俊者¹⁾自可賞愛 頑魯者²⁾亦當矜憐 有偏寵者 雖欲以厚之 更所以禍之 共叔³⁾之死 母實爲之 趙王⁴⁾之戮 父實使之 劉表⁵⁾之傾宗覆族 袁紹⁶⁾之地裂兵亡 可謂靈龜明鑑 此通論也

1) 賢俊者(현준자) : 어질고 준걸한 자.

2) 頑魯者(완노자) : 완악하고 노둔한 자.

3) 共叔(공숙) : '좌전'에 있는 공숙단(共叔段).

4) 趙王(조왕) : 한(漢)나라 고조(高祖)의 아들 여의(如意)를 뜻한다.

5) 劉表(유표) : 동한(東漢) 사람. 자는 경승(景勝). 헌제(獻帝) 때 형주좌사가 되었다.

6) 袁紹(원소) : 후한 말의 군웅. 자는 본초(本初). 조조군과 싸워서 대패하고 병들어 죽었다.

14. 부인을 쫓아낸 증자(曾子)

증자(曾子)가 아내를 쫓아내고 죽을 때까지 아내를 다시 얻지 않았다.

아들 증원(曾元)이 증자에게 청하여 계모를 얻고자 하자, 증자가 아들에게 말했다.

"은(殷)나라 고종(高宗)은 후처(後妻) 때문에 효기(孝己)를 죽였고, 주(周)나라 윤길보(尹吉甫)는 후처의 말을 듣고 백기(伯奇)를 추방했다. 내가 위로는 고종에 미치지 못하고 가운데로 길보에게 비교되지 못하지만 그것이 잘못되었다는 것을 알면서 어찌 행할 수 있겠느냐?"

曾子出其妻 終身不取妻 其子元¹⁾請焉 曾子告其子曰 高宗²⁾以後妻殺孝己 尹吉甫³⁾以後妻放伯奇⁴⁾ 吾上不及高宗 中不比吉甫 庸知其得免於非乎

1) 元(원) : 증원(曾元). 증자의 아들.

2) 高宗(고종) : 은(殷)나라의 황제(皇帝).

66 가범(家範)

3) 尹吉甫(윤길보) : 주(周)나라의 태사.
4) 伯奇(백기) : 윤길보의 아들.

15. 후처를 얻지 않은 주휘(朱暉)

후한(後漢)의 상서령(尙書令) 주휘(朱暉)가 나이 50에 아내를 잃었다. 그의 동생들이 다시 장가들어 후처(後妻)를 얻으라고 하였다. 주휘가 탄식하여 말하기를

"오늘날의 풍속을 보면 후처를 들여서 패가(敗家)되지 않은 집안이 드물다."

라고 하고는, 마침내 후처를 얻지 않았다.

지금의 사람들이 나이가 들어 자손들과 함께 사는 것에서 옛날의 어진 이들을 거울삼을 만하지 아니한가.

後漢尙書令[1]朱暉 年五十失妻 昆弟欲爲繼室 暉歎曰 時俗希不以
後妻敗家者 遂不娶 今之人年長而子孫具者 得不以先賢爲鑑乎

1) 尙書令(상서령) : 군주의 명령을 출납하는 곳의 최고 우두머리.

16. 내쫓되 잘못을 공표하지 않는다

'예기' 내칙편에 말했다.

"아들이나 며느리가 효도하지 않고 공경하지 않더라도 미워하거나 원망하지 않고 우선 가르친다. 만약 가르쳐도 고치지 못하면 꾸짖는다. 꾸짖어도 안 될 때에는 아들이면 내쫓고 며느리면 내보내는데, 내보내면서 그들의 잘못을 공표하지 않는 것이 예다."

內則曰 子婦未孝未敬 勿庸疾怨 姑敎之 若不可敎而后怒之 不可
怒子放婦出而不表[1]禮焉

1) 不表(불표) : 표(表)는 명(明)과 같다. 곧 그들의 잘못을 남에게 숨기고 알리지 않는다는 뜻.

17. 자식과 며느리의 잘못을 키우게 되면

군자(君子)들이 아들과 며느리를 다스리는 데에는 옳은 것을 다할 따름이다.

지금의 세상 사람들은 자신이 나약하고 겁이 많은 자는 아들이나 며느리의 과실이 오히려 적으면 가르치지 않고 그냥 덮어둔다. 그 과실이 점점 더 많아져서 나타나도 능히 꾸짖지 못하고 마음 속으로 한탄만하며, 나쁜 짓이 쌓이고 죄가 커졌을 때에는 그것을 막지 못하게 된다.

이로 인하여 벙어리 냉가슴 앓듯 가슴이 답답해져서 홧병이 발생하여 죽음에 이르게 된다.

이같은 지경이 되면 자식이 있는 것이 자식이 없는 것보다 못하게 된다.

어질지 못한 자는 그 정(情)과 성품이 잔인하고 사나워서 혹은 후처의 참소를 듣고 혹은 총애하는 자의 계략을 사용하여 매질하는 일이 분수에 지나치게 되어, 얼어 죽거나 굶주려 죽게 버려서 반드시 죽음에 이르도록 해야 그치게 된다.

'서경' 강고(康誥)편에 이르기를

"자식이 아버지의 일을 공손하게 받들지 않으면 아버지는 마음을 크게 상한다. 이에 아버지는 자식을 사랑하지 않게 되고 아들을 미워하게 된다. 이러한 자를 '아주 흉악한 사람'이라고 한다." 라고 했는데, 이것은 대개 효도하지 않고 자애하지 않는 자를 말한 것으로, 그 죄는 똑같다.

君子[1]之所以治其子婦 盡於是而已矣 今世俗之人 其柔懦者 子婦之過尙小 則不能敎而嘿[2]藏之 及其稍著 又不能怒而心恨之 至於惡積罪大 不可禁遏 則喑嗚鬱悒[3] 至有成疾而終者 如此有子不若無子之爲愈也 其不仁者 則縱其情性 殘忍暴戾 或聽後妻之讒 或用嬖寵之計 捶扑過分 棄逐凍餒 必欲置之死地而後已 康誥[4]稱 子弗祗服

厥父事 大傷厥考心 于父不能字厥子 乃疾厥子 謂之元惡大憝[5] 蓋
言不孝不慈 其罪均也

1) 君子(군자) : 남의 사표가 될 만한 사람.

2) 嘿(묵) : 몰래 숨기다.

3) 暗鳴鬱悒(음오울읍) : 벙어리 냉가슴 앓듯 끙끙거리고 근심하여 가슴이 답
답하다.

4) 康誥(강고) : '서경' 주서(周書)의 편명.

5) 元惡大憝(원악대대) : 아주 흉악한 사람.

제4장 어머니〔母〕

1. 어머니가 되었다면

사람의 어머니가 된 사람은 자애롭지 못한 것을 근심하지 말고 사랑할 줄만 알고 가르치지 못할 것을 근심해야 한다.

옛날 사람들이 말하기를 "인자한 어머니 밑에 패륜아가 있다." 라고 했다.

사랑하기만 하고 가르치지 않으면 어질지 못한 곳에 물들어서 커다란 악에 빠져 형벌을 받게 되어 망하게 되는 것이다.

이것은 남이 망하게 하는 것이 아니라 어머니가 그렇게 만드는 것이다. 예로부터 오늘에 이르기까지 이와 같은 자가 많았는데 그들을 다 헤아려 셀 수가 없다.

爲人母者 不患不慈 患於知愛而不知敎也 古人有言曰 慈母敗子 愛而不敎 使淪於不肖[1] 陷於大惡 入於刑辟[2] 歸於亂亡 非他人敗之 也 母敗之也 自古及今 若是者多矣 不可悉數

1) 不肖(불초) : 어질지 못하다.
2) 刑辟(형벽) : 형벌.

2. 주나라 문왕(文王) 어머니의 태교

주(周)나라 태임(太任)은 문왕(文王)을 임신했을 때 눈으로는 나쁜 색깔을 보지 않고 귀로는 음란한 소리를 듣지 않고 입으로는 오만한 말을 하지 않았다. 이로 인하여 문왕이 출생하자 밝고 성스러웠으며 마침내 주(周)나라의 으뜸이 되었다.

군자(君子)가 이르기를 "태임이 태교를 잘했다."라고 했다.

옛날부터 부인이 임신하면 잠을 자되 옆으로 누워서 자지 않고
앉을 때는 한쪽으로 치우친 곳에 앉지 않고 설 때에는 한쪽 발만
의지하지 않고 음식은 정상적인 맛이 아니면 먹지 않았다. 칼로
벤 부분이 바르지 않으면 먹지 않았고 자리가 반듯하지 않으면 앉
지 않았고 눈으로는 사특한 빛을 보지 않았고 귀로는 음란한 소
리를 듣지 않았다. 밤에는 소경을 시켜서 시(詩)를 읊게 하고 좋
은 일을 말하게 했다. 이렇게 하여 자식이 태어나면 용모가 단정
하고 재주가 뛰어나며 널리 통달한다.

저렇듯 그 아들이 태어나기도 전에 이미 확실하게 가르치는데
하물며 이미 태어난 아이에 있어서 이겠는가?

周太任¹⁾之娠文王²⁾也 目不視惡色 耳不聽淫聲 口不出敖言 文王
生而明聖 卒爲周宗 君子謂 大任能胎敎 古者 婦人任子³⁾ 寢不側 坐
不邊 立不蹕 不食邪味 割不正不食 席不正不坐 目不視邪色 耳不
聽淫聲 夜則令瞽⁴⁾誦詩道正事 如此則生子形容端正 才藝博通矣 彼
其子尙未生也 固已敎之 況已生乎

1) 周太任(주태임) : 주(周)나라 문왕(文王)의 어머니 태임.
2) 文王(문왕) : 이름은 창(昌). 은(殷)나라의 제후로 서백(西伯)이라 일컬었
   으며 주(周)나라의 기반을 닦았다. 아들 무왕(武王)이 주(紂)왕을 쳐서 은
   나라를 무너뜨리고 주나라를 세워 천자에 올라, 아버지를 문왕으로 추증했다.
3) 任子(임자) : 임신하다. 아이를 배다.
4) 瞽(고) : 소경, 곧 맹인.

3. 맹모삼천(孟母三遷)의 교훈

맹가(孟軻 : 맹자)의 어머니는 그 사는 집이 무덤 근처였다.
맹자가 어렸을 때 하는 놀이는 모두 무덤을 쓰는 일을 흉내내어,
무덤을 파고 애통해하고 시체를 묻고 무덤을 쌓는 일들이었다.
맹자의 어머니가 말하기를
"여기는 아들을 살게 할 곳이 못 된다."

라고 하고, 그 곳을 떠나 시장 근처에 집을 마련하였다.

　여기서는 맹자가 하는 놀이가 장사꾼을 흉내내어 흥정하고 물건을 파는 일들이었다.

　맹자의 어머니가 말하기를

　"여기도 아들을 살게 할 곳이 못 된다."

라고 하고는, 학교 부근으로 집을 옮겼다.

　여기서는 맹자가 하는 놀이가 제기(祭器)를 늘어놓고 읍하고 사양하며 나아가고 물러나는 일들이었다.

　맹자의 어머니가 말하기를

　"이곳이야말로 아들을 살게 할 만한 곳이다."

라고 하고는, 드디어 그 곳에서 살았다.

　맹자가 어릴 때

　"동쪽의 어느 집에서 돼지를 잡는데 무엇 하려는 것입니까?"

하고 어머니에게 묻자, 어머니가

　"너를 먹이려고 하는 것이다."

라고 농담하였는데, 맹자의 어머니는 곧 뉘우치고 말하기를

　"내가 듣기로는 아이를 배서 뱃속에서부터 가르친다고 했다. 지금 이 아이는 지각 있는 나이인데 속인다면 이것은 믿지 못할 것을 가르치게 된다."

라고 하고는, 돼지고기를 사다 먹였다.

　맹자는 장성해서 학문을 이루어 큰 선비가 되었다.

　저 어머니는 그 자식이 오히려 어린 데도 몸소 그 습관화 되는 것을 삼갔는데 하물며 이미 장성함에 있어서 이겠는가?

　孟軻[1]之母 其舍近墓 孟子之少也 嬉戲爲墓間之事 踊躍築埋 孟母曰 此非所以居之也 乃去 舍市傍 其嬉戲爲衒賣[2]之事 孟母又曰 此非所以居之也 乃徙 舍學宮之傍 其嬉戲乃設俎豆[3] 揖讓進退 孟母曰 此眞可以居子矣 遂居之 孟子幼時 問東家殺猪何爲 母曰 欲啖汝 旣而悔曰 吾聞古有胎敎 今適有知而欺之 是敎之不信 乃買猪肉食 旣長 就學 遂成大儒 彼其子尙幼也 固已愼其所習 況已長乎

1) 孟軻(맹가) : 맹자(孟子). 가는 맹자의 이름. 공자의 손자인 자사(子思)를 스
   승으로 모셨다. 오경(五經)에 통달했으며 '맹자' 14편의 저서가 있다.
2) 衒賣(현매) : 자랑하여 팔다. 사고 파는 일. 장사꾼이 하는 일.
3) 俎豆(조두) : 제기. 조는 고기를 올려 놓는 제기. 두는 나무로 만든 제기.

4. 계모로서 전처 아들을 유학시키다

한(漢)나라의 승상(丞相) 적방진(翟方進)의 계모는 방진을
따라 서울로 가서, 신을 삼아 팔아서 방진을 유학시켰다.

漢丞相翟方進繼母 隨方進之長安 織履[1]以資方進遊學[2]

1) 織履(직리) : 신을 삼다. 신을 짜다.
2) 遊學(유학) : 공부를 시키다.

5. 아들의 손님을 위해 머리를 잘라 팔다

진(晉)나라의 태위(太尉) 도간(陶侃)은 일찍부터 아버지를
잃고 가난하게 살다가 고을의 관리가 되었다. 이 때 번양(番陽)
의 효렴(孝廉) 범규(范逵)가 자주 도간의 집을 지나갔다.

어느 때인가 갑자기 손님이 왔는데 대접할 것이 없어서 도간의
어머니는 쌍피(雙髮)를 얹은 자신의 머리를 잘라서 그것으로 술
과 안주와 바꾸어서 대접하였다.

이것을 보고 범규가 도간을 여강태수(廬江太守)에게 천거하여
불러서 독우(督郵)를 삼게 하였다. 이것이 계기가 되어 벼슬길에
나아가게 되었다.

晉太尉[1]陶侃[2]早孤貧 爲縣吏 番陽孝廉[3]范逵常過侃 時倉卒無以
待賓 其母乃截髮得雙髮[4]以易酒肴 逵薦侃於廬江太守 召爲督郵 由
此得仕進

1) 太尉(태위) : 삼공(三公)의 한 직책. 후한 이후의 삼공은 태위(太尉) 사도

(司徒) 사공(司空).

2) 陶侃(도간) : 동진(東晉)의 명장. 심양 사람. 자는 사행(士行). 도연명이 그
   의 손자이며 장사군공(長沙郡公)에 봉해졌다.

3) 孝廉(효렴) : 효행과 청렴을 겸비한 사람.

4) 雙髻(쌍피) : 여자의 장식용구의 일종인 듯하다. 월자(月子 : 여자의 머리숱
   을 많아 보이게 하려고 덧넣는 딴 머리).

6. 사귀는 친구가 이름을 날리면 아들에게 술을 권하다

후위(後魏) 거록(鉅鹿) 땅에 위즙(魏緝)의 어머니 방씨(房
氏)가 있는데, 즙을 낳은 지 100일 도 안 되어 남편 부(溥)가 죽
었다. 방씨는 위즙을 힘들게 키우며 개가하지 않았는데 즙을 훈
도하는 데에 법도가 있었고 어머니로서의 위엄도 갖추었다.

즙이 사귀는 친구 가운데 이름을 날리는 자가 있으면 몸소 술
과 안주를 갖추어서 대접하고, 즙이 자신보다 못한 망나니 같은
친구를 사귀면 문득 병풍 뒤에 누워서 음식을 먹지 않았다.

즙이 와서 뉘우치고 사죄해야 방씨는 음식을 먹었다.

後魏[1]鉅鹿[2]魏緝母房氏 緝生未十旬 父溥卒 母鞠育不嫁 訓導有
母儀法度 緝所交遊 有名勝者 則身具酒饌 有不及己者 輒屛臥不餐
須其悔謝乃食

1) 後魏(후위) : 탁발규(拓跋珪)가 화북(華北)에 세운 왕조. 북위(北魏).

2) 鉅鹿(거록) : 춘추 전국 시대 조(趙)나라의 도읍.

7. 독서에 몰두한 조무맹(趙武孟)

당(唐)나라의 시어사(侍御史) 조무맹(趙武孟)은 젊은 날 사
냥을 좋아하였다. 일찍이 사냥을 나가 살찌고 신선한 짐승을 잡
아다 어머니에게 바쳤다.

그러자 어머니가 울면서 조무맹에게 말하기를

"너는 글은 읽지 않고 사냥만 좋아하는데, 매일 이와 같이 한다면 나는 희망이 없다."
라고 하고는, 마침내 살찌고 신선한 고기를 먹지 않았다.

이에 조무맹은 새롭게 느끼고 학문에 열중하여 드디어 경전과 사서에 통달하게 되었으며 과거를 보아 진사로 급제하여 좋은 관직에 오르게 되었다.

唐侍御史[1]趙武孟少好田獵 嘗獲肥鮮[2]以遺母 母泣曰 汝不讀書
而田獵 如是吾無望矣 竟不食其膳 武孟感激勤學 遂博通經史[3] 擧
進士至美官[4]

1) 侍御史(시어사) : 부정을 감찰하는 관리.
2) 肥鮮(비선) : 살찌고 신선한 고기.
3) 經史(경사) : 경서와 사서(史書)를 말한다.
4) 美官(미관) : 좋은 자리. 곧 문장을 다루던 직책.

8. 유중영(柳仲郢)의 어머니 한씨(韓氏)

당(唐)나라 천평(天平) 절도사(節度使) 유중영(柳仲郢)의 어머니 한씨(韓氏)는 항상 고삼(苦參)과 황련(黃連)을 갈아서 웅담(熊膽)과 섞어 환(丸)을 만들어 아들들에게 주었다.

아들들은 매일 저녁 독서할 때 씹어서 삼켜 졸음을 멈추게 하였다.

天平[1]節度使柳仲郢[2]母韓氏 常粉苦參[3]黃連[4]和以熊膽[5] 以授諸
子 每夜讀書 使噼之以止睡

1) 天平(천평) : 땅 이름.
2) 柳仲郢(유중영) : 자는 유몽(諭蒙). 하동절도사를 지낸 유공작(柳公綽)의 아들이다.
3) 苦參(고삼) : 콩과에 속한 다년생 풀. 쓴너삼이라 하며 뿌리를 한약재로 쓴다.
4) 黃連(황련) : 깽깽이풀. 뿌리를 약으로 쓴다.

5) 熊膽(웅담) : 곰의 쓸개. 한약재로 쓴다.

9. 무너진 담에서 돈더미가 나오다

태자소보(太子少保)를 지낸 이경양(李景讓)의 어머니 정씨(鄭氏)는 성품이 엄격하고 현명하였다.

일찍이 과부가 되었고 집안이 매우 가난하였으나 친히 여러 아들을 엄하게 가르쳤다.

어느 때인가 여러 날 계속 내린 비로 집 뒤의 오래된 담장이 무너져 내렸는데 그 속에서 돈이 가득 든 항아리가 나왔다.

노비들이 기뻐하며 달려가 정씨에게 고하였다.

정씨는 돈이 든 항아리를 보고는 분향하고 기원했다.

"하늘이, 돌아간 남편이 좋은 일을 많이 한 것을 알고 우리 모자가 가난한 것을 불쌍히 여겨 이 많은 돈을 주셨으나 나는 모든 아들들이 학업을 성취하기를 바랄 뿐입니다. 다른 날 이 아이들이 성공하여 봉록을 받으면 되며 이러한 돈은 욕심나지 않습니다."

그리고는 급하게 명하여 그것을 다시 묻게 하였다.

이것은 오직 그의 아들이 학문을 게을리 하여 명예가 성취되지 못할까 근심한 것이다.

太子少保[1]李景讓母鄭氏 性嚴明 早寡家貧 親教諸子 久雨 宅後古牆頹陷 得錢滿缸 奴婢喜走告鄭 鄭焚香祝之曰 天蓋以先君[2]餘慶 愍妾母子孤貧 賜以此錢 然妾所願者 諸子學業有成 他日受俸 此錢非所欲也 亟命掩之 此唯患其子名不立也

1) 太子少保(태자소보) : 태자를 가르치는 직책. 태보(太保) 밑의 직책.
2) 先君(선군) : 죽은 남편을 지칭함.

10. 황금 천 냥을 되돌려 보낸 어머니

제(齊)나라의 재상 전직자(田稷子)가 아래 관리에게 황금 2천

4백 냥을 받아서 그의 어머니에게 드렸더니, 어머니가 말했다.

"신하가 되어 충성스럽지 못한 자는 사람의 자식이 되어서도 효
도하지 못하는 것이다. 의롭지 못한 재산을 나는 갖고자 하지 않
으며 불효하는 아들은 내 아들이 아니다. 너는 일어나 나가거라."

이에 전직자가 부끄럽게 여기고 집에서 나가 그 금을 스스로 제
나라 선왕(宣王)에게 보내고 자신의 죄를 청하였다.

선왕은 그 어머니의 의로움을 기뻐하고, 드디어 전직자의 죄를
사면하여 직위를 복직시키고, 공적인 금으로써 전직자의 어머니
에게 하사하였다.

齊相田稷子[1]受下吏金百鎰[2] 以遺其母 母曰 夫爲人臣不忠 是爲
人子不孝也 不義之財 非吾有也 不孝之子 非吾子也 子起矣 稷子
遂慙而出 反其金而自歸於宣王 請就誅 宣王悅其母之義 遂赦稷子
之罪 復其位 而以公金賜母

1) 田稷子(전직자) : 전국 시대 제(齊)나라 선왕(宣王)의 신하.
2) 百鎰(백일) : 1일(一鎰)은 24냥이므로, 황금 2천4백 냥을 말한다.

II. 무죄석방이 많으면 기뻐한 여인

한(漢)나라의 경조윤(京兆尹) 준불의(雋不疑)가 매일 관청을
순회하면서 죄수를 기록하고 돌아오면 그의 어머니는 문득 불의
에게 물었다.

"죄를 다시 조사하여 몇 사람이나 무죄로 살아났느냐."

"무죄로 나간 사람이 많이 있습니다."

라고 준불의가 말하면 어머니는 밝게 웃으면서 음식을 먹었다.

그런데 준불의의 말이 다른 때와 다르거나 혹은 무죄로 나간 사
람이 없으면 준불의의 어머니는 화를 내고 음식을 먹지 않았다.

그러므로 준불의는 관리가 되어서 엄정하되 잔인하지 않았다.

漢京兆尹[1]雋不疑 每行縣錄囚徒還 其母輒問不疑 有所平反[3] 活

幾何人耶 不疑多有所平反 母喜笑 爲飮食 言語異於它時 或亡所出
母怒 爲不食 故不疑爲吏嚴而不殘

1) 京兆尹(경조윤) : 서울의 치안을 담당하는 관리.
2) 平反(평반) : 원통한 죄로 들어온 사람의 죄를 다시 조사하여 그 원통한 죄
   를 밝혀 주고 무죄로 석방하는 일.

12. 아들의 부정을 나무란 어머니

오(吳)나라의 사공(司空) 맹인(孟仁)이 일찍이 물고기를 관
리하는 지관(池官)이었을 때, 스스로 그물을 엮어서 물고기를 잡
아 젓을 만들어 어머니에게 보냈다.

맹인의 어머니가 돌아와서 꾸짖었다.

"너는 어관(魚官)이 되어서 젓을 담아 어미에게 보냈는데 이
는 혐의를 피하지 못할 일이다."

吳¹⁾司空²⁾孟仁嘗爲監魚池官³⁾自結網捕魚 作鮓寄母 母還之曰 汝
爲魚官 以鮓寄母 非避嫌也

1) 吳(오) : 손권이 세운 나라.
2) 司空(사공) : 옥(獄)을 담당하는 최고 우두머리.
3) 池官(지관) : 연못의 물고기를 관리하는 직책.

13. 어머니에게 꾸중을 들은 도간(陶侃)

진(晉)나라의 도간(陶侃)이 고을의 관리가 되어서 일찍이 물
고기와 연못을 감독하였는데, 어느 날 젓 한 통을 그의 어머니에
게 보냈다. 도간의 어머니가 젓그릇을 봉하고 꾸짖어 말했다.

"너는 관청의 물건을 나에게 보냈는데 그것은 나를 이익되게
하는 것이 아니라 나에게 근심을 더하게 만드는 일이다."

晉陶侃爲縣吏 嘗監魚池 以一坩鮓¹⁾遺母 母封鮓責曰 爾以官物²⁾

遺我 不能益我 乃增吾憂耳

1) 一坩鮓(일감자) : 한 도가니의 젓. 젓 한 통.

2) 官物(관물) : 관청의 공공적인 물건. 곧 관청의 공물.

14. 수나라 대리사경(大理寺卿)의 어머니

수(隋)나라의 대리사경(大理寺卿) 정선과(鄭善果)의 어머니는 적씨(翟氏)다.

남편 정성(鄭誠)이 울지형(尉遲迥)을 토벌하러 갔다가 전사하여 선과의 어머니는 나이 20세에 과부가 되었다.

그의 아버지가 딸을 다시 시집보내려 하자 선과의 어머니가 선과를 감싸안고 말하기를

"선과의 아비가 비록 죽었으나 다행히 이 아이가 있습니다. 이 아이를 버리게 되면 아이를 사랑하지 않는 것이 되고, 죽은 남편을 배반하게 되니 예의가 없는 것입니다."

라고 하고는, 드디어 개가(改嫁)하지 않았다.

선과는 아버지가 왕사(王事)로 죽었으므로 나이 예닐곱에 지절대장군(持節大將軍)으로 제수되어 개봉현공(開封縣公)을 물려받았다. 나이 40세에는 기주자사(沂州刺史)를 제수받았고 조금 있다가 노군태수(魯郡太守)가 되었다.

선과의 어머니 적씨는 성품이 어질고 절개와 지조가 있었으며 널리 서적을 섭렵하고 정사(政事)를 통달하여 깨우쳤다.

매일 선과가 나가서 정사를 들으면 그의 어머니 적씨는 번번이 교자에 앉아 뒤를 막고 살폈다.

선과가 정사 처리하기를 이치에 합당하게 한다는 말을 들으면 돌아와서 크게 기뻐하고, 곧 옆에 앉게 하고 서로 상대하여 환담을 나누었다.

만약 일 처리가 진실하지 못하면 혹은 망령되게 화를 내고 방으로 들어가 소매로 얼굴을 가리고 울면서 종일토록 먹지 않았다.

이 때 선과가 침상 앞에서 엎드려 감히 일어나지 못하면 그 때

서야 선과의 어머니가 바야흐로 일어나 말했다.

"내가 너에게 화낸 것이 아니라 너의 집에 부끄러워 그런 것이다. 내가 너의 집 며느리가 되어 며느리로서의 도리를 얻어 너의 아버지인 충성스럽고 부지런한 선비를 알게 되었다. 너의 아버지는 관직을 잘 지키고 청렴하고 근신하여 일찍이 사사로운 것을 묻지 않았고 몸소 국가를 따라서 죽음에 이르렀다. 나는 또한 네가 이러한 마음을 가지기를 바랐는데 너는 어린 나이에 고아가 되고 나는 과부가 되었다. 자애는 있고 위엄이 없어 너로 하여금 예의와 교훈을 알지 못하게 하였으니 어찌 충신의 업(業)을 짊어질 수 있겠느냐. 너는 또 어려서부터 국가의 봉토(封土)를 이어받아 지금 지위가 방악(方岳)에 이르렀는데 어찌 네 힘으로 이룬 것이랴. 이러한 사정을 생각하지 않는 것 같아 망령되게 화를 낸 것이다. 마음이 교만과 환란에 빠져 있고 공공적인 정사를 추락시켜서 안으로는 가풍을 타락시키고 혹은 관직을 잃게 되며 밖으로는 천자의 법을 그르쳐서 죄를 받게 된다면 내 죽어서 무슨 면목으로 너의 아버지를 지하에서 볼 수 있겠느냐."

선과의 어머니는 항상 길쌈하고 매일 밤늦게 잠들었다.

이에 선과가 말했다.

"저는 아이 때 제후로 봉해져 나라를 열었으며 지위가 삼품(三品)에 이르렀고 봉록이 넉넉한데 어머니께서는 무엇 때문에 이렇게 수고하십니까?"

선과의 어머니가 대답했다.

"슬프다. 나이가 들어 이미 다 자라서 나는 네가 천하의 이치를 안다고 하였는데 지금 이러한 말을 하니 아직도 부족하구나. 공사(公事)에 이르면 무엇으로 구제할 것인가? 지금 이 봉록은 천자께서 네 아버지의 순국에 보답하기 위해 내린 것이다. 마땅히 가까운 친척에게 나눠 주어 네 아버지의 은혜를 갚아야 하거늘 어찌 너 혼자 그 이익을 다 차지하고 부귀를 누리느냐? 또 모시를 쪼개고 길쌈하는 일은 여인네의 의무로써 위로는 왕후에서부터 아래로는 대부나 사(士)의 아내까지 각각 맡아서 행하는 일이다. 만약 이 업을 게을리 하는 자는 교만하고 방종하게 되는데 내가 비록 예를 알지 못하더라도 스스로 이름을 무너뜨리겠느냐? 나는 처음 과부가 되어서부터 분과 연지를 바르지 않았고 항상 누인 옷을 입고 본성적으로 절약하고 검소하게 지내며 제사를 모시거나 손님을 접대하는 일이 아니면 술과 고기를 함부로 내놓지 않았으며 조용한 방에 단정히 살면서 일찍부터 빈번히 대문 밖이나 안으로 나돌지 않았으며 친척에게 혼인이나 흉한 일이 있으면 다만 부조를 두텁게 하고 그의 집안에는 가지 않았다. 직접 만들거나 농원에서 생산한 것이거나 녹으로 받은 것이 아니면 비록 친족이 예물을 보내더라도 다 집안으로 들이는 일을 허락하지 않았다."

이로부터 선과는 여러 주(州)와 군(郡)을 맡아 다스리면서 안으로는 스스로 식사를 내오게 하여 부하들과 함께 식사하고 관청에서 제공하는 것은 다 받지 아니하고 공관을 수리하여 사용하고 관속들을 나누어 살게 하였다.

선과는 또한 이 때부터 몸소 실천하여 '청백리(淸白吏)'의 칭호를 받았고 그의 아버지를 천하에서 최고가 되게 하였다.

隋大理寺卿[1]鄭善果[2]母翟氏 夫鄭誠討尉遲迥 戰死 母年二十而寡 父欲奪其志 母抱善果曰 鄭君雖死 幸有此兒 棄兒爲不慈 背死夫爲無禮 遂不嫁 善果以父死王事 年數歲拜持節大將軍 襲爵開封縣公 年四十授沂州刺史 尋爲魯郡太守 母性賢明 有節操 博涉書史 通曉政事 每善果出聽事 母輒坐胡牀[3]於幃後察之 聞其剖斷合理 歸則大悅 卽賜之坐 相對談笑 若行事不允 或妄嗔怒 母乃還堂 蒙袂而泣 終日不食 善果伏於牀前不敢起 母方起謂之曰 吾非怒汝 乃慙汝家耳 吾爲汝家婦 獲奉灑掃 知汝先君忠勤之士也 守官淸恪 未嘗問私 以身徇國 繼之以死 吾亦望汝副其此心 汝旣年小而孤 吾寡耳 有慈無威 使汝不知禮訓 何可負荷忠臣之業乎 汝自童稚襲茅土[4] 汝今位至方岳[5] 豈汝身致之邪 不思此事而妄加嗔怒 心緣驕樂 墮於公政 內則墜爾家風 或失亡官爵 外則虧天子之法 以取辜戾 吾死日 何面目見汝先人於地下乎 母恒自紡績 每至夜分而寢 善果曰

兒封侯開國 位居三品⁶⁾ 秩俸幸足 母何自勤如此 荅曰 吁 汝年已長
吾謂汝知天下理 今聞此言 故猶未也 至於公事 何由濟乎 今此秩俸
乃天子報汝先人之殉命也 當散瞻六姻⁷⁾ 爲先君之惠 奈何獨擅其利
以爲富貴乎 又絲枲紡績 婦人之務 上自王后 下及大夫士妻 各有所
製 若墮業者 是爲驕逸 吾雖不知禮 其可自敗名乎 自初寡便不御脂
粉 常服大練 性又節儉 非祭祀賓客之事 酒肉不妄陳其前 靜室端居
未嘗輒出門閤內外 姻戚有吉凶事 但厚加贈遺 皆不詣其門 非自手
作及莊園祿賜所得 雖親族禮遺 悉不許入門 善果歷任州郡 內自出
饌 於衙中食之 公廨⁸⁾所供皆不許受 悉用修理公宇⁹⁾及分僚佐¹⁰⁾ 善
果亦由此克己 號爲淸吏¹¹⁾ 考爲天下最

1) 大理寺卿(대리사경) : 사법관의 최고 우두머리.

2) 鄭善果(정선과) : 대장군 정성(鄭誠)의 아들.

3) 胡牀(호상) : 교자. 의자.

4) 茅土(모토) : 제후를 봉해 주는 일.

5) 方岳(방악) : 한 지방의 제후.

6) 三品(삼품) : 당시 지방의 소제후급을 지칭한다. 1품은 공(公). 2품은 후(侯).

7) 六姻(육인) : 친족. 처족. 외족을 총칭함.

8) 公廨(공해) : 관서. 관공서. 관아.

9) 公宇(공우) : 공관(公館).

10) 僚佐(요좌) : 관리들.

11)淸吏(청리) : 청백리(淸白吏).

15. 당나라 최현위(崔玄暐)의 어머니 노씨(盧氏)

당(唐)나라의 중서령(中書令) 최현위(崔玄暐)가 처음에 고부
원외랑(庫部員外郞)이 되었을 때다.

그의 어머니 노씨(盧氏)가 일상적으로 훈계하여 말했다.

"내가 일찍이 들었는데 이종오라버니 신현어(辛玄馭)가 이르
기를 '자식이 외지에서 관직에 종사하는데 사람들이 말하기를 궁
핍하여 지내기 힘들더라고 하면 이 말은 길한 소식이요, 만약 재

물이 풍족하고 수레는 멋지고 말은 살쪘다고 하면 이 말은 흉한
소식이다.' 라고 했다. 나는 그 말을 소중하게 여긴다.

근래에 내외종 가운데 관직에 있는 자들을 보면 금과 비단을 가
져다 부모에게 바치는데 그 부모들은 그저 기뻐할 줄만 알고 금
과 비단의 출처를 묻지 않는다. 만약 금과 비단을 부정한 방법으
로 얻었다면 이는 발견되지 않았을 뿐 도둑이 되는 것이다. 어찌
근심하지 아니하고 다시 기뻐할 일인가?

네가 지금 앉아서 봉록을 받으면서 진실로 충성과 맑음을 다하
지 않는다면 비록 날마다 소와 돼지와 양을 잡아서 바칠지라도 나
는 오히려 목구멍으로 음식을 넘기지 못할 것이다."

최현위는 어머니의 가르침을 받들어 청렴하고 근신함으로써 세
상에 이름을 날리게 되었다.

唐中書令[1]崔玄暐[2] 初爲庫部員外郎 母盧氏嘗戒之曰 吾嘗聞姨
兄[3]辛玄馭云 兒子從官於外 有人來言 其貧窶不能自存 此吉語也
言其富足 車馬輕肥 此惡語也 吾嘗重其言 比見中表仕宦者 多以金
帛獻遺其父母 父母但知忻悅 不問金帛所從來 若以非道得之 此乃
爲盜而未發者耳 安得不憂而更喜乎 汝今坐食俸祿 苟不能忠淸 雖
日殺三牲[4] 吾猶食之不下咽也 玄暐由是以廉謹著名

1) 中書令(중서령) : 중서성의 장관. 곧 기무(機務), 조서(詔書), 비기(秘記)
   등을 관장하는 최고 우두머리.
2) 崔玄暐(최현위) : 이름은 엽(曄). 부릉(傅陵) 사람으로 재상을 지냈다.
3) 姨兄(이형) : 이모의 아들. 곧 이종오빠.
4) 三牲(삼생) : 세 가지의 희생. 곧 소, 양, 돼지.

16. 이경양(李景讓)의 어머니

이경양(李景讓)은 관직이 이미 높은 지위까지 올랐으며 머리
가 반백(班白)인데도, 조그마한 과실이 있으면 그의 어머니가 매
를 때렸다. 그러나 경양은 어머니를 극진히 섬겼으며 종일토록 전

전긍긍하면서 조심스러워하였다.

어느 땐가 이경양이 절서관찰사(浙西觀察使)가 되었는데 좌우의 도압아(都押牙)가 경양의 뜻을 거슬러 이경양이 곤장을 쳤는데 그가 죽었다. 이에 군중에서 분노가 폭발하여 변란이 일어났다.

경양의 어머니가 이 소식을 들었을 때 경양도 몸소 아뢰었다. 그러자 그의 어머니는 나아가 집무실에 앉아서 경양을 뜰아래 세우고 꾸짖어 말하기를

"천자께서 너를 한쪽 지방에 붙여서 국가의 형벌을 집행하게 했거늘 어찌 한낱 네 기분의 즐거움과 분노를 빙자하여 망령되게 무고한 사람을 죽였느냐. 만약 한 방면이 편안치 못하면 너는 어떻게 위로 조정을 받들고, 이 늙은 어미는 부끄러움을 머금고 땅속에 들어가 어떻게 너의 아버지를 볼 수 있겠느냐."

하고는, 좌우에게 명하여 옷을 벗기게 하고 앉힌 다음 장수를 시켜 그의 등을 때리게 하였다.

부하 장수들이 다 이르러 그만하라고 청했으나 허락하지 않았다. 부하 장수들이 절하고 통곡하자 한참만에 매질을 그쳤다. 군중(軍中)이 이런 이유로 드디어 편안해졌다.

이것은 오직 자신의 아들이 잘못된 곳으로 들어갈까 두려워서 한 일이었다.

李景讓[1] 宦已達 髮斑白 小有過 其母猶撻之 景讓事之 終日常兢兢 及爲浙西觀察使 有左右都押牙[2] 迕景讓意 景讓杖之而斃 軍中憤怒 將爲變 母聞之 景讓方親事 母出 坐廳事 立景讓於庭下而責之曰 天子付汝以方面 國家刑法 豈得以爲汝喜怒之資妄殺無罪之人乎 萬一致一方不寧 豈惟上負朝廷 使垂老[3]之母銜羞入地 何以見汝先人乎 命左右褫其衣 坐之 將撻其背 將佐[4]皆至爲之請 不許 將佐拜且泣 久乃釋之 軍中由是遂安 此惟恐其子之入於不善也

1) 李景讓(이경양) : 송(宋)나라 때의 사람인 것 같다.

2) 都押牙(도압아) : 관찰사를 돕는 참모

3) 垂老(수로) : 거의 늙다. 곧 70세를 말한다.

4) 將佐(장좌) : 부하 장수들.

17. 좋은 이름을 얻었는데 죽은들 여한이 있겠는가

한(漢)나라 여남(汝南) 땅의 공조(功曹) 범방(范滂)이 당인 (黨人)에 연좌되어서 겁거되었다.

그의 어머니가 범방과 헤어지면서 말했다.

"너는 지금 이두(李杜)와 더불어 이름을 함께하고 있다. 죽은 들 무슨 원한이 있겠느냐! 이미 좋은 이름을 얻었는데 다시 오래 살기를 구한다고 해서 가히 겸하여 얻을 수 있겠느냐."

범방은 무릎 꿇고 가르침을 받은 다음 재배하고 하직하였다.

漢汝南功曹范滂 坐黨人[1]被收[2] 其母就與訣曰 汝今得與李杜[3]齊 名 死亦何恨 旣有令名 復求壽考[4] 可兼得乎 滂跪受敎 再拜而辭[5]

1) 黨人(당인) : 같은 패거리. 곧 같은 당.

2) 被收(피수) : 체포되다.

3) 李杜(이두) : 누구인지 자세하지 않다. 근세의 이두는 이백과 두보를 뜻한다.

4) 壽考(수고) : 장수(長壽)를 뜻하다.

5) 辭(사) : 하직하다.

18. 제대로 죽을 곳을 얻지 못할까 두렵다

위(魏)나라 고귀향공(高貴鄕公)이 장차 사마문왕(司馬文王) 을 토벌하려고 먼저 시중(侍中) 왕침(王沈)과 상서(尙書) 왕경 (王經)과 산기상시(散騎常侍) 왕업(王業)에게 고하였다.

시중 왕침과 산기상시 왕업은 곧바로 사마문왕에게 보고하였 고 상서 왕경은 홀로 가지 않았다.

얼마 있다가 고귀향공이 죽임을 당하였으며 상서 왕경은 잡히 게 되었다. 이러한 사실을 왕경의 어머니에게 알리자 왕경의 어 머니는 안색이 변하지 않았고 오히려 웃으면서 대답했다.

"사람이 누가 죽지 않으랴! 다만 제대로 죽을 곳을 얻지 못할까 두려울뿐이다. 이로써 운명을 함께 하는데 무슨 원한이 있겠는가?"

魏[1]高貴鄉公[2]將討司馬文王[3] 以告侍中王沈 尙書王經 散騎常侍王業 沈業出走告文王 經獨不往 高貴鄉公旣薨 經被收 辭母[4] 母顏色不變 笑而應曰 人誰不死 但恐不得死所 以此幷命 何恨之有

1) 魏(위) : 조조의 아들 조비(曹丕)가 후한에 대신하여 화북에 세운 왕조. 다섯 임금을 배출하고 46년 만에 사마염(司馬炎)에게 양위하였다.
2) 高貴鄉公(고귀향공) : 위(魏)의 임금. 사마사(司馬師)가 추대하여 세웠다.
3) 司馬文王(사마문왕) : 사마소(司馬昭)를 가리킨다.
4) 辭母(사모) : 그의 어머니에게 알리다.

19. 나는 죽어도 여한이 없다

당(唐)나라의 재상 이의부(李義府)가 권력을 전횡하였다.

시어사(侍御史) 왕의방(王義方)이 왕에게 아뢰어 탄핵하고자 하여, 먼저 그의 어머니에게 아뢰었다.

"의방이 어사(御史)가 되어서 간신을 보고도 규탄하지 않는 일은 불충(不忠)이요, 규탄하게 되면 몸이 위태롭게 되고 그 우환이 어버이에게 미치게 되는데 그 일은 불효(不孝)입니다. 불효와 불충을 스스로 결단하지 못하는데 어떻게 해야 합니까?"

의방의 어머니가 대답했다.

"옛날에 왕릉(王陵)의 어머니는 자신을 죽여서 아들의 이름을 날리게 하였다. 네가 충성을 다하여 임금을 섬긴다면 나는 죽어도 여한이 없다."

이것은 그 자식을 사랑하지 않아서가 아니라 오직 자식이 좋은 일로써 끝을 마치지 못할까 두려워한 것이다.

그러므로 사람의 어머니된 자는 그 몸만 키우는 것이 아니라 물이나 불에도 재앙이 없도록 하는 것이다. 또 마땅히 그의 덕성을 길러서 사특한 악에 들어가지 않도록 하니, 이러한 것을 가히 '사랑'이라고 이른다.

唐相李義府專橫 侍御史王義方欲奏彈之 先白其母曰 義方爲御史
視奸臣不糾則不忠 糾之則身危而憂及於親 爲不孝 二者不能自決
奈何 母曰 昔王陵之母 殺身以成子之名 汝能盡忠以事君 吾死不恨
此非不愛其子 惟恐其子爲善之不終也 然則爲人母者 非徒鞠育其
身 使不罹水火 又當養其德 使不入於邪惡 乃可謂之慈矣

20. 자신이 낳지 않은 자식이라도 정성껏 기른 황후

한(漢)나라의 명덕마황후(明德馬皇后)는 자식이 없었다.

가귀인(賈貴人)이 숙종(肅宗)을 낳자 현종(顯宗)이 마황후에
게 명하여 기르도록 하면서 말했다.

"사람은 마땅히 스스로 아들을 낳지 못할 수도 있다. 다만 사랑
하고 양육하는 데 이르지 못할 것을 근심할 따름이다."

이에 마황후는 자신의 마음을 다하여 정성껏 길렀는데 자신이
낳은 아들을 기르는 것보다 더 많은 공을 들였다.

숙종 또한 효성이 지극하고 돈독하였으며 은혜로운 성품이 하
늘까지 이르렀다. 어머니와 아들의 사랑과 인자함이 처음과 끝이
같았으며 조금의 틈도 없었다.

그러므로 옛부터 지금까지 칭송하며 미담(美談)으로 삼고 있다.

漢明德馬皇后[1]無子 賈貴人[2]生肅宗 顯宗命后母養之 謂曰 人未
必當自生子 但患愛養不至耳 后於是盡心撫育 勞瘁過於所生 肅宗
亦孝性淳篤 恩性天至 母子慈愛始終 無纖介之間[3] 古今稱之 以爲
美談

1) 明德馬皇后(명덕마황후) : 한(漢)나라 현종(顯宗)의 비(妃). 자식이 없었다.
2) 賈貴人(가귀인) : 현종에 의해 귀인으로 봉해짐. 숙종(肅宗)의 생모(生母).
3) 纖介之間(섬개지간) : 티끌 만큼의 차이.

21. 서자(庶子)를 위하여 헌신한 풍씨(馮氏)

수(隋)나라의 번주자사(番州刺史) 육양(陸讓)의 어머니 풍씨(馮氏)는 성품이 인자하고 자애로웠으며 어머니다운 기상이 있었다. 육양은 그의 서자였는데 부정한 방법으로 뇌물을 받아 죽음을 당하게 되었다.

장차 사형에 처해지게 되자, 풍씨가 흐트러진 머리와 때묻은 얼굴로 조정에 이르러 육양의 죄를 헤아리고 눈물을 흘리며 목메어 울면서 손수 잔에 죽을 가져다가 육양에게 권하여 먹였다.

또 상소문을 올려서 애절한 사연을 호소하였는데 그 내용이 매우 간절하였다. 황제가 불쌍히 여겨서 받아들이기로 하였다.

이에 장안(長安)의 선비와 백성들을 주작문(朱雀門)에 모이도록 하여 신하를 보내 조서를 선포하여 말했다.

"풍씨는 적모(嫡母 : 큰어머니)의 덕으로 족히 세상의 모범이 되었다. 그의 자애로운 도가 의로워 사람과 귀신을 감동케 해서 특별히 불쌍하게 여겨 사면하노니, 풍속을 권장하는 데 힘써라."

이에 육양의 죽음을 감면시키고 처형자 명단에서 이름을 없앴다.

다시 조서로 아름다움을 선포하고 5백 단의 베를 내려 대부(大夫)의 아내들과 풍씨와 서로 아는 일가 친척들을 모이게 하여 풍씨의 정문을 내리고, 특별히 총애하였다.

隋番州刺史陸讓母馮氏 性仁愛 有母儀 讓卽其孽子[1]也 坐贓[2]當死 將就刑 馮氏蓬頭垢面[3] 詣朝堂 數讓罪 於是流涕嗚咽 親持盂粥勸讓食 旣而上表[4]求哀詞 情甚切 上愍然爲之改容[5] 於是集京城士庶於朱雀門[6] 遣舍人宣詔曰 馮氏以嫡母之德 足爲世範 慈愛之道 義感人神 特宜矜免 用獎風俗 讓可減死 除名 復下詔褒美之 賜物五百段 集命婦[7]與馮相識[8] 以旌寵異

1) 孽子(얼자) : 첩의 아들. 서자(庶子).
2) 坐贓(좌장) : 뇌물을 받은 죄.

3) 蓬頭垢面(봉두구면) : 머리를 풀고 때가 낀 얼굴. 거지 같은 차림의 행색.

4) 上表(상표) : 황제에게 하소연하다.

5) 改容(개용) : 내용을 고치다.

6) 朱雀門(주작문) : 경성. 곧 장안의 남쪽문.

7) 命婦(명부) : 대부의 부인.

8) 馮相識(풍상식) : 풍씨와 서로 아는 사이. 곧 일가친척.

22. 왕이 의모(義母)라고 호칭을 내리다

제(齊)나라 선왕(宣王) 시대에 사람이 싸우다가 길에서 죽은 일이 있었다. 관리가 조사를 하는데 당시에 형제 두 사람이 그 곁에 서 있었다.

관리가 누가 죽였느냐고 했더니 형이 말하기를 "내가 죽였습니다."라고 했고, 동생은 말하기를 "형이 아니고 제가 죽였습니다."라고 했다. 1년이 다 되도록 관리가 결정을 내릴 수가 없어서 재상에게 말하였다. 재상도 또한 결정을 내릴 수가 없어서 선왕(宣王)에게 말하였다.

왕이 말하기를

"지금 다 석방하면 죄 있는 자를 놓아 주는 일이 되고, 두 사람 다 죽이면 한 사람은 죄가 없는데 죽이는 일이 된다. 과인(寡人)이 그들의 어머니를 헤아려서 선과 악을 알아 보겠다. 시험하여 그들의 어머니에게 질문해서 누구를 죽이고 누구를 살릴 것인가 들어본 다음 그에 따라서 결정하겠다."

라고 하고 관리에게 그들의 어머니를 불러서 신문하게 하였다.

왕의 명을 받은 재상이 그들의 어머니를 불러서 물었다.

"그대의 아들이 사람을 죽였는데 형제가 서로 죽였다고 주장하여 관리가 능히 결단을 내리지 못하고 결국은 왕에게 판결을 요구하게 되었다. 왕께서는 인자하고 은혜로움이 있으므로 그대에게 누구를 살리고 누구를 죽일 것인가 물으라고 하셨다."

그 어머니가 울면서 대답했다.

"작은아들을 죽여 주십시오"

재상이 그 말을 받아서 이유를 물었다.

"무릇 작은아들을 사랑하는 것이 사람의 인정인데 지금 죽이고
자 하는 까닭이 무엇인가."

그 어머니가 말하기를

"작은아들은 제가 낳은 아들이고, 큰아들은 앞서간 부인의 아
들입니다. 그의 아버지가 병들어 죽을 당시 제게 부탁하기를 '잘
키워 달라'고 했고 저는 그러겠노라고 대답했습니다. 지금 이미
사람의 부탁을 받고 그 부탁을 들어 주겠다고 허락했는데 어찌 부
탁을 잊어버리고 그 허락한 것을 지키지 않겠습니까? 또 형을 죽
이고 동생을 살리면 사사로운 사랑으로써 공적인 의를 폐지하는
일이 됩니다. 언약을 배반하고 믿음을 잃는 일은 죽은 자를 속이
는 것이며 언약을 잊어버리고 약속을 잊는 일은 이미 약속하고 지
키지 않는 것이니, 어떻게 이 세상에서 살 수 있겠습니까? 내 비
록 자식을 비참하게 하더라도 홀로 행할 수 있다고 하겠습니까?"
라고 말하고는 눈물이 옷깃을 적시도록 울었다.

재상이 들어가 왕에게 자세하게 아뢰자 왕은 그 의(義)를 아름
답게 여기고 그 행동을 높이 사서, 그의 자식들을 다 죽이지 않고
사면해 주었으며 그들의 어머니를 높여서 '의모(義母)'라는 호
칭을 내렸다.

齊宣王時 有人鬪死於道 吏訊之 有兄弟二人立其傍 吏問之 兄曰
我殺之 弟曰 非兄也 乃我殺之 期年 吏不能決 言之於相1) 相不能決
言之於王 王曰 今皆舍之 是縱有罪也 皆殺之 是誅無辜也 寡人2)度
其母能知善惡 試問其母 聽其所欲殺活 相受命 召其母 問曰 母之
子殺人 兄弟欲相代死 吏不能決 言之於王 王有仁惠 故問母何所欲
殺活 其母泣而對曰 殺其少者 相受其言 因而問之曰 夫少子3)者 人
之所愛 今欲殺之 何也 其母曰 少者 妾之子也 長者 前妻之子也 其
父疾且死之時 屬於妾曰 善養視之 妾曰 諾 今旣受人之託 許人以
諾 豈可忘人之託而不信其諾耶 且殺兄活弟 是以私愛廢公義也 背

言忘信 是欺死者也 失言忘約 已諾不信 何以居於世哉 予雖痛子 獨
謂行何 泣下沾襟 相入言之於王 王美其義 高其行 皆赦不殺其子而
尊其母 號曰義母

1) 相(상) : 정승. 재상.
2) 寡人(과인) : 군주가 자신을 일컫는 말. 겸손하게 이르는 칭호.
3) 少子(소자) : 젊은 아들. 곧 작은아들.

23. 전처의 아들을 자기 자식보다 위한 맹양씨

위(魏)나라 망(芒)씨 집안의 자모(慈母 : 인자한 어머니)는 맹
양씨(孟楊氏)의 딸이며 망묘(芒卯)의 후처였다. 시집와서 세 아
들을 두었다.

전처(前妻)의 아들이 다섯이나 있었는데 다 친밀하지 않았으
니, 자모(慈母)를 만날 때마다 매우 이상하게 대하며 더 친밀해
지지 않았다. 자모는 자신의 세 아들에게 명령하여 전처의 아들
과 동등하게 하지 못하게 하고 의복과 음식과 나아가고 물러나고
숙식하는 것을 매양 전처의 아들과 서로 다르게 하여 사랑하지 않
는 것같이 하였다.

어느 해에 전처의 아들이 위왕의 명령을 범하여 죽음에 이르게
되었는데 자모(慈母)는 매우 근심하고 슬퍼하며 허리띠를 졸라
매고 조석으로 걱정하고 수고하여 그의 죄를 구명하려고 하였다.

어떤 사람이 자모(慈母)에게 이르기를

"자식들이 사랑하지 않는데 어머니는 너무 지극하다. 어떤 이
유로 근심하고 노고함이 이와 같은가."

라고 하니, 자모가 말했다.

"나의 친자식들은 비록 나를 사랑하지 않더라도 내가 그의 재
앙을 구제하고 그의 피해를 없애 주리라 생각하겠지만 유독 저 어
미 없는 자식들은 그렇지 않다고 생각할 것인데, 이렇게 하지 않
는다면 무엇이 보통 사람과 다르겠는가. 그 아버지가 이미 죽어
서 그들은 고아가 되었으며 나는 그들의 계모가 되었다. 그들의

계모가 되었다면 그들의 어머니와 같은데 사람의 어미가 되어서
자식을 사랑하지 않는다면 어찌 자애롭다고 말할 수 있겠는가?
가까운 자신의 자식들만 사랑하고 본처의 아들은 사랑하지 않는
다면 어찌 의롭다고 할 수 있겠는가. 사랑하지 않고 또 의가 없다
면 무엇으로써 세상에 설 수 있겠는가? 저들이 비록 나를 사랑하
지 않더라도 나는 가히 의(義)를 잊을 수 없다."

드디어 송사를 제기하자 위(魏)나라 안리왕(安釐王)이 이 사
실을 듣고 그의 의(義)를 높이 여겨 말하기를

"자모(慈母)가 이와 같으니 그의 자식을 사면해야 하지 않겠
는가?"

라고 하고는 이에 그의 자식을 사면하여 집으로 돌려보냈다.

이후로 다섯 아들은 자모를 친하게 대하고 화목하게 지내기를
한결같이 했다.

자모는 예의로써 점차로 그들을 인도하여, 여덟 아들들이 다 함
께 위(魏)나라의 대부(大夫)와 경(卿)과 사(士)가 되었다.

魏芒[1] 慈母者 孟楊[2]氏之女 芒卯之後妻也 有三子 前妻之子 有五
人 皆不愛 慈母遇之甚異 猶不愛 慈母乃令其三子 不得與前妻之子
齊 衣服飲食進退起居甚相遠前妻之子 猶不愛 於是前妻中子犯魏
王[3] 令當死 慈母憂戚悲哀 帶圍減尺 朝夕勤勞 以救其罪 人有謂慈
母曰 子不愛母至甚矣 何爲憂懼勤勞如此 慈母曰 如妾親子 雖不愛
妾 妾猶救其禍而除其害 獨假子而不爲 何以異於凡人 且其父爲其
孤也 使妾而繼母 繼母如母 爲人母而不能愛其子 可謂慈乎 親其親
而偏其假 可謂義乎 不慈且無義 何以立於世 彼雖不愛妾 妾可以忘
義乎 遂訟之 魏安釐王聞之 高其義 曰 慈母如此 可不赦其子乎 乃
赦其子而復其家 自此之後 五子親慈母 雍雍[4]若一 慈母以禮義漸之
率導 八子咸爲魏大夫卿士

1) 魏芒(위망) : 위(魏)나라 망묘(芒卯)의 집안. '열녀전'에 기록이 있다.
2) 孟楊(맹양) : 당시의 세도가였던 집안인 듯하다.
3) 魏王(위왕) : 위나라 군주인 안리왕.

4) 雍雍(옹옹) : 부드러워서 좋은 모양. 화합한 모양.

24. 전처의 아들들을 감화시킨 이목강(李穆姜)

한(漢)나라의 안중령(安衆令) 정문구(程文矩)가 이목강(李穆姜)을 후처로 맞이했는데, 목강은 시집와서 두 아들을 두었다.

전처의 아들이 4명 있었는데, 그들은 계모가 자신들을 낳지 않았다고 미워하며 헐뜯기를 날마다 쌓아갔다. 그러나 목강은 자애하고 따스하게 어루만지기를 날이 갈수록 더욱 융성하게 하여, 의복이나 음식을 제공하는 데 다 자신의 소생보다 배를 더하였다.

어떤 사람이 말하기를

"네 아들들이 불효가 막심한데 어째서 따로 살게 하여 멀리 보내지 않는가."

라고 하니, 목강이 대답했다.

"우리들이 의(義)로써 서로 인도하여 스스로 선으로 옮겨지기를 바랄 뿐이다."

어느 날 전처의 큰아들이 병이 들어서 심히 위독했다. 목강은 측은하게 여겨서 몸소 약과 반찬을 만들어서 따스한 온정을 베풀어 은혜와 정을 두터이했다.

오래 앓다 병이 다 나은 큰아들은 세 동생을 불러서 말했다.

"계모의 인자하고 은혜로운 성품은 하늘에서 받은 것이다. 우리 형제는 은혜로운 정을 알지 못했는데 그것은 새나 짐승 같은 마음이다. 어머니의 도리는 더욱 융성한데 우리의 죄악은 너무 깊다."

드디어 삼형제는 남정옥(南鄭獄)으로 나아가 계모의 덕을 나열하고 자신들의 죄과를 써서 장계를 올려 감옥에 가기를 청하였다.

고을에서는 군(郡)에 올리고 군수는 그 계모의 특이한 행실을 표창하여 집안의 세금과 노역을 덜어 주고 네 아들을 용서하여 보내서 개과천선하도록 하였다.

이후로 가르치고 계도함이 더욱 밝아졌으며 모두가 함께 어진 선비가 되었다.

현재의 사람들은, 사람의 적모(嫡母)가 되어서 첩의 아들을 미워하거나 사람의 계모가 되어서 전처의 아들을 미워하는 자는 앞에 열거한 풍씨나 자모나 의모나 이목강 같은 네 어머니의 풍문을 듣고 또한 조금은 부끄러움이 있을 것이다.

漢安衆令漢中程文矩妻李穆姜 有二男 而前妻四子 以母非所生憎毀日積 而穆姜慈愛溫仁 撫字[1]益隆 衣食資供 皆兼倍所生 或謂母曰 四子不孝甚矣 何不別居以遠之 對曰 吾方以義相導 使其自遷善也 及前妻長子興疾困篤 母惻隱 親自爲調藥膳 恩情篤密 興疾久乃瘳 於是呼三弟謂曰 繼母慈仁 出自天愛 吾兄弟不識恩養 禽獸其心 雖母道益隆 我曹[2]過惡亦已深矣 遂將三弟詣南鄭獄[3] 陳母之德狀已之過 乞就刑辟 縣言之於郡 郡守表異其母 蠲除[4]家徭 遣散四子 許以修革 自後訓導愈明 竝爲良士 今之人爲人嫡母而疾其孽子爲人繼母而疾其前妻之子者 聞此四母[5]之風 亦可以少愧矣

1) 撫字(무자) : 자식을 어루만지다.
2) 我曹(아조) : 우리들.
3) 南鄭獄(남정옥) : 당시의 감옥 이름.
4) 蠲除(견제) : 조세를 덜어 주고 징세하지 않다.
5) 四母(사모) : 앞에서 열거한 네 명의 어머니들. 곧 풍씨, 자모, 의모, 이목강.

25. 세 번 쫓겨온 딸을 모범적인 여인으로 만들다

노(魯)나라의 모범적인 여성인 춘강(春姜)이 딸을 시집보냈는데, 세 번이나 시집가서 세 번 다 쫓겨왔다.

춘강이 그 이유를 묻자, 남편이 말하기를 경멸하고 모욕해서라고 했다. 춘강이 딸을 불러서 매질하며 말했다.

"부인은 순종으로써 임무를 삼고 곧고 성실한 마음을 으뜸으로 삼아야 한다. 지금 너는 교만하고 분수에 맞지 않게 행동하여 불손함으로써 쫓겨나게 되었는데, 일찍이 지난날의 잘못을 뉘우치지 않았다. 내가 너에게 자주 말하였는데 너는 내 말을 듣지 않았으니 너는 지금부터 내 자식이 아니다."

이에 매를 100대나 때리고 집안에 있게 한 뒤 3년이 지나서 다시 시집보냈다.

딸이 절개와 의리를 잘 지키고 마침내는 사람의 며느리로서 지켜야 할 도리를 알게 되었다.

지금 사람의 어머니가 된 자들은 딸이 시집가지 않았을 때는 교육시키지 않는다. 이미 시집갔으면 구원해 주고 자신이 껴안아 그 사위의 집을 능멸하고, 딸이 쫓겨나게 되면 사위의 집과 송사를 벌여서 끝내는 그 딸의 어질지 못함을 스스로 책망할 줄 모른다.

모범적인 여성인 춘강 같은 여성을 어찌 현명한 어머니가 아니라 할 수 있겠는가.

魯師[1]春姜[2]嫁其女 三往而三逐 春姜問其故 以輕侮其室人也 春姜召其女而笞之 曰 夫婦人以順從爲務 貞慤爲首 今爾驕溢不遜以見逐 曾不悔前過 吾告汝數矣 而不吾用 爾非吾子也 笞之百而留之三年 乃復嫁之 女奉守節義 終知爲人婦之道 今之爲母者 女未嫁不能誨也 既嫁 爲之援 使挾已以凌其壻家 及見棄逐 則與壻家鬪訟 終不自責其女之不令也 如師春姜者 豈非賢母乎

1) 魯師(노사) : 노(魯)나라의 모범적인 여성.
2) 春姜(춘강) : 노나라의 모범적인 여성의 이름. 자세한 기록이 없다.

제4권 가범(家範卷四)

제5장 아들·상〔子上〕

I. 세상에서 말하는 다섯 가지 불효

'효경(孝經)'에서 말했다.

"효도란 하늘의 떳떳함이요, 땅의 의(義)로움이며, 백성의 행동이다. 곧 하늘과 땅의 떳떳함을 백성이 법칙으로 삼는 것이다."

또 말했다.

"자신의 어버이를 사랑하지 않으면서 다른 사람의 어버이를 사랑하는 사람은 덕(德)을 거역한 사람이라고 말하고, 자신의 어버이를 공경하지 않으면서 다른 사람의 어버이를 공경하는 사람은 예절을 배반한 사람이라고 한다. 이렇게 순리를 거스르면 백성은 규범으로 삼을 것이 없게 되어 선을 하지 않게 되고 모두 흉악하고 모진 것을 추종할 것이다. 이런 형편이라면 비록 자신의 뜻을 이루었다 할지라도 군자는 귀하게 여기지 않는다."

또 말했다.

"다섯 가지 형벌에 소속된 죄(罪)의 종류가 3천 가지나 되는데 그 가운데에서 불효(不孝)보다 더 큰 죄는 없다."

맹자가 말했다.

"5가지 불효가 있다. 그 몸을 게을리하여 부모 봉양을 돌보지 않는 것이 첫째 불효다.

장기나 바둑을 즐기고 술마시기를 좋아해 부모의 봉양을 돌보지 않는 것이 둘째 불효다.

금은보화와 재물을 좋아하고 처자식은 잘 돌보면서 부모의 봉양을 돌보지 않는 것이 세 번째 불효다.

귀로 듣고 눈으로 보고싶은 욕망에 빠져서 부모를 욕되게 하는 것이 네 번째 불효다.

용맹을 좋아하여 서로 다투고 싸워서 부모를 위태롭게 하는 것이 다섯 번째 불효다."

무릇 사람의 자식이 되어서 어버이를 섬기는데 혹 잘못된 것이 있으면 비록 다른 좋은 일이 수백 가지 있을지라도 능히 그것을 가릴 수 없다. 가히 삼가지 않을 수 있겠는가?

孝經曰 夫孝 天之經也 地之義也 民之行也 天地之經而民是則之 又曰 不愛其親而愛他人者 謂之悖德[1] 不敬其親而敬他人者 謂之悖禮[2] 而順則逆 民無則[3]焉 不在於善而皆在於凶德[4] 雖得之 君子不貴也 又曰 五刑[5]之屬三千 而罪莫大於不孝 孟子[6]曰 不孝有五 惰其四支[7] 不顧父母之養 一不孝也 博奕[8]好飲酒 不顧父母之養 二不孝也 好貨財私妻子 不顧父母之養 三不孝也 從耳目之欲[9]以爲父母戮 四不孝也 好勇鬪狠以危父母 五不孝也 夫爲人子而事親或虧 雖有他善累百 不能掩也 可不愼乎

1) 悖德(패덕) : 부덕(不德)과 같다.

2) 悖禮(패례) : 예의를 거스르다. 예의에 어긋나다.

3) 則(칙) : 법칙, 법도.

4) 凶德(흉덕) : 흉악하고 나쁜 것들.

5) 五刑(오형) : 다섯 가지 형벌. 묵(墨), 의(劓), 비(剕), 궁(宮), 대벽(大辟)의 다섯 가지.

6) 孟子(맹자) : 이름은 가(軻)이고 전국 시대 사람이며 자사(子思)의 제자이고 대유학자로, 저서인 '맹자' 14편을 남겼다.

7) 四支(사지) : 손과 팔과 다리. 온몸.

8) 博奕(박혁) : 장기나 바둑.

9) 耳目之欲(이목지욕) : 음악이나 여색에 빠지는 것.

2. 군자(君子)가 어버이를 섬길 때에는
'효경'에 말했다.

"군자가 어버이를 섬길 때에는, 평상시에는 공경하는 마음을 다하고, 봉양할 때에는 즐거움이 이르도록 하며, 어버이가 병환 중일 때에는 근심하는 마음을 다하고, 어버이가 돌아가셨을 때에는 슬픔을 다하고, 어버이의 제사에는 엄숙함을 다한다."

經曰 君子之事親也 居則致其敬[1] 養則致其樂[2] 病則致其憂 喪則致其哀 祭則致其嚴[3]

1) 敬(경) : 자신의 몸을 잘 간수하여 부모에게 욕이 돌아가지 않게 하는 일.
2) 樂(낙) : 어버이의 마음을 즐겁게 해드리다.
3) 嚴(엄) : 공경하는 것과 같다.

3. 부모 앞에서는 늙었다고 하지 않는다
공자가 말했다.

"지금의 효자는 거두어 기를 줄만 안다고 말할 수 있다. 개나 말도 기르는 일은 할 수 있다. 공경으로써 어찌 분별하지 않는가?"

'예기'에 말했다.

"자식이 부모를 섬길 때에는, 닭이 처음 울면 일어나 세수하고 양치하고 얼굴을 단장하고 부모가 계신 곳으로 가서 부모의 옷과 이불과 대자리와 베개와 안석을 함부로 옮기지 않고 일정한 장소에 두며 지팡이와 신을 소중하게 간수하며 감히 가까이 하지 않는다. 기장이나 피를 담는 대(敦)와 모(牟), 술잔과 물 담는 그릇들은 부모가 남긴 음식을 먹을 때가 아니면 감히 사용하지 않는다.

부모가 계신 곳에 있을 때 명령하는 일이 있으면 빨리 대응하고 공손하게 대접한다. 나아가고 물러설 때 두루 돌아가는 행동을 삼가고 엄숙하게 하며 마루에 오르고 내려 설 때나 방에 들어

가고 나갈 때 몸을 굽히고 펴는 동작을 공손하게 한다.

부모 앞에서는 감히 구역질이나 트림이나 재채기나 기침이나 하품이나 한 발로 비스듬히 서거나 곁눈질 하거나 침을 뱉거나 코를 풀지 않는다. 추위도 옷을 껴입지 않고 가려워도 긁지 않으며 활쏘기 같은 공경할 일이 있지 않으면 감히 소매를 걷어 올리지 않으며 물을 건널 때가 아니면 바지를 걷어 올리지 않는다.

사람의 자식된 자는 나갈 때는 반드시 고하고 돌아오면 반드시 뵙는다. 노는 데는 반드시 일정한 장소가 있고 익히는 것은 반드시 일정한 일이 있어야 한다. 항상 말할 때는 늙었다고 하지 않는다."

孔子曰 今之孝者 是謂能養 至於犬馬 皆能有養 不敬何以別乎 禮[1] 子事父母 雞初鳴 咸盥漱 盛容飾 以適父母之所 父母之衣衾簟席枕几 不傳[2] 杖履 祗敬之 勿敢近 敦牟巵匜[3] 非餕莫敢用 在父母之所 有命之 應唯敬對 進退周旋愼齊 升降出入揖遜 不敢噦噫[4] 嚏咳 欠伸 跛倚[5] 睇視 不敢唾洟 寒不敢襲 癢不敢搔 不有敬事[6]不敢袒裼 不涉不撅

爲人子者 出必告 反必面 所遊必有常 所習必有業 恒言不稱老[7]

1) 禮(예) : '예기'를 말한다.
2) 傳(전) : 옮기다. 항상 있던 곳에서 다른 곳으로 옮기는 것.
3) 敦牟巵匜(대모치이) : 대와 모는 기장이나 피를 담는 그릇. 치는 술잔, 이는 간장을 담는 그릇.
4) 噦噫(얼애) : 얼은 구역질. 희는 음식을 먹고 난 후 소리내어 트림하는 일.
5) 跛倚(피의) : 한 발로 비스듬히 서서 몸을 다른 곳에 의지하는 것.
6) 敬事(경사) : 활쏘기 같은 종류의, 덕성을 기르고 닦는 일.
7) 老(노) : 자신이 늙었다고 말하는 것.

4. 효자는 어두운 곳에서는 일하지 않는다

'예기'에 말했다.

"사람의 자식이 된 자는 방에 거처할 때에는 아랫목에 앉지 않으며 앉을 때는 가운데 자리에 앉지 않으며 길을 갈 때는 한가운 데로 다니지 않으며 설 때 문 가운데에 서지 않는다.

잔치 음식이나 제사 음식은 사람을 가려서 대접하지 아니하고 제사에서는 시동이 되지 않는다.

부모가 꼭 말로 표현하지 않아도 부모의 뜻을 들은 것같이 하고 부모의 의사가 안색에 나타나기 전에 그 뜻을 본 것같이 한다. 높은 곳에 오르지 않고 깊은 연못에 들어가지 않으며 구차하게 남을 흉보지 않고 구차하게 비위를 맞추려 하지 않는다.

효자는 어두운 곳에서 일하지 않고 위험한 곳에는 오르지 않는데 이는 어버이에게 욕이 될까 두려워서이다.

又 爲人子者 居不主奧[1] 坐不中席 行不中道 立不中門 食饗[2] 不爲 緊[3] 祭祀不爲尸[4] 聽於無聲 視於無形[5] 不登高 不臨深 不苟訾 不苟 笑 孝子不服[6]闇 不登危 懼辱親也

1) 奧(오) : 아랫목. 아랫목은 따뜻한 곳이기 때문에 부모가 앉게 해야 한다.
2) 食饗(사향) : 식(食)은 사로 발음하며 손님에게 음식을 대접하는 것을 뜻한다. 향은 제사의 동류.
3) 緊(개) : 차별을 두거나 음식의 가지 수를 한정하는 것.
4) 尸(시) : 시동(尸童). 옛날에는 제사를 지낼 때 신위(神位) 대신 시동이라는 어린아이를 선정하여 신위 자리에 앉히고 제사를 지냈다.
5) 視於無形(시어무형) : 부모의 의사가 얼굴에 나타나기 전에 그 뜻을 헤아려 알다.
6) 服(복) : 사(事)와 같다.

5. 제왕으로서 계모에게 문안드리다

송(宋)나라 무제(武帝)가 왕위에 올랐을 때 그의 나이가 매우 많았다. 그런데 매일 아침마다 계모(繼母)인 소(蕭)태후에게 시각을 지체하지 않고 정시에 문안 인사를 드렸다.

무제는 제왕이었는데도 오히려 이와 같이 하였는데 하물며 일반 선비나 백성에게 있어서 이겠는가?

宋武帝[1] 卽大位 春秋已高 每旦朝繼母蕭太后 未嘗失時刻 彼爲帝
王尙如是 況士民乎

1) 宋武帝(송무제) : 남북조(南北朝) 때의 송(宋)나라 유유(劉裕)를 말한다.

6. 숨어 다니면서도 태비에게 문안을 드리다

양(梁)나라 임천(臨川)의 정혜왕(靜惠王) 굉(宏)은, 형 의
(懿)가 제(齊)나라 중서령(中書令)이 되었다가 동혼후(東昏
侯)에게 살해되었으며 모든 동생들도 다 잡히게 되었다.

이 때 승려 혜사(慧思)가 굉을 숨겨 주어 잡히지 않게 되었다.

굉은 난리를 피하여 몰래 숨어 태비(太妃)와 다른 곳에 있으면
서 매일 사람을 보내 태비의 문안을 살폈다.

어떤 사람이 말하기를

"피난하려면 은밀히 숨어 있어야 하는데 문안드리러 왕래하는
것은 좋지 않습니다."

라고 하자, 굉이 눈물을 글썽이며 대답했다.

"나 한 사람만 살아 있을 뿐이다. 이 일은 잠시도 폐지할 수 없다."

저 정혜왕 굉은 피난다니는 위급한 상황에서도 오히려 이와 같
이 문안드렸는데 하물며 아무 일 없는 평소에야 어떻겠는가?

梁臨川靜惠王宏 兄懿爲齊中書令 爲東昏侯所殺 諸弟皆被收 僧
慧思藏宏得免 宏避難潛伏 與太妃異處 每遣使參問起居 或謂 逃難
須密 不宜往來 宏銜淚答曰 乃可無我 此事不容暫廢 彼在危難尙如
是 況平時乎

7. 세 번 명을 받아도 수레와 말은 받지 않는다

사람의 자식이 된 자는 스스로 고귀하게 하지 못하는 것이다.

예에 3번 명을 받아도 수레와 말을 받지 않는 것은 부하고 귀하더라도 감히 부모에게 더할 수 없기 때문이다.

爲子者 不敢自高貴 故在禮三賜[1]不及車馬 不敢以富貴 加於父兄

1) 三賜(삼사) : 삼명(三命)이다. 초명은 관직을 받고 재명(再命)에는 의복을 받고 삼명(三命)에는 수레와 말을 받는다.

8. 개나 돼지는 족히 일어나지 않는다

송(宋)나라 초기에, 평장사(平章事) 왕부(王溥)의 아버지 조(祚)에게 빈객이 있었다. 부(溥)는 항상 조복을 입고 모시고 서 있었는데 손님은 앉아서 자리가 편안하지 못했다.

왕조(王祚)가 말했다.

"돼지나 개는 족히 일어나지 않는 것이다."

이는 거처하려면 공경을 지극히 해야 함을 이른 것이다.

國初[1] 平章事[2]王溥父祚有賓客 溥常朝服侍立 客坐不安席 祚曰 狄犬不足爲之起 此可謂居則致其敬矣

1) 國初(국초) : 송(宋)나라 건국 초기.

2) 平章事(평장사) : 당(唐)나라 태종(太宗) 때부터 설치됐던 관직으로, 정사를 직접 담당한 것을 이른다.

9. 자식이 부모를 섬기는 도리

'예기' 내칙편에 말했다.

"자식이 부모를 섬길 때, 닭이 처음 울거든 일어나서 왼쪽과 오른쪽에 사용할 물건을 차고 부모가 계신 곳으로 간다. 부모가 계신 곳에 이르러서는 숨소리를 낮추고 말소리를 부드럽게 한다. 입고 계신 옷의 덥고 추운 정도의 차이와 병들어 아픈 곳이나 몸이 가려운 곳이 있는가 묻고 조심스레 살펴보고 긁어 드린다.

나가실 때나 들어오실 때에는 혹은 앞서기도 하고 혹은 뒤에 하
기도 하여 공손하게 부축하여 드린다. 세수하실 물을 드릴 때에
는 젊은이는 세수대야를 받들고 나이든 사람은 물을 받들어 부어
드리고 세수하시기를 청한다. 세수를 다 마치면 수건을 드린다.

잡수시고 싶은 것을 여쭈어 공손하게 드리며 얼굴빛을 부드럽
게 한다. 부모께서 명령하신 것은 거역하지도 말고 게을리 하지
도 말아야 한다. 만약 음식을 먹으라고 주시면 비록 즐기지 않는
것이라도 반드시 맛보고 다시 고쳐 명령하시기를 기다린다. 옷을
입으라고 주시면 비록 입고 싶지 않더라도 반드시 입어보고 다음
명령을 기다린다."

또 예에 말이 있다.

"아들과 며느리는 사사로이 재물을 갖는 일이 없어야 하며 사
사로이 저축하지 않고 사사로이 갖는 기물이 없어야 하며 사사로
이 남에게 빌려주지 않고 사사로이 남에게 주지 않아야 한다."

또 예에 말이 있다.

"사람의 자식된 자의 예는, 겨울에는 어버이를 따뜻하게 해 드리
고 여름에는 시원하게 해 드리며 어두워지면 이부자리를 펴 드리
고 새벽에는 문안드리며 동료들과 있을 때는 서로 다투지 않는다."

禮[1] 子事父母 雞初鳴而起 左右佩服以適父母之所 及所 下氣怡[2]
聲 問衣燠寒 疾痛苛癢而敬抑搔之 出入 則或先或後而敬扶持之 進
盥 少者奉槃 長者奉水 請沃 盥卒 受巾 問所欲而敬進之 柔色以溫
之 父母之命 勿逆勿怠 若飲之食之 雖不嗜 必嘗而待 加之衣服 雖
不欲 必服而待

又[3] 子婦無私貨 無私畜 無私器 不敢私假 不敢私與

又 爲人子之禮 冬溫而夏淸 昏定而晨省 在醜[4]夷不爭

1) 禮(예): '예기' 내칙(內則)편의 내용.
2) 怡(이): 기뻐하다.
3) 又(우): '예기' 곡례(曲禮)편의 내용.
4) 醜(추): 무리와 같다.

10. 어버이의 뜻을 봉양해야 한다

맹자가 말했다.

"증자가 증석(曾晳)을 봉양할 때에는 반드시 술과 고기를 준비하여 올렸다. 장차 상을 물릴 때에는 반드시 줄 분이 있느냐고 청하여 물었고, 남은 것이 있느냐고 물으면 반드시 '있습니다' 라고 하였다.

증석이 죽고 증원(曾元)이 증자를 봉양할 때에도 반드시 술과 고기를 준비하여 올렸다. 그러나 장차 상을 물릴 때 청하여 줄 사람을 묻지 않았으며, 남은 것이 있느냐고 물으면 '없습니다' 라고 하였다. 이것은 장차 다시 드리기 위한 것이었다.

이러한 증원의 방법을 '입과 몸만 봉양한다' 고 하는 것이다.

증자와 같은 방법은 가히 '뜻을 봉양한다' 고 이른다.

어버이를 섬기는 일은 증자와 같아야 옳다고 할 수 있다."

孟子曰 曾子養曾晳[1] 必有酒肉 將徹 必請所與 問有餘 必曰有 曾晳死 曾元[2]養曾子 必有酒肉 將徹 不請所與 問有餘 曰 亡矣 將以復進也 此所謂養口體[3]者也 若曾子 則可謂養志也 事親若曾子者 可也

1) 曾晳(증석) : 증자(曾子)의 아버지로 석은 자이고 이름은 점(點)이다. 노(魯)나라 무성(武成) 사람이며 채무후(菜蕪侯)에 봉해졌다.
2) 曾元(증원) : 증자의 아들.
3) 口體(구체) : 입과 몸. 곧 육체를 뜻한다. 몸만 기르고 뜻은 생각지 않는다.

11. 나이 70세에도 효도를 다한 노래자(老萊子)

노래자(老萊子)는 어버이를 정성으로 봉양하였다.

나이 70에 어린아이처럼 재롱을 부리며 오색무늬의 채색이 영롱한 색동저고리 옷을 입었다.

일찍이 물을 들고 마루에 오르다 짐짓 넘어져 땅에 누워 어린

아이 울음소리를 냈으며 새새끼를 가지고 어버이 곁에서 희롱하
며 놀았다. 이러한 일들은 모두 그 어버이를 기쁘게 해 드리려고
한 행동들이다.

老萊子¹⁾孝奉二親 行年七十 作嬰兒戲 身服五采斑斕之衣 嘗取水
上堂 詐²⁾跌仆³⁾臥地 爲小兒啼 弄雛⁴⁾於親側 欲親之喜

1) 老萊子(노래자) : 초(楚)나라 사람으로 도가(道家)에 속하는 인물.
2) 詐(사) : 거짓. 일부러. 짐짓.
3) 跌仆(질부) : 넘어지는 것.
4) 弄雛(농추) : 새새끼를 희롱하는 것.

12. 유랑하면서도 어머니를 극진히 봉양하다

한(漢)나라의 간의대부(諫議大夫) 강혁(江革)은 어려서 아버
지를 여의고 홀어머니를 모시고 살았다.

천하가 어지러워지고 도둑 떼가 여기저기서 일어났을 때 강혁
은 난리를 피하기 위하여 어머니를 등에 업고 피난하였는데, 온
갖 위험과 어려움을 다 겪으면서도 항상 풀뿌리를 캐거나 나무열
매를 주워 어머니를 봉양하였다.

이렇게 지내며 난리 속에서 온전히 몸을 지켰다.

난리를 벗어난 강혁은 유랑하여 하비(下邳) 땅으로 옮겨 살았다.
가난하고 궁색하여 옷도 제대로 걸치지 못하고 맨발로 다니면서 품
팔이를 하여 어머니를 봉양하였다. 자신은 헐벗고 맨발이었지만 어
머니를 편안하게 모시는 데 필요한 물건은 없는 것이 없었다.

한나라 건무(建武) 말년에 나라가 평정되자 어머니와 함께 고
향으로 돌아왔다.

매양 시기가 되어 고을에서 점고(點考)할 때면 강혁은 늙은 어
머니를 모시고 갔는데, 수레가 요동쳐서 늙은 어머니가 고생하지
않게 하기 위해 수레의 긴 채를 잡고 손수 수레를 끌면서 소나 말
을 사용하지 않았다. 이로 말미암아 고을에서는 '강거효(江巨

孝)’ 라고 일컫게 되었다.

漢諫議大夫江革[1]少失父 獨與母居 遭天下亂 盜賊竝起 革負母
逃難 備經險阻[2] 常採拾以爲養 遂得俱全於難 革轉客下邳 貧窮裸
跣行 傭以供母 便身之物 莫不畢給 建武[3]末年 與母歸鄕里 每至歲
時[4] 縣當案比[5] 革以老母不欲搖動 自在轅中輓車 不用牛馬 由是
鄕里稱之曰江巨孝

1) 江革(강혁) : 자는 차옹(次翁)이고 동한(東漢) 때의 산동 사람.
2) 備經險阻(비경험조) : 험난하고 위태로운 길을 두루 거쳐 가다.
3) 建武(건무) : 후한(後漢) 광무제(光武帝)의 연호.
4) 歲時(세시) : 계절의 절후. 연중의 때때.
5) 案比(안비) : 상고하여 비교하다.

13. 어버이가 원하는 것을 미리 알아 봉양하다

진(晉)나라 서하(西河) 사람 왕연(王延)은 어버이를 봉양하
는데, 언제나 어버이의 얼굴빛을 살펴 지금 어버이가 무엇을 원
하고 있는지 그 뜻을 미루어 알았다.

더운 여름에는 베개와 누울 자리를 부채질하여 더위를 식혀드
렸으며, 추운 겨울에는 자신의 몸으로 어버이가 덮을 찬 이불을
따뜻하게 녹여 드렸다. 추위가 한창인 깊은 겨울날에 자신은 추
위를 이기기 위해 몸을 감쌀 만한 변변한 옷가지 하나 없으면서
도 어버이에게는 입에 맞는 맛있는 음식을 장만하여 대접하면서,
조금도 불만이나 불평 없이 즐거운 마음으로 극진히 모셨다.

晉西河人王延[1]事親色養[2] 夏則扇枕席 冬則以身溫被 隆冬盛寒
體無全衣 而親極滋味

1) 王延(왕연) : 자는 연원(延元). 자세한 기록은 알 수 없다.
2) 色養(색양) : 부모의 안색을 보고 의향을 알아차려 그것이 이루어질 수 있도
　　록 봉양하는 것.

14. 봉급은 어머니를 모시기 위해 받는다

송(宋)나라 회계(會稽) 땅의 하자평(何子平)이 양주(揚州)의 종사리(從事吏)가 되었는데 매월 녹봉을 백미(白米)로 받아서는 번번이 시장에서 조와 보리로 바꾸었다.

어떤 사람이 말하기를

"이익되는 것이 거의 없는데 어찌하여 번거로운 일을 하는가."

라고 물으니, 하자평이 대답했다.

"늙으신 어머니께서 동쪽에 계시는데 쌀밥을 갖추지 못하신다. 무슨 심정으로 홀로 쌀밥을 먹겠는가."

매일 신선한 반찬을 보내는 사람이 있을지라도 부쳐서 어머니의 집안에 이르지 못할 것 같으면 즐겨 받지 않았다.

뒤에 해우령(海虞令)이 되어서는 받는 녹봉으로 오직 어머니 한 몸만 공양하는 데 다 쓰고 아내나 자식에게는 이르지 않았다.

어떤 사람이 그의 검소하고 박정한 것을 의심하자 하자평이 말하기를

"녹봉을 희망하는 이유는 본래 어머니를 봉양하는 데 있을 뿐, 나를 위한 데 있지 않다."

라고 하자, 물어 본 사람이 부끄러워하며 물러갔다.

宋會稽何子平[1]爲揚州從事吏 月俸得白米 輒[2]貸市粟麥 人曰 所利無幾 何足爲煩 子平曰 尊老在東 不辦[3]得米 何心獨饗白粲 每有贈鮮肴者 若不可寄至家則不肯受 後爲海虞令 縣祿唯供養母一身 不以及妻子 人疑其儉薄 子平曰 希祿本在養親 不在爲已 問者慙而退

1) 何子平(하자평) : 송(宋)나라 회계 땅 사람.

2) 輒(첩) : 번번이. 매번.

3) 不辦(불판) : 갖추지 못하다. 얻지 못하다.

15. 품팔이를 해서 부모를 극진히 모신 곽원평

송(宋)나라 회계(會稽) 땅의 곽원평(郭原平)은 어버이를 봉
양하는데 자신의 힘을 다했다. 품팔이를 해서 어버이를 봉양하는
물건을 공급하였으며 성품은 매우 재주가 있었다.

매양 남에게 고용되어 일을 할 때에는 최대의 노력을 다하여 품
삯이 아깝지 않게 일을 하기 때문에 주인이 식사대접을 하려는 경
우가 많았다.

곽원평은 본래 집안이 가난하여 부모에게 맛있는 반찬은 갖추
지 못했지만 검소한 식사는 대접하였는데 오직 자신의 저녁밥상
에는 소금과 밥뿐이었다.

만약 집에 밥이 없으면 빈 배로 하루를 마치는 일이 있더라도
의리상 홀로 배를 채울 수 없었다.

모름지기 날이 저물어 일과를 마치면 곧바로 집으로 돌아와 마
을에서 곡식을 산 연후에 밥을 지었다.

同郡¹⁾郭原平²⁾養親必以已力 傭賃以給供養 性甚巧 每爲人傭作
止取散夫價 主人設食 原平自以家貧 父母不辦有肴味 唯飡鹽飯而
已 若家或無食 則虛中竟日 義不獨飽 須日暮作畢 受直歸家 於里糴
買 然後擧爨
1) 同郡(동군) : 위의 하자평과 같은 군 소속.
2) 郭原平(곽원평) : 송(宋)나라 때 회계 땅의 효자.

16. 어머니의 마음을 편안하게 한 조성왕(曹成王)

당(唐)나라의 조성왕(曹成王) 고(皐)가 형주자사(衡州刺史)
가 되었는데 무고를 당하여 치죄(治罪)받게 되었다.

고는 늙은 태비(太妃)가 장차 놀라고 슬퍼할 것을 생각하여, 밖
에 나가서는 죄수복을 입고 취조받았으나 안으로 들어와서는 홀

을 끼고 어대를 드리우고는 편안한 모습으로 기뻐하였다.

조주(潮州)자사로 좌천되어 관직이 바뀌었다고 인사드리러 들어갔는데, 얼마 안 되어 사실이 밝혀져서 다시 형주자사로 복직되었다.

그런 연후에 태비에게 무릎 꿇고 사죄하며 사실을 고하였다.

이러한 조성왕의 행동이야말로 '부모를 모시는데 즐거움이 이르도록 하는 것'이라고 이를 수 있다.

唐曹成王皐 爲衡州刺史 遭誣在治[1] 念太妃[2]老 將驚而戚 出則囚服就辟[3] 入則擁笏垂魚[4] 坦坦施施[5] 貶潮州刺史 以遷入賀 旣而事得直 復還衡州 然後跪謝告實 此可謂養則致其樂矣

1) 遭誣在治(조무재치) : 무고를 만나서 치죄를 받다. 곧 혐의없이 조사를 받다.
2) 太妃(태비) : 당(唐)나라 왕비.
3) 辟(벽) : 죄를 추궁하다.
4) 魚(어) : 어대(御帶).
5) 坦坦施施(탄탄시시) : 기뻐하고 기뻐하는 모양.

17. 부모에게 병환이 있으면

'예기' 곡례편(曲禮篇)에 말했다.

"부모에게 질병이 있으면 갓쓴 사람은 머리를 빗지 않으며 다닐 때 가벼운 걸음으로 걷지 않으며 말할 때는 다른 것에 대한 이야기를 하지 않는다. 또 거문고나 비파를 타지 않으며 고기를 먹되 맛을 잃을 정도로 싫증나게 먹지 않으며 술을 마시되 얼굴색이 변하도록 마시지 않으며 웃어도 잇몸이 드러나게 웃지 않고 성이 나도 큰소리로 남을 꾸짖는 데 이르지 않는다. 부모의 병환이 낫거든 다시 원래대로 한다."

禮[1] 父母有疾 冠者不櫛 行不翔[2] 言不惰[3] 琴瑟不御 食肉不至變味[4] 飮酒不至變貌 笑不至矧 怒不至詈 疾止復故

1) 禮(예) : '예기' 곡례(曲禮)편을 말한다.

2) 翔(상) : 날아갈 듯이 가볍게 행동하는 모습.

3) 惰(타) : 질병을 이야기하면서 다른 이야기를 끼워 넣지 않다.

4) 變味(변미) : 맛이 변하다. 너무 많이 먹어 싫증나는 것.

18. 문왕(文王)이 왕계(王季)를 모실 때에는

주(周)나라 문왕(文王)이 세자(世子)로 있을 때 왕계(王季)에게 문안드리고 뵙기를 날마다 3번씩 하였다.

닭이 처음 울면 일어나 옷을 입고 침실 문밖에 이르러 내수(內豎)에게 "오늘 안부(安否)는 어떠하신가?"라고 물어 내수가 대답하기를 "편안하십니다."라고 하면 문왕은 기뻐하였다.

한낮이 되면 또 이르러 이와 같이 하고 날이 저물면 이르러 똑같이 하였다.

만약 그 안부가 편안치 못하다고 내수가 문왕에게 여쭈면, 문왕의 얼굴빛은 근심에 잠기고 걸음을 걸을 때 능히 발을 바로 떼지 못했다.

왕계가 평소같이 식사하고 회복한 후에는 또한 처음으로 돌아가 행동하였다.

무왕(武王)이 또 문왕에게 이와 같이 행동하고 감히 더하지도 덜하지도 않았다.

문왕이 병이 들자 무왕은 관복과 띠를 벗지 않고 봉양하였다. 문왕이 한 번 음식을 먹으면 무왕도 한 번 음식을 먹고 두 번 먹으면 무왕도 두 번 먹었다. 이렇게 간병하기를 열이틀 만에 문왕의 병이 다 나았다.

文王之爲世子 朝於王季[1] 日三 雞初鳴而衣服至於寢門外 間內豎[2]之御者曰 今日安否何如 內豎曰 安 文王乃喜 及日中 又至 亦如之 及莫[3] 又至 亦如之 其有不安節[4] 則內豎以告文王 文王色憂 行不能正履 王季復膳 然後亦復初 武王帥而行之 不敢有加焉 文

王有疾 武王不脫冠帶而養 文王一飯 亦一飯 文王再飯 亦再飯 旬
有二日乃間[5]

1) 王季(왕계) : 문왕의 아버지이며 은(殷)나라의 제후였다.

2) 內豎(내수) : 임금의 측근에서 시중드는 신하. 내정(內庭)의 소신(小臣).

3) 莫(모) : 날이 저물다. 모(暮)와 같다.

4) 不安節(불안절) ; 부모가 병이 들어 기거나 음식이 평상시의 절도에 맞지 않
   는 것을 말한다.

5) 間(간) : 병이 낫다. 유(癒)와 같다.

19. 3년 동안 태후를 간호한 문제(文帝)

한(漢)나라 문제(文帝)가 대왕(代王)으로 봉해졌을 때 박태
후(薄太后)가 3년 동안 질병을 앓았다.

이 때 문제는 잠을 자지 않았으며 옷은 항상 대를 풀지 않았다.
탕약은 문제가 맛보지 않으면 드리지 않았다.

漢文帝爲代王時 薄太后[1]常病三年 文帝目不交睫[2] 衣不解帶 湯
藥非口所嘗弗進

1) 薄太后(박태후) : 문제의 어머니. 문제가 즉위하여 태후로 봉했다.

2) 不交睫(불교첩) : 눈썹과 눈썹을 붙이지 않다. 곧 깊은 잠을 자지 않다.

20. 거짓으로 미친 체한 아버지를 36년 간 시중들다

진(晉)나라 범교(范喬)의 아버지 범찬은 위(魏)나라에서 벼
슬하여 태재중랑(太宰中郎)이 되었다.

이 때 제왕(齊王) 방(芳)이 폐위당했다.

이 일로 말미암아 범찬은 병을 칭하여 문을 닫고 문밖 출입을
하지 않았다. 또한 거짓으로 미친 체하고 말하지 않았으며 수레
를 침실로 삼았으며 발은 땅을 밟지 않았다.

자손들은 항상 좌우에 대기해 있으면서 그의 안색을 살펴서 그

의 뜻을 헤아렸다. 이렇게 하기를 36년 간이나 하였으며 침소로
정한 수레 안에서 생을 마쳤다.

범교와 두 동생이 함께 학업을 포기하고 세상사와 절연하였다.
범찬을 간호하면서 범찬이 죽을 때까지 마을이나 읍내에 나가
지 않았다.

晉[1]范喬[2] 父粲 仕魏爲太宰中郎 齊王[3]芳被廢 粲遂稱疾 闔門不出
陽狂[4]不言 寢所乘車 足不履地 子孫常侍左右 候其顏色 以知其旨
如此三十六年 終於所寢之車 喬與二弟竝棄學業 絶人事[5] 侍疾家庭
至粲沒 不出里邑

1) 晉(진) : 사마염(司馬炎)이 세운 나라.
2) 范喬(범교) : 누구인지 자세한 기록이 없다.
3) 齊王(제왕) : 조조(曹操)가 세운 위(魏)나라의 왕. 위(魏)나라 명제(明帝)
   의 아들.
4) 陽狂(양광) : 거짓으로 미친 체하다.
5) 絶人事(절인사) : 모든 세상사를 외면하다.

21. 아버지의 변을 맛본 유검루

남조(南朝)의 제(齊)나라에 유검루(庾黔婁)라는 사람이 있었
는데 잔릉현(孱陵縣)의 장관이 되었다.

고을에 도착한 지 열흘이 못 되었을 때 그의 아버지 이(易)가
집에 있으면서 병에 걸렸다.

검루는 홀연히 가슴이 뛰고 두근거리며 온몸에서 식은땀이 나
자 그 날로 관직을 버리고 집으로 돌아갔다. 가족들은 검루가 별
안간 돌아오자 깜짝 놀랐다. 그 때는 바로 아버지가 병에 걸린 지
이틀째 되는 날이었다. 의원이 이르기를 "병이 차도가 있는지 더
위중한지를 알려면 환자의 변을 맛보아 그 맛이 달콤한지 아니면
쓴지를 보면 된다."라고 말했다.

아버지가 설사를 하자 검루가 곧 그 변을 찍어 맛을 보았는데

그 맛이 달고 미끄러웠다. 검루는 마음 속으로 더욱더 근심하고 괴로워하며 저녁마다 북극성을 향하여 이마를 땅에 대고 절하면서 자신의 몸으로 아버지의 병을 대신하기를 청하였다.

갑자기 하늘에서 소리가 들렸다.

"네 아버지의 수명이 다하여 부르는 것이니 가히 연장할 수는 없다. 다만 네가 지성으로 기도하므로 월말까지는 살게 하겠다."

그믐이 되자 이가 사망하였다.

南齊[1]庾黔婁[2]爲孱陵令 到縣未旬 父易在家遘疾 黔婁忽心驚 擧身流汗 卽日棄官 歸家 家人悉驚其忽至 時易病始二日 醫云 欲知差劇 但嘗糞恬苦 易泄利 黔婁輒取嘗之 味轉恬滑 心愈憂苦 至夕每稽顙[3]北辰 求以身代 俄聞空中有聲曰 徵君壽命盡 不可延 汝誠禱旣至 改得至月末 晦 而易亡

1) 南齊(남제) : 남조(南朝)의 제(齊)를 말한다.

2) 庾黔婁(유검루) : 자는 자정(子貞).

3) 稽顙(계상) : 이마를 땅에 대고 비는 것.

22. 아버지의 악창의 고름을 빨아내다

후위(後魏)의 6대 왕 효문제(孝文帝)는 어려서부터 지극한 성품의 소유자였다. 나이 네 살 때 아버지 헌문제(獻文帝)가 악창으로 고생하였는데 효문제가 몸소 고름을 입으로 빨아냈다.

後魏孝文帝[1]幼有至性 年四歲 時獻文患癰 帝親自吮膿

1) 孝文帝(효문제) : 후위의 6대 임금이며 헌문제(獻文帝)의 아들이다.

23. 지성으로 태후에게 문안드린 효소제(孝昭帝)

북제(北齊)의 3대 왕 효소제(孝昭帝)는 성품이 지극히 효성스러웠다. 태후(太后)가 매우 미워하여 나가서 남궁(南宮)에 살 때,

효소제는 다닐 때는 바르게 걷지 못하였으며 안색은 항상 초췌하고 옷은 항상 띠를 풀지 않고 거의 열흘을 보냈다.

태후가 거처하는 궁전은 남궁(南宮)에서 5백 여 보 떨어져 있었는데 닭이 처음 울면 나가서 북극성이 나타날 때에야 겨우 돌아왔으며 오갈 때에는 걸어서 다니고 수레를 타지 않았다.

태후의 괴로움이 조금이라도 더하면 곧바로 침실 문밖에 업드려서 음식이나 약물을 다 몸소 다리고 올렸다.

태후는 항상 마음의 병이 있었는데 스스로 참지 못하면 효소제는 장막 앞에 모시고 서 있으면서 손톱으로 뜯고 손으로 가슴을 치고 피눈물을 흘리며 소매를 적셨다.

이러한 행동은 '부모에게 병이 있으면 근심하는 마음을 다한다.' 는 말과 같은 것이다.

北齊[1]孝昭帝[2]性至孝 太后不豫 出居南宮 帝行不正履 容色貶悴 衣不解帶殆將旬 殿去南宮五百餘步 雞鳴而出 辰時方還 來去徒行 不乘輿輦 太后所苦小增 便卽寢伏閤外 食飮藥物 盡皆躬親 太后惟常心痛 不自堪忍 帝立侍帷前 以爪搯手心 血流出袖 此可謂病則致其憂矣

1) 北齊(북제) : 고양(高洋)이 세운 나라.
2) 孝昭帝(효소제) : 북제의 제3대 왕. 고양의 동생.

24. 효자가 부모를 섬기는 도리란

'효경'에 말했다.

"효자(孝子)가 부모상을 맞이하면 곡하면서 슬퍼하되 다른 웅얼거림이 있지 않고 예절에서 용모를 갖추지 않으며 말에는 꾸밈이 있지 않다. 의복도 편안함을 느끼지 못하고 음악을 들어도 즐겁지 않으며 맛있는 음식을 먹어도 맛을 느끼지 못하는 것이다.

이것은 애통해하고 서러워하는 정이 있기 때문이다.

돌아가신 후 3일 만에 음식을 먹는 이유는 모든 백성에게 돌아가신 부모 때문에 살아 있는 자식인 자신의 몸을 상하게 하여 그 생명을 잃지 않도록 가르치는 것으로, 이것을 가리켜 성인(聖人)이 시행하는 정치라고 한다.

부모상을 당해 상복(喪服) 입는 시기를 3년을 넘지 않게 하는 이유는 모든 백성에게 끝이 있음을 보여 주는 것이다.

관(棺)에는 내관과 외관을 만들고 옷과 이불을 만들어 시신에 입혀 관에 넣고 그 제기를 진열하고 애통해하고 서러워하며 남자는 발을 동동 구르며 곡하고 여자는 가슴을 치며 곡하고 슬퍼하며 상여를 보내고 좋은 묘자리를 골라 편안하게 모신다.

또 종묘(사당)를 만들어 혼백이 흠향하도록 하고 봄가을마다 제사를 모시며 때마다 제사를 지내 부모를 생각한다.

살아계실 때는 사랑과 공경을 다하고 돌아가시면 애통함과 서러움을 다하여 모시나니, 이것을 가리켜 인간의 근본을 다했다고 하며, 또 죽음과 삶의 도리가 갖추어졌다고 하며, 효자가 부모를 섬기는 일을 다했다고 말할 수 있는 것이다."

군자는 어버이의 상에 진실로 자신의 정성을 다하나니, 상례에 힘쓰지 않을 수 없는 것이다.

이러한 내용들은 책에 기록되어 있으므로 세세한 것을 다 기록하지는 못한다.

經[1]曰 孝子之喪親[2]也 哭不哀[3] 禮無容[4] 言不文[5] 服美不安 聞樂不樂 食旨不甘 此哀慼[6]之情也 三日而食 教民無以死傷生[7] 毀不滅性[8] 此聖人之政也 喪不過三年 示民有終也 爲之棺椁[9]衣衾而擧之 陳其簠簋[10]而哀慼之 擗踊[11]哭泣 哀以送之 卜其宅兆[12]而安厝之 爲之宗廟 以鬼享之 春秋祭祀以時思之 生事愛敬 死事哀慼 生民之本盡矣 死生之義備矣 孝子之事親終矣 君子之於親喪 固所以自盡也 不可不勉喪禮 備在方冊 不可悉載

1) 經(경): '효경'의 공자 말이다.
2) 喪親(상친): 아버지나 어머니가 돌아가시면 상례를 치르는 예절을 말한다.
3) 不哀(불애): 슬퍼서 울기만 하고 다른 말을 하지 않는다.

4) 容(용) : 얼굴을 꾸미는 것.

5) 不文(불문) : 말에 수식어를 더하지 않는 것.

6) 哀慼(애척) : 애통해하고 서러워하는 것.

7) 傷生(상생) : 생명을 해치다.

8) 毁不滅性(훼불멸성) : 몸을 망가뜨려 수명을 단축시키다.

9) 棺槨(관곽) : 외관(外棺)과 내관(內棺).

10) 簠簋(보궤) : 제기. 보는 밖이 네모나고 안이 둥글며, 궤는 안이 네모나고 밖이 둥근 것으로 서직(黍稷)을 담는 제기들.

11) 擗踊(벽용) : 벽은 여자가 가슴을 치며 우는 것. 용은 남자가 발을 동동 구르며 우는 것으로 슬픔이 극에 달했을 때의 행동.

12) 卜其宅兆(복기택조) : 묘자리가 길한가를 점치는 것.

25. 3년상을 잘 치른 소련과 대련

공자가 말했다.

"소련(少連)과 대련(大連)은 부모상을 잘 치렀다. 어버이가 돌아가신 뒤 3일 동안 매우 슬퍼하면서도 예절을 게을리 하지 않았으며, 3달 동안을 슬퍼하면서도 해이하지 않았다. 1년 동안 슬퍼하였으며 3년을 근심하였다. 그는 동이(東夷) 사람이었다."

고자고(高子皐)가 어버이의 상을 치르면서 몹시 슬퍼하기를 3년 동안이나 했다. 일찍이 이를 드러내고 웃지 않았는데 군자도 하기 어려운 일이었다.

孔子曰 少連大連善居喪[1] 三日不怠 三月不解[2] 期[3]悲哀 三年憂 東夷之子也 高子皐[4]執親之喪也 泣血[5]三年 未嘗見齒 君子以爲難

1) 居喪(거상) : 상중(喪中)에 있는 것. 상을 치르는 동안.

2) 解(해) : 해(懈)와 같다.

3) 期(기) : 기(朞)와 통하며 기년(朞年)은 1주년을 말한다.

4) 高子皐(고자고) : 공자의 제자이며 이름은 시(柴)이다.

5) 泣血(읍혈) : 우는 데 소리가 없고 피눈물만 흘리는 것.

26. 부모의 상을 잘 치른 안정(顔丁)

노(魯)나라의 안정(顔丁)이 부모상을 잘 치렀다.

어버이가 돌아가시자 처음에는 황황(皇皇)하게 행동하는 모습이 마치 어버이를 찾지 못한 듯하였다. 이미 빈소에 모시고 나서는 마치 앞을 바라보고 부지런히 좇아갔으나 미치지 못한 듯하였다. 이미 장사를 지내고 나서는 개연(慨然)히 돌아오시지 못함을 믿지 못하여 기다리는 듯하였다.

顔丁[1]善居喪 始死 皇皇[2]焉如有求而弗得 及殯[3] 望望[4]焉如有從而弗及 旣葬 慨焉[5]如不及 其反而息

1) 顔丁(안정) : 노(魯)나라 사람.
2) 皇皇(황황) : 마음이 급해 허둥지둥하는 모습.
3) 殯(빈) : 영구를 빈소에 안치하는 것.
4) 望望(망망) : 가면서 돌아보지 않는 것. 멀리 앞을 뚫어지게 바라보는 모습.
5) 慨焉(개언) : 슬퍼하는 것.

27. 임금의 명령을 전달하지 못한 신하

당(唐)나라 태상소경(太常少卿) 소정(蘇頲)이 부모상을 당했는데 예종(睿宗)이 공부시랑(工部侍郞)으로 다시 기용하였다. 소정이 굳게 사양하자 이일지(李日知)를 시켜 임금의 뜻을 전하도록 하였다.

이일지가 예종의 명을 받들어 소정의 집에 도착하여 문상하고 종일토록 앉아 있었는데, 끝내 임금의 뜻을 전하지 못하고 돌아와서 아뢰었다.

"신은 그 슬퍼하고 슬퍼하는 모습을 보고 차마 말을 하지 못했습니다. 소정의 명이 끊어지지 않을까 두려웠습니다."

이에 예종이 상을 마칠 수 있도록 허락하였다.

唐太常少卿¹⁾蘇頲遭父喪 睿宗²⁾起復³⁾爲工部侍郎⁴⁾ 頲固辭 上使
李日知諭旨⁵⁾ 日知終坐不言而還 奏曰 臣見其哀毀 不忍發言 恐其
殞絶 上乃聽其終制⁶⁾

1) 太常少卿(태상소경) : 당(唐)나라 구경(九卿)의 한 사람으로 종묘 등의 제
   사를 맡은 사람.
2) 睿宗(예종) : 당(唐)나라의 5대 황제로 이름은 중무(重茂)이다.
3) 起復(기복) : 부모의 상중(喪中)에도 출사하다.
4) 工部侍郎(공부시랑) : 육부(六部)의 장관 중 하나. 영선(營繕), 공사(工事)
   등의 일을 맡다.
5) 諭旨(유지) : 임금의 훈시.
6) 終制(종제) : 삼년상을 마치게 하다.

28. 선위사(宣慰使)로서도 상을 치른 이함(李涵)

태자(太子) 좌서자(左庶子) 이함(李涵)이 하북선위사(河北
宣慰使)가 되었을 때 마침 그 때 어머니상을 당하였다.

상중에 하북선위사로 갔는데 매양 주(州)나 현(縣)의 역참에
이르면 공사(公事) 이외에는 입을 여는 일이 없었다. 식사는 나
물 반찬에 물만 먹었으며 땅에 자리를 깔고 휴식하였다.

임무를 마치고 돌아와서는 관직에서 물러나 상을 마치기를 요
청하였다.

당나라 대종(代宗)이 그의 얼굴이 수척하고 파리한 것을 보고
허락하였다. 이 때부터 남은 상기 동안 슬픔을 다하고 힘을 다하
여 어머니상을 치렀다.

그의 효도가 당시를 풍미하게 되었고 이름이 뒤에까지 빛났으
며 세상에서 사람들이 이함을 칭송에서 빼놓지 않았다.

이것은 '효경'에서 이르는 "상중에는 그 슬픔을 다한다."는 말
과 같은 것이다.

左庶子¹⁾李涵 爲河北宣慰使 會丁²⁾母憂 起復本官而行 每州縣郵

驛³⁾ 公事之外 未嘗啓口 蔬飯飮水 席地而息 使還 請罷官 終喪制 代
宗⁴⁾以其毀瘠 許之 自餘能盡哀竭力以喪其親 孝感當時 名光後來者
世不乏人 此可謂喪則致其哀矣

1) 左庶子(좌서자) : 태자를 보필하는 직책.

2) 會丁(회정) : 마침내 당하다.

3) 郵驛(우역) : 역참(驛站).

4) 代宗(대종) : 당(唐)나라 8대 황제.

29. 제사를 모시는 기본 자세

옛날의 제례(祭禮)는 상세하였으므로 그것을 두루 다 열거할
수는 없지만 말하겠다.

공자가 말했다.

"제사는 살아계신 것과 같이 행한다. 군자는 죽은 이 섬기기를
살아 있는 이 섬기듯이 하며 없는 이 섬기기를 존재하는 이 섬기
듯이 한다. 재계하기 3일에는 드디어 돌아가신 이의 모습이 눈에
어른거린다. 제삿날에는 즐거움과 슬픔이 반반인데 대접하는 일
은 반드시 즐겁고 이미 이르러 흠향하면 반드시 슬픈 것이다. 밖
으로는 모든 제물을 갖추고 안으로는 지성을 다하여 제삿날 사당
에 들어가면 애연(僾然)히 고인의 영혼이 그 자리에 있는 듯하
고, 제사중 잠깐 문을 나서면 숙연히 반드시 그 움직이는 소리가
들리는 듯하며, 제사를 끝내고 사당 문밖으로 나오면 개연히 그
탄식하는 소리가 들리는 듯하다.

그러므로 선왕(先王)들의 효도는, 부모의 안색이 눈에서 잊혀
지지 않고 부모의 음성이 귀에서 잊혀지는 일이 없으며 부모의 마
음이나 희망하던 일 등을 내 마음에 간직하여서 잊지 않았다.

부모 사랑하는 마음을 간절히 하면 눈앞에 부모님이 있는 듯이
보이고 효도하는 정성을 다하면 부모님의 모습이 나타나는 것이다.

부모의 모습이 보이고 보이는 것 같음을 마음속에서 잊지 않으
면 어찌 공경하지 않을 수 있겠는가?

경건한 마음으로 공경을 다하고 즐거운 마음으로 정성을 다하
며 힘쓰고 힘쓰는 부지런한 상태에서 부모님이 흠향하시도록 하
는 것이다.

'시경'에 말했다.

"신령께서 나타나심을 헤아려 짐작하지 못하나니

하물며 싫어하시는 것이야(소홀히 할 수 있으랴)."

이러한 것이 제례의 대략이다.

古之祭禮詳矣 不可徧擧 孔子曰 祭如在 君子事死如事生 事亡如
事存 齋三日 乃見其所爲齋者 祭之日 樂與哀半 饗之必樂 已至必哀
外盡物 內盡志 入室 優然[1]必有見乎其位 周還[2]出戶 肅然[3]必有聞
乎其容聲 出戶而聽 愾然[4]必有聞乎其嘆息之聲 是故先王之孝也 色
不忘乎目 聲不絶乎耳 心志嗜欲不忘乎心 致愛則存 致愨則著 著存
不忘乎心 夫安得不敬乎 齊齊[5]乎其敬也 愉愉[6]乎其忠也 勿勿諸[7]其
欲其饗之也 詩[8]曰 神之格思 不可度思 矧可斁思 此其大略也

1) 優然(애연) : 어렴풋한 모양. 희미하게 보이는 모양.

2) 周還(주선) : 주선(周旋)과 같다.

3) 肅然(숙연) : 엄숙한 모양. 삼가고 두려워하는 모양.

4) 愾然(희연) : 탄식하는 모양. 한숨 쉬는 모양.

5) 齊齊(제제) : 공손하고 삼가는 모양. 가지런한 모양.

6) 愉愉(유유) : 기뻐하는 모습. 즐거워하는 모습.

7) 勿勿諸(물물저) : 근면한 상태. 부지런한 모습.

8) 詩(시) : '시경' 대아(大雅) 억(抑)편의 구절.

30. 70세에도 몸소 제기를 닦았다

맹촉(孟蜀)의 태자빈객(太子賓客) 이단(李鄲)은 나이가 70
이나 되었는데도 할아버지나 아버지의 제사를 모실 때에는 몸소
제기를 닦았다.

혹 다른 사람이 대신하려고 하면 못하게 하였는데 자신이 직접

추모의 뜻을 가지고 있으려고 행한 일이다.

이러한 행동을 '효경'에서 말하는 "제사 지낼 때는 엄숙함을 다한다."라는 것과 같다고 할 수 있다.

孟蜀太子賓客[1]李鄲[2] 年七十餘 享祖考 猶親滌器 人或代之 不從 以爲無以達追慕之意 此可謂祭則致其嚴矣
1) 太子賓客(태자빈객) : 황태자(皇太子)의 사부와 같은 직책.
2) 李鄲(이단) : 자세한 기록이 없다.

31. 효도의 시작은 자신의 신체를 보호하는 것
'효경'에 말했다.

"신체와 머리털과 피부는 부모에게서 받은 것이다. 감히 손상시키지 않는 것이 효도의 시작이다."

經日 身體髮膚 受之父母 不敢毁傷 孝之始也
1) 身體髮膚(신체발부) : 인간의 몸 전체. 뼈, 살, 피부, 머리털 등의 모든 것.

32. 나는 지금에야 불효를 면하게 되었다
증자(曾子)가 병이 위중하여 죽음에 임박하자 문하의 제자들을 불러 놓고 말했다.

"내 발을 살펴보고 내 손을 펴 보아라. '시경'에 '두려워하고 조심하여 깊은 연못에 임한 것같이 하고 엷은 얼음을 밟는 것같이 하라.'고 하였다.

내 오늘 이후에야 불효를 면한 것을 알게 되었다. 제자들아."

曾子有疾[1] 召門弟子曰 啓予足 啓予手 詩[2]云 戰戰兢兢[3] 如臨深 淵 如履薄氷 而今而後 吾知免夫[4]小子
1) 有疾(유질) : 병이 있다. 여기서는 병이 위중하여 죽음에 임박한 것.

2) 詩(시) : '시경' 소민편(小旻篇)의 한 구절.

3) 戰戰兢兢(전전긍긍) : 두려워하고 삼가 조심하는 것.

4) 免夫(면부) : 부(夫)는 어조사. 몸을 손상시키는 불효를 면했다는 말.

33. 효자는 부모를 부끄럽게 하지 않는다

악정자춘(樂正子春)이 마루에서 내려가다가 발을 다쳤는데 그 후로 몇 달 동안 문밖 출입을 하지 않으면서 오히려 근심하는 빛을 지니고 있었다.

문하의 제자가 묻기를

"선생님께서는 발이 다 나았는데도 몇 달 동안 문밖에 나가지 않고 오히려 근심하시는 빛이 있음은 어째서입니까?"

라고 하니, 악정자춘이 대답했다.

"좋구나! 너의 물음이 정말 좋구나. 그대의 물음이여! 나는 증자에게 듣고 증자께서는 선생님에게 들은 말이 있다. '하늘이 만물을 창조하고 땅이 기르는 것 중에서 오직 사람이 큰 존재이며 가장 귀중하다. 부모께서 온전하게 낳아 주셨으니 자식은 몸을 온전히 하여 돌아가야 효도라고 말할 수 있다. 그 형체를 손상시키지 않고 그 몸을 욕되게 하지 않아야 가히 온전하다고 말할 수 있다.' 라고 하였다.

그러므로 군자는 몇 걸음을 옮기는 동안이라도 감히 효도를 잊지 못한다. 그런데 지금 나는 효도의 도리를 잊어 발을 다쳤기 때문에 이로써 근심하는 빛이 있는 것이다.

한 번 발을 들어 옮길 때마다 감히 부모의 몸임을 잊지 않아야 하고 한 번 말할 때마다 감히 부모를 잊지 말아야 한다.

한 번 발을 옮길 때마다 감히 부모의 몸임을 잊지 않아야 하므로 큰길로 가고 샛길로 가지 않으며 배로 건너고 헤엄쳐서 건너지 않아 감히 앞선 부모가 끼치신 몸으로 위태로운 일을 행하지 않는 것이다.

한 번 말할 때마다 감히 부모를 잊지 않아야 하므로 악한 말이 입에서 나오지 못하게 하며 분노의 말이 몸에 돌아오지 않게 한다. 그 몸을 욕되게 하지 않으며 그 어버이를 부끄럽지 않게 하면 효도했다 할 수 있는 것이다."

樂正子春¹⁾下堂而傷足 數月不出 猶有憂色 門弟子曰 夫子之足瘳矣 數月不出 猶有憂色 何也 樂正子春曰 善如爾之問也 善如爾之問也 吾聞諸曾子 曾子聞諸夫子²⁾ 曰 天之所生 地之所養 惟人爲大 父母全而生之 子全而歸之 可謂孝矣 不虧其體 不辱其身 可謂全矣 故君子頃步³⁾而弗敢忘孝也 今予忘孝之道 予是以有憂色也 一擧足而不敢忘父母 一出言而不敢忘父母 一擧足而不敢忘父母 是故道而不徑⁴⁾ 舟而不游⁵⁾ 不敢以先父母之遺體行殆 一出言而不敢忘父母 是故惡言不出於口 忿言不反於身 不辱其身 不羞其親 可謂孝矣

1) 樂正子春(악정자춘) : 증자(曾子)의 제자. 악정은 성(姓), 자춘은 이름이다.
2) 夫子(부자) : 선생님. 여기서는 공자(孔子)를 가리킨다.
3) 頃步(경보) : 경(頃)은 규(跬)와 같으며 한 걸음 반. 한 발자국 떼는 것을 규라 하고 다시 두 발자국째 발을 드는 것을 보라고 한다.
4) 道而不徑(도이불경) : 큰길로 가고 지름길로 가지 않는다. 도(道)는 대로(大路)이고 경은 좁은 길.
5) 游(유) : 헤엄치다.

34. 아버지가 위태로우면 어떻게 해야 합니까?

어떤 사람이 물었다.

"아버지가 위험한 곳에 있으면 어떻게 해야 합니까? 몸이 근심되므로 구제하지 않아야 합니까?"

"그러한 뜻을 말한 것이 아니다. 효자는 부모의 유체를 받들어서 평상시에는 조금이라도 감히 손상시키면 안 된다. 그러나 인을 따르고 의(義)를 실천하는 사람이라면 비록 불 속에라도 뛰어들어가서 부모를 구해야 하는데 하물며 부모를 위험에서 구제하는 데 있어서랴. 옛날에는 부모를 따라서 죽은 자들도 많았다."

或¹⁾曰 親有危難 則如之何 亦憂身而不救乎 曰 非謂其然也 孝子
奉父母之遺體 平居一毫不敢傷也 及其徇仁蹈義 雖赴湯火無所辭
況救親於危難乎 古以死徇其親者多矣

1) 或(혹) : 어떤 이. 어떤 사람.

35. 사지에서 아버지를 구한 반종(潘綜)

진(晉)나라 말기에 오정(烏程) 사람 반종(潘綜)이 손은(孫
恩)의 난리를 만났다. 도둑들이 고을을 공격하자 반종은 아버지
표(驃)와 함께 도둑을 피하여 도망하였다.

반표는 이 때 나이가 많아서 걸음을 빨리 걸을 수 없었다. 도둑
들이 더욱 가까이 추격해 오자 반표가 아들 종에게 말하기를

"나는 더 도망하지 못 하겠다. 너라도 빨리 도망쳐라. 다 함께
죽을 수는 없다."

하고는, 반표는 고달프고 기운이 빠져 땅에 주저앉았다.

도둑이 들이닥치자 반종은 도둑에게 머리를 조아리며 빌었다.

"아버지는 늙었으니 살려 주십시오"

도둑이 앞에 이르자 반표도 또한 살려 줄 것을 청하였다.

도둑이 말하기를

"아이나 젊은 놈들은 스스로 다 도망갔다. 지금 늙은이와 아들
이 도망가지 않았다. 효자를 죽이는 일은 애석하니 이 아이는 살
려 주어라."

하고는 도둑이 반표를 도끼로 찍으려 하자 반종이 아버지를 감싸
안고 엎드렸다.

도둑이 반종의 머리와 얼굴을 찍어 네 군데나 다치고 반종은 기
절하였다.

이 때 한 도적이 곁으로 가서 말하기를

"그대는 큰일을 일으켰다. 이 아이는 죽음으로써 아비를 구하
고자 하는데 무엇 때문에 죽이려 하는가? 효자를 죽이면 상서롭
지 못하다."

하니 그 도둑이 이에 중지하였다.

이로 말미암아 반표 부자는 죽음을 면하였다.

晉末烏程人潘綜[1] 遭孫恩亂 攻破村邑 綜與父驃共走避賊 驃年老
行遲 賊轉逼[2] 驃語綜 我不能去 汝走可脫 幸勿俱死 驃困乏[3]坐地
綜迎賊 叩頭曰 父年老 乞賜生命 賊至 驃亦請 賊曰 兒少自能走 今
爲老子不去 孝子不惜死 可活此兒 賊因斫驃 綜乃抱父於腹下 賊斫
綜頭面 凡四創 綜當時悶絶[4] 有一賊從傍來會 曰 卿擧大事 此兒以
死救父 云何可殺 殺孝子不祥 賊乃止 父子竝得免

1) 潘綜(반종) : 진(晉)나라 말기의 효자인데 기록이 없다.

2) 轉逼(전핍) : 더욱 가까이 오다.

3) 困乏(곤핍) : 피곤하고 힘들다.

4) 悶絶(민절) : 기절하다.

36. 강물에 떠내려간 어머니를 찾아나선 유도민

남북조(南北朝) 때 제(齊)나라의 사성교위(射聲校尉) 유도
민(庾道愍)이 어렸을 적에 어머니가 강물에 휩쓸려 교주(交州)
로 떠내려갔다. 이 때는 도민이 젖먹이였는데 장성하여 이러한 사
실을 알았다.

광주(廣州)의 백성을 편안히 하는 수녕부좌(綏寧府佐)가 되
어서 부에 부임하게 되었는데 광주는 교주(交州)와 거리가 멀었
다. 이에 스스로 위험을 무릅쓰고 나서서 교주에 이르러 어머니
를 찾으러 다녔다.

한 해가 지나도록 어머니를 찾지 못했다. 그러던 어느 날 밤 슬
피 울면서 일찍부터 어느 마을에 들었다.

날은 어둡고 갑자기 비가 쏟아져 어느 집에 기숙을 요청했다.
그 날, 옆집 노파가 나무를 지고 밖에서 돌아왔는데 도민이 그 노
파를 보는 순간 마음이 고동쳤다. 이에 그 집으로 찾아가서 물으
니 자신의 어머니였다.

이에 엎드려 통곡하니 멀고 가까운 데서 다 찾아왔는데 그 광경을 보고 눈물을 흘리지 않은 사람이 없었다.

齊射聲校尉[1]庚道愍[2] 所生母漂流交州 道愍尙在襁褓 及長知之 求爲廣州綏寧府佐[3] 至府 而去交州尙遠 乃自負擔冒嶮自達 及至州 尋求母 經年[4]不獲 日夜悲泣 嘗入村 日暮雨驟[5] 乃寄止一家 有嫗 負薪自外還 道愍心動 因訪之 乃其母也 於是俯伏號泣 遠近赴之 莫不揮淚

1) 射聲校尉(사성교위) : 남북조 때의 관직 이름.

2) 庚道愍(유도민) : 기록이 없다.

3) 綏寧府佐(수녕부좌) : 백성을 편안히 하다. 곧 잘 다스리다. 수녕부좌는 주(州)의 장관을 도와서 백성을 편안히 하는 직책. 곧 정치 책임자.

4) 經年(경년) : 1년이 되다.

5) 驟(취) : 갑자기. 잠깐 사이에.

37. 사형선고 받은 아버지를 구한 길분(吉翂)

남북조(南北朝) 때 양(梁)나라의 상주주부(湘州主簿) 길분(吉翂)의 아버지는, 무제(武帝)의 천감(天監) 초에 원향령(原鄕令)이 되었는데 아래 관리의 무고로 인하여 정위(廷尉)에 체포되었다.

이 때 길분의 나이는 15세였는데 길거리에서 소리 높여 울면서 공경(公卿)들에게 살려 주기를 청하였다. 이러한 광경을 본 행인들은 다 눈물을 흘렸다.

그의 아버지 이(理)는 비록 청백리였지만 부끄럽게도 하급관리의 조사를 받아서 허위로 죄를 인정하여 죄가 사형에 처해지게 되었다.

길분은 이에 등문고(登聞鼓)를 쳐서 아버지의 죄를 대신할 것을 청하였다. 이에 무제가 아름답고도 괴이하게 여겨서

"어린아이이니 어느 사람의 조종을 받아서 그런 것이 아닌가."

하고, 정위(廷尉) 채법도(蔡法度)에게 엄하게도 하고 협박도 하고 달래기도 하여 그 진실을 밝히라고 칙령을 내렸다.

채법도는 칙령을 받고 관청으로 돌아와 성대한 동아줄을 늘어놓고 핏발 선 얼굴로 질문했다.

"네가 아버지를 대신하여 죽겠다고 하는데 이미 그것을 허락하는 칙령이 내렸다. 형법에 맞게 응할 것인데 칼과 톱(형벌)은 지극히 사나워서 능히 죽음을 살필 겨를이 없다.

너는 어린아이로서 뜻이 이와 같은 데에 미치지 못할 테니 반드시 어떤 사람이 시켜서 하는 일 아니냐? 그 시키는 사람이 누구냐? 만약 지금이라도 뉘우친다면 또한 청을 들어 줄 것이다."

길분이 대답했다.

"죄인이 비록 어리석고 약하지만 어찌 죽음이 두렵지 않겠습니까? 돌아보건대 여러 형제들은 어리고 작으며 오직 죄인만 어른인데 차마 아버지의 극형을 보지 못하겠기에, 스스로 생명을 연장하여 안으로는 마음을 끊고 위로는 천자에게 간청했습니다. 이제 몸을 바치는 일을 예측하지 못하고 자신을 저승에 맡기는 일이 조그마한 일이 아닐진대 어떻게 남의 조종을 받겠습니까?"

채법도가 위협으로서는 기를 꺾을 수 없음을 알고 이에 다시 안색을 펴고 달래어 말했다.

"왕께서는 네게 죄가 없음을 알고 마땅히 석방하고자 하신다. 진실로 너의 신성한 행동이 사리에 밝고 뛰어난 것을 관찰하고 족히 아름다운 아이라고 일컬으시니 이제 만약 바꾸어 아뢴다면 다행히 부자가 함께 구제될 수도 있을 텐데 어찌 이 꽃다운 나이에 괴롭게 끓는 가마솥 속으로 들어가려 하느냐?"

길분이 대답했다.

"무릇 생선의 알이나 개미들도 오히려 그 삶을 아까워하는데 하물며 사람이 되어 어찌 가루가 되는 것을 원하겠습니까? 다만 아버지께서 준엄한 탄핵에 걸려 반드시 형법을 바로잡는 일로 돌아가시게 된 것을 생각하여 아버지의 생명을 연장시킬 수 있기를 바랄 뿐이었습니다. 제가 처음부터 죄인을 보아왔는데 옥의 관리가 법에 따라 형벌을 가한 것입니다."

　채법도가 이에 불쌍하게 여기고 명하여 수갑과 차꼬를 벗기게 하고 다시 명령하여 시킨 사람을 지적하라고 하자 길분이 듣지 않고 말하기를

　"길분이 아버지를 대신하여 죽음을 구합니다. 사형당하는 죄수가 어찌 감면받으리오"

라고 하며 형틀을 벗지 않았다.

　채법도가 이러한 사실을 무제에게 알리자 이에 길분 부자를 용서하였다.

　단양(丹陽)의 윤(尹) 왕지(王志)가 정위(廷尉)에서 있었던 사건 기록을 구하여 여러 고을 것과 함께, 새해 첫날에 '순수한 효자'로서 모범을 세우고자 하였다.

　길분이 이 사실을 알고 말하기를

　"이상하다, 왕윤(王尹)이여. 어찌하여 길분의 약점을 헤아리는가? 대저 아버지는 모욕당하고 아들은 죽게 되었었는데, 이 세상의 도는 본디부터 그러한가? 길분이 이러한 일을 당하여 사람들에게 면목이 없거늘, 이는 아버지의 일로 인하여 이름을 파는 것이다. 한결같이 무슨 욕이 이리 심한가?"

라고 하고는 막아서 중지시켰다.

　이로 인하여 그의 밝음이 더욱 더 빛나게 되었다.

梁湘州[1]主簿[2]吉翂[3] 父天監[4]初爲原鄕令 爲吏所誣 逮詣廷尉[5] 翂
年十五 號泣衢路 祈請公卿 行人見者皆爲隕涕 其父理雖淸白而恥
爲吏訊 乃虛自引咎 罪當大辟[6] 翂乃撾登聞鼓[7] 乞代父命 武帝嘉
異之 尙以其童稚 疑受敎於人 敕廷尉蔡法度嚴加脅誘[8] 取其疑實
法度乃還寺 盛陳徽纆[9] 厲色[10]問曰 爾求代父死 敕已相許 便應伏
法 然刀鋸至劇 審能死不 且爾童孺 志不及此 必人所敎 姓名是誰
若有悔異 亦相聽許 對曰 囚雖蒙弱 豈不知死可畏憚 顧諸弟幼藐
唯囚爲長 不忍見父極刑 自延視息[11] 所以內斷胸臆 上干萬乘[12] 今
欲殉身不測 委骨泉壤[13] 此非細故 奈何受人敎耶 法度知不可屈撓

128 가범(家範)

乃更和顏誘語之曰 主上知尋侯無罪 行當釋 亮觀君神儀明秀 足稱
佳童 今若轉辭 幸父子同濟 奚以此妙年 苦求湯鑊 谹曰 凡鯤鮞螻
蟻尙惜其生 況在人 斯豈願虀粉 但父挂深劾 必正刑書 故思殞仆
冀延父命 谹初見囚 獄掾依法備加桎梏 法度矜之 命脫其二械[14] 更
令著一小者 谹弗聽 曰 谹求代父死 死囚豈可減乎 竟不脫械 法度
以聞帝 乃宥其父子 丹陽尹王志 求其在廷尉故事 幷諸鄕居 欲於
歲首擧充純孝 谹曰 異哉王尹 何量谹之薄也 夫父辱子死 斯道[15]固
然 若谹有靦面目當其此擧 則是因父買名 一何甚辱 拒之而止 此
其章章[16]尤著者也

1) 梁湘州(양상주) : 남북조(南北朝) 시대의 양(梁)나라. 상주는 호남성(湖南
   省) 장사부(長沙府) 일대.
2) 主簿(주부) : 문서나 장부를 맡은 한(漢)나라 때부터 있었던 직책.
3) 吉谹(길분) : 자세한 기록이 없다.
4) 天監(천감) : 양(梁)나라 무제(武帝)의 연호
5) 廷尉(정위) : 죄인을 취조하는 곳. 곧 지금의 검찰청과 같은 곳.
6) 大辟(대벽) : 신형에 처해지는 죄. 사형.
7) 登聞鼓(등문고) : 억울한 일을 임금에게 하소연하게 하기 위해 대궐문에 매
   달아 놓은 북.
8) 脇誘(협유) : 위협도 하고 달래기도 하다.
9) 徽纆(휘묵) : 바 또는 동아줄.
10) 厲色(여색) : 얼굴에 핏줄이 선 노기 띤 모습.
11) 視息(시식) : 눈으로 보고 귀로 듣다. 곧 생존하다.
12) 萬乘(만승) : 황제를 지칭한다. 제후는 천승(千乘).
13) 泉壤(천양) : 저승 또는 죽음.
14) 二械(이계) : 포승. 차꼬 또는 목에 씌우는 칼 등을 말한다.
15) 斯道(사도) : 공자가 천명한 도리. 곧 인륜.
16) 章章(장장) : 빛나고 또 빛나다.

제5권 가범(家範卷五)

제6장 아들·하〔子下〕

1. 효도로써 부모를 감화시킨 순임금

"'서경'에서 순임금을 일컫기를 '점차적으로 바로잡아 나가 간악한 데 이르지 않게 했다.' 라고 한 말은 무엇을 이른 것입니까?"

"능히 지극한 효도로써 모질고 어리석고 어둡고 오만한 것을 화합하게 하고 점점 선(善)으로 나아가 스스로 다스려서 큰 악에 이르지 않게 한 일을 이른 것이다."

書[1]稱舜[2] 烝烝乂[3] 不格姦 何謂也 曰 言能以至孝和頑嚚昏傲[4] 使進進以善自治 不至於大惡也

1) 書(서) : '서경(書經)'을 가리킨다.
2) 舜(순) : 요(堯)임금에게 제위를 물려받은 성군(聖君).
3) 烝烝乂(증증예) : 점차적으로 바로잡아 나가는 것. '증'은 앞으로 나간다는 뜻. 예는 치(治)와 같다.
4) 頑嚚昏傲(완은혼오) : 모질고 어리석고 무지하고 오만하다. 아주 포악무식한 것을 말한다.

2. 아버지에게 맞아 기절한 증자(曾子)

증자(曾子)가 외밭을 매다가 잘못하여 외의 뿌리를 끊어 버렸다. 이것을 본 증석(曾晳)이 화가 나서 큰 작대기를 들어 증자의 등을 내리쳤다.

증자가 땅에 쓰러져 의식을 잃었다. 한참 있다가 정신을 차리더니 기쁜 마음으로 일어나서 증석에게 나아가 말했다.

"방금은 제가 아버지에게 큰 죄를 지었습니다. 힘을 다하여 저를 가르치셨는데 괴로움이 없어야 하지 않겠습니까."

이에 물러나 자기 방으로 들어가서 거문고를 타고 노래를 부르며, 아버지 증석에게 들리게 하여 자신의 몸이 건강함을 알리고자 하였다.

공자가 이 일을 듣고 노하여 문하 제자들에게 말했다.

"증삼이 오거든 안으로 들이지 마라."

이에 증삼이 스스로 죄가 없다고 하며 사람을 시켜서 공자를 뵙고자 청하였다. 공자가 증삼을 들어오게 하여 말했다.

"너는 듣지 못했느냐. 옛날에 순임금이 고수(瞽瞍)를 섬길 때 고수가 일을 시키려 하면 항상 곁에 있었으며 찾아서 죽이려 하면 항상 뜻을 이루지 못했다. 종아리를 맞으려는 것은 자신의 허물을 기다리는 것이고, 작대기로 때리려 하면 도망해야 하는 것이다. 그러므로 고수가 무도한 아버지의 죄를 범하지 못했으며 순임금이 차츰 효도로써 교화하는 일을 잃지 않았다. 지금 네가 아버지를 섬기는 태도는 자신을 맡겨서 사납게 성질이 나기를 기다리는 것이고, 쓰러져 피하지 않는 태도는 자신이 죽어서 아버지를 불의(不義)에 빠뜨리는 일이니 불효가 어느 누가 크겠느냐? 너는 천자의 백성이 아니냐! 천자의 백성을 죽이면 그 죄가 어떠하냐!"

증삼이 듣고 말했다.

"삼(參)의 죄가 큽니다."

드디어 공자에게 다시 나아가 잘못을 빌었다. 이러한 것을 말한 것이다.〔일부 문장이 결여되어 있다고 하였으며 뒤의 박식한 군자를 기대한다고 하였다.〕

曾子耘瓜 誤斬其根 晳怒 建大杖以擊其背 曾子仆地而不知人 久

之乃蘇 欣然[1]而起 進於曾晳 曰 嚮也參得罪於大人 用力敎參 得無
疾乎 退而就房 援琴而歌 欲令曾晳聞之 知其體康也 孔子聞之而怒
告門弟子曰 參來 勿內 曾參自以爲無罪 使人請於孔子 孔子曰 汝
不聞乎 昔舜之事瞽瞍[2] 欲使之 未嘗不在於側 索而殺之未嘗可得
小捶則待過 大杖則逃走 故瞽瞍不犯不父之罪 而舜不失烝烝之孝
今參事父 委身以待暴怒 殪而不避 身旣死 而陷父於不義 其不孝孰
大焉 汝非天子之民乎 殺天子之民 其罪奚若 曾參聞之 曰 參罪大
矣 遂造孔子而謝過 此之謂也

1) 欣然(흔연) : 기쁜 모습.
2) 瞽瞍(고수) : 순임금의 아버지.

3. 3번 간해도 듣지 않으면 울면서 따른다

어떤 사람이 말하기를

"공자께서는 '안색을 살피기 어렵다'고 말했는데, 안색을 살피기 어렵다는 것은 부모의 뜻이 쏠리는 것을 보고 부모가 말씀하기를 기다리지 않고도 그 마음을 따라 순종하는 것입니다. 그렇다면 일찍부터 경전(經典)에서는 어찌하여 간하여 다투는 것을 귀하게 여겼습니까?"

라고 하여, 내(사마광)가 말했다.

"간하는 사람은 허물을 구제하는 것이다. 어버이의 명령에 순종해야 하는데 따르지 않으면 '도리에 어긋났다'고 한다. 어버이의 명령을 따르지 않아야 하는데 따르면 어버이를 큰 악에 빠지게 한다. 그런데도 간하지 않으면 '길거리의 사람'일 뿐이다. 그러므로 불의에 처하면 간하여 다투지 않을 수 없는 것이다."

"간하여 다투다보면 어버이의 뜻을 거역하지 않겠습니까?"

"이른바 다툰다는 것은 기뻐하면 중지하는 것이다. 뜻이 반드시 따르는 데 있을 뿐이다.

공자께서 말씀하시기를 '부모를 섬기는 데는 은밀하게 간하고, 의도하는 것을 보고 따르지는 않더라도 또 공경하고 거스르지 않으며 수고롭더라도 원망하지 않는다.' 라고 했다.

'예기' 내칙(內則)편에는 '부모에게 허물이 있으면 기운을 낮추고 얼굴빛을 온화하게 하고 말소리를 부드럽게 하여 허물을 고치도록 간곡하게 간(諫)한다. 간하는 것을 만약 받아들이지 않는다면 공경하고 효도하여 기뻐하시면 다시 간한다. 부모가 기뻐하지 않더라도 부모로 하여금 향당주려(鄕黨州閭)에 죄를 짓게 하기보다는 차라리 귀에 익숙해지도록 간해야 한다. 부모가 노여워하며 기뻐하지 않고 매질하여 피가 흘러도 감히 미워하거나 원망하지 않고 공경하고 효도해야 한다.' 라고 했다.

또 '예기'에 이르기를 '어버이를 섬기는 데는 숨김이 있거나 침범하지 않아야 한다.' 라고 했다.

또 '예기'에 이르기를 '부모에게 허물이 있으면 간곡하게 간하되 거스르지 않아야 한다.' 라고 했다.

또 '예기' 곡례편에 '3번 간해도 듣지 않으시면 울부짖으며 부모를 따라야 한다. 말이 다하면 갈 곳이 없는 것이다.' 라고 했다."

"간하면 아버지의 과실이 드러날 것인데 어찌 해야 합니까?"

"집안에서 간하고 밖에서는 숨기는 것이다. 집안에서 간하면 어버이의 과실이 멀리 미치지 않고 밖에서 숨기면 친구들이 들어 알수가 없다. 또 효자가 착하면 어버이가 칭찬받게 되고 허물이 있으면 자신에게 돌아오게 하는 것이다.

'시경' 패풍(邶風)의 개풍(凱風)편에

'어머님은 정성스럽고 착하시나

나는 착한 아들이 되지 못했네.'

라고 한 것처럼 그의 마음이 이와 같으면 또 무슨 과오가 드러날 것인가?"

或曰 孔子稱色難 色難者 觀父母之志趣[1] 不待發言而後順之者也 然則經何以貴於諫爭乎 曰 諫者爲救過也 親之命可從而不從 是悖戾也 不可從而從之 則陷親於大惡 然而不諫是路人 故當不義則不可不爭也 或曰 然則爭之能無咈親之意乎 曰 所謂爭者 順而止

之 志在必於從也 孔子曰 事父母幾²⁾諫 見志不從 又敬不違 勞而不
怨 禮³⁾ 父母有過 下氣怡色 柔聲以諫 諫若不入 起敬起孝 說則復
諫 不說 則與其得罪於鄕黨州閭 寧熟諫 父母怒 不說而撻之流血
不敢疾怨 起敬起孝 又曰 事親有隱而無犯 又曰 父母有過 諫而不
逆 又曰 三諫而不聽 則號泣而隨之 言窮無所之也 或曰 諫則彰親
之過 奈何 曰 諫諸內 隱諸外者也 諫諸內 則親過不遠 隱諸外 故人
莫得而聞也 且孝子善則稱親 過則歸已 凱風⁴⁾曰 母氏聖善 我無令
人 其心如是 夫又何過之彰乎

1) 志趣(지취) : 아버지가 뜻하는 것. 곧 지향하는 것.

2) 幾(기) : 미(微)와 같다. 아주 약하게, 미세하게 하다.

3) 禮(예) : '예기' 내칙편의 문장.

4) 凱風(개풍) : '시경' 패풍 개풍편의 문장.

4. 자식은 효자인데 부모는 사랑하지 않으면

어떤 사람이 말하기를

"자식은 효도하는데 부모께서 사랑하지 않으면 어떻게 해야 합
니까?"

라고 하여, 내(사마광)가 말했다.

"자신을 책망할 따름이다. 옛날에 순임금의 아버지는 완악하였
고 어머니는 모질었으며 동생 상(象)은 오만하였다. 날마다 순임
금을 죽이려고 하여 순임금은 밭에 나아가 날마다 하늘을 보고 울
부짖었는데 부모에 대하여 자신을 책망하며 울부짖었다. 죄를 짊
어지고 사특한 것을 바로잡아 공경스럽게 고수를 뵙고, 섬기기를
공손하고 또 조심스럽게 하자 고수도 또한 진실해져서 지극한 데
이르렀다. 고수 같은 자도 오히려 믿고 따랐는데 하물며 이와 같
지 않은 자에게 있어서야 어떻겠는가?"

或曰 子孝矣 而父母不愛 如之何 曰 責己而已 昔舜 父頑 母嚚
象¹⁾傲 日以殺舜爲事 舜往于田 日號泣于旻天²⁾ 于父母 負罪引慝³⁾

134 가범(家範)

祇載⁴⁾見瞽瞍 夔夔齋慄⁵⁾ 瞽瞍亦允若 誠之至也 如瞽瞍者 猶信而
順之 況不至是者乎

1) 象(상) : 순임금의 이복동생.
2) 旻天(민천) : 하늘. 곧 상제(上帝).
3) 引慝(인특) : 악을 바로잡다.
4) 載(재) : 사(事)와 같다. 섬기다.
5) 夔夔齋慄(기기재율) : 공경하고 두려워하는 모습.

5. 부모께서 나를 사랑하시면

증자(曾子)가 말했다.

"부모께서 나를 사랑하시면 기뻐하고 잊지 아니하며 부모께서
나를 미워하시더라도 두려워하거나 원망하지 않아야 한다."

曾子曰 父母愛之 喜而不忘 父母惡¹⁾之 懼而弗怨
1) 惡(오) : 미워하다.

6. 쫓아낸 아들을 다시 들어오도록 하다

한(漢)나라의 시중(侍中)을 지낸 설포(薛包)는 학문을 좋아
했으며 행실이 독실하였다. 어머니를 일찍 여의었는데 지극한 효
자로써 세상에 알려졌다.

아버지가 후처(後妻)를 얻더니 그후부터 설포를 미워하여 집
에서 나가 따로 살게 하였다.

설포는 밤낮으로 소리내어 울면서 집을 나가지 않았다. 아버지
는 포에게 매질하며 나가게 하였다. 매에 견디지 못한 포는 집 밖
에 조그마한 임시 움막을 짓고 그 곳에 거처하면서 아침이 되면
집안에 들어가 물 뿌리고 쓸어 집안을 깨끗하게 청소하였다.

포의 아버지는 이에 화를 내며 그를 더 멀리 내쫓았다. 포는 마
을 어귀에 조그만 움막을 짓고 거처하면서 부모에게 아침저녁으

로 문안을 드려 자식으로서 부모에 대한 예의를 잃지 않았다. 이러기를 수년 동안 계속하였다. 이에 그의 부모는 자신들의 행동을 부끄럽게 여기고 다시 집으로 들어와 살도록 하였다.

　漢侍中¹⁾薛包²⁾好學篤行 喪母 以至孝聞 及父娶後妻而憎包 分出之 包日夜號泣 不能去 至被毆杖 不得已廬於舍外 且入而灑掃 父怒 又逐之 乃廬於里門 晨昏³⁾不廢 積歲餘 父母慙而還之

1) 侍中(시중) : 임금에게 아뢸 일을 맡은 관리.
2) 薛包(설포) : 자는 맹상(孟嘗). 동한(東漢) 때 여남(汝南) 사람이다.
3) 晨昏(신혼) : 아침에 문안드리고 저녁에 잠자리 시중을 드는 일. 곧 자식이 부모를 섬기는 예절법.

7. 계모(繼母)에게도 효성을 다한 왕상(王祥)

　진(晉)나라의 태보(太保) 왕상(王祥)은 지극한 효자였다.

　일찍이 어머니를 여의었다. 계모(繼母) 주씨(朱氏)는 왕상을 아주 미워하여 자주 왕상의 아버지에게 참소하였다. 이로 말미암아 아버지의 사랑도 잃었다. 왕상에게 매양 외양간 청소를 시켰는데도 왕상은 더욱 공손하고 조심하였으며, 아버지와 계모에게 병환이 있으면 옷의 띠를 풀지 않았고 탕약을 몸소 끓였다.

　어느 날 능금나무에 열매가 맺혀 붉은 능금이 열렸는데 능금이 떨어지지 않도록 지키라고 계모가 명령했다.

　매양 비바람이 불 때면 능금이 떨어질까 걱정하여 능금나무를 보듬고 울면서 능금이 떨어지지 않도록 빌었다. 그의 지극한 효성은 이와 같았다.

　어느 해에 계모가 죽었다. 왕상은 3년상을 지내는 동안 초췌한 모습이었는데 지팡이를 짚고서야 일어날 수 있었다.

　晉太保¹⁾王祥²⁾至孝 早喪親 繼母朱氏不慈 數譖之 由是失愛於父 每使掃除牛下 祥愈恭謹 父母有疾 衣不解帶 湯藥必親嘗 有丹柰³⁾

結實 母命守之 每風雨 祥輒抱樹而泣 其篤孝純至如此 母終 居喪
毁悴 杖而後起

1) 晉太保(진태보) : 진(晉)나라는 사마염(司馬炎)이 세운 나라. 태보는 삼공
   (三公)의 하나이며 천자(天子)의 덕을 보완한다는 뜻이 있다.
2) 王祥(왕상) : 자는 휴징(休徵 : 185~269). 낭야(琅琊) 사람.
3) 丹柰(단내) : 붉은 능금. 곧 잘 익은 능금.

8. 겨울에 활어를 구해 계모에게 바친 왕연(王延)

진(晉)나라의 서하(西河) 땅 사람 왕연(王延)은 9세에 어머
니상을 당하였다. 3년 동안 상을 치르면서 피눈물을 흘렸으며 거
의 죽을 지경에 이르렀다.

해마다 제삿날이 돌아오면 30일 간 슬피 울었다.

그의 계모는 복씨(卜氏)였는데 경우가 없고 무도(無道)하였
다. 항상 부들이나 볏짚으로 만든 옷이나 삼껍질 부스러기로 만
든 옷을 쌓아 두었다가 왕연에게 입혔다.

왕연의 고모가 그 일을 알고 왕연에게 물으면 왕연은 알고 있
으면서도 말하지 않았으며 계모를 섬기는 일에 더욱 조심하였다.

아주 추운 겨울날 복씨는 산 물고기가 먹고 싶었다. 왕연에게
닥달하여 물고기를 구해 오라고 했는데 왕연이 물고기를 구하지
못하자 계모는 몽둥이로 왕연의 다리에서 피가 나도록 때렸다.

왕연이 분수(汾水) 가로 달려가 통곡하고 있는데 홀연히 길이
가 다섯 자나 되는 물고기 한 마리가 얼음을 깨고 튀어 나왔다.

왕연이 그 물고기를 취하여 계모에게 가져다 바치자 복씨는 마
음에 깨닫는 바가 있어서, 그 후부터 왕연을 자신의 친자식과 똑
같이 대하였다.

西河人王延[1] 九歲喪母 泣血三年 幾至減性 每至忌月 則悲泣三
旬 繼母卜氏遇之無道 恒以蒲穰[2]及敗麻頭[3]與延貯衣 其姑聞而問
之 延知而不言 事母彌謹 卜氏嘗盛冬思生魚 敕延求而不獲 杖之流

血 延尋汾淩⁴⁾而哭 忽有一魚 長五尺 踊出氷上 延取以進母 卜氏心
悟 撫延如已生

1) 王延(왕연) : 자는 연원(延元). 자세한 기록은 알 수 없다.

2) 蒲穰(포양) : 부들과 볏짚.

3) 敗麻頭(패마두) : 떨어진 삼껍질 부스러기의 옷.

4) 汾淩(분릉) : 분수(汾水)가 흐르는 곳을 지나가다.

9. 계모를 효도로써 감화시킨 유풍(劉渢)

제(齊)나라 시안왕(始安王)의 자문을 맡은 유풍(劉渢)의 아
버지 소(紹)는 송나라에서 벼슬하여 중서랑(中書郎)이 되었다.

유풍은 일찍이 어머니를 여의었는데, 아버지 소(紹)는 왕의 칙
명으로 노(路)태후 언니의 딸을 계실(繼室 : 계모)로 맞았다.

이 때 유풍의 나이는 몇 살 안 되었는데 노씨(路氏)는 유풍을
자식으로 여기지 않았다. 노씨를 따라온 노비들은 유풍에게 아무
런 잘못이 없는 데도 인정사정 없이 매질하였다. 유풍은 어머니
의 제삿날이 되면 문득 슬피 울면서 음식을 먹지 않았는데 이로
인하여 더욱 노비들에게 괴로움을 당하였다.

노씨는 시집와서 염(濂)을 낳았는데 풍이 무척 귀여워하고 사
랑하였다. 염은 차마 풍의 곁을 떠나지 못했는데 항상 침상의 장
막 곁에 풍을 있게 하여 풍이 문득 구타당하면 어머니의 곁으로
가지 않았다.

어느 때 노씨가 1년이나 병을 앓았는데 풍은 밤낮으로 좌우를
떠나지 않고 간호하였으나 노씨의 병은 매양 더 악화되었다. 풍
은 문득 눈물을 흘리면서 음식을 먹지 않았다.

이후로 노씨의 병이 다 나자 노씨는 풍의 정성에 감동하였다.
이 때부터 노씨의 풍에 대한 사랑은 매우 융성해졌으며 노씨의 재
산도 많아졌다.

어느 날 풍을 위하여 집을 마련해 주고 제후나 왕에 뒤지지 않
을 정도로 잔치를 베풀어 주었다.

138　가범(家範)

齊始安王¹⁾諮議²⁾劉渢³⁾ 父紹仕宋 位中書郎⁴⁾ 渢母早亡 紹被敕納
路太后兄女爲繼室 渢年數歲 路氏不以爲子 奴婢輩捶打之無期度
渢母亡日 輒悲啼不食 彌爲婢輩所苦 路氏生渢 渢怜愛之 不忍捨 常
在牀帳側 輒被驅捶 終不肯去 路氏病經年 渢晝夜不離左右 每有增
加 輒流涕不食 路氏病瘥 感其意 慈愛遂隆 路氏富盛 一旦爲渢立
齋宇 筵席不減侯王

1) 齊始安王(제시안왕) : 어느 시대 왕인지 불분명하다.

2) 諮議(자의) : 왕의 정책을 건의받아 시비를 가려 주는 선생님.

3) 劉渢(유풍) : 자세한 기록이 없다.

4) 中書郎(중서랑) : 중서성(中書省)의 한 벼슬. 중서시랑.

10. 계모를 끝까지 섬긴 최연(崔衍)

당나라 선흡(宣歙)의 관찰사 최연(崔衍)의 아버지 윤(倫)은
당나라에서 좌승(左丞)이 되었다.

최연의 계모 이씨(李氏)는 연을 사랑하지 않았다.

최연이 부평위(富平尉)가 되었을 때다.

아버지 최윤이 토번(吐番 : 티벳. 西藏)에 사신으로 갔다가 오
랜만에 집으로 돌아왔는데 이씨는 맞이하면서 다 떨어진 옷을 입
고 맞이하였다. 윤이 그 까닭을 물으니 이씨가 대답했다.

"당신이 오랑캐국에 사신으로 갔을 때부터 연이 옷과 먹을 것
을 주지 않았습니다."

최윤은 이씨의 말을 듣고 크게 화가 나서 연을 불러 꾸짖고는,
종들에게 명령하여 땅에 끌게 하고 그 윗옷을 벗기고 매질했다.

연은 울면서도 끝까지 스스로 변명하지 않았다.

최윤의 동생 은(殷)이 이 일을 듣고 달려가 몸으로써 연을 가
리자 매를 때릴 수가 없었다.

최은이 큰소리로 말했다.

"연이 매월 탄 봉급을 형수에게 보낸 일을 저는 모두 알고 있습
니다. 어찌하여 연이 의식을 보급하지 않았다는 악담을 했습니까?"

이 말을 듣고 최윤은 화를 풀었다. 이 일 때문에 윤은 드디어 이
씨의 참소를 듣지 않게 되었다.

최윤이 죽은 뒤에도 연은 더욱 삼가 이씨를 섬겼다.

이씨 소생에 둘째아들 합(郃)이 있었는데 매일 이씨의 돈을 빼
앗아 갔다. 또 그 주인에게 문서를 써 주고 최연이 빚을 갚도록 하
였는데 최연은 해마다 빚을 갚아 주었다.

이 때문인지 최연의 관직은 강주자사(江州刺史)에 이르렀는데
도 아내와 자식들은 항상 의식이 넉넉하지 못했다.

자식이 정성껏 효도하는데 아버지와 어머니가 그를 사랑하지
않더라도 그 효도는 더욱 빛나나니 무엇을 근심할 것인가?

　唐宣歙觀察使崔衍[1] 父倫爲左丞　繼母李氏不慈於衍　衍時爲富平
尉　倫使于吐蕃[2]　久方歸　李氏衣敝衣以見倫　倫問其故　李氏稱　倫使
於蕃中[3]　衍不給衣食　倫大怒　召衍責詬　命僕隷拉於地　袒其背　將鞭
之　衍泣涕　終不自陳　倫弟殷聞之趨往　以身蔽衍　杖不得下　因大言
曰　衍每月俸錢皆送嫂處　殷所具知　何忍乃言衍不給衣食　倫怒乃解
由是倫遂不聽李氏之譖　及倫卒　衍事李氏益謹　李氏所生次子郃每
多取母錢　使其主以書契[4]徵負於衍　衍歲爲償之　故衍官至江州刺史
而妻子衣食無所餘　子誠孝而父母不愛　則孝益彰矣　何患乎

1) 崔衍(최연) : 당나라 사람이고 자세한 기록이 없다.

2) 吐蕃(토번) : 서장(西藏)인 지금의 티벳.

3) 蕃中(번중) : 오랑캐의 나라. 티벳을 말하며 당시에는 오랑캐라 했다.

4) 書契(서계) : 문서를 말한다.

ΙΙ. 부모를 잘 섬기는 아내는 내보내지 않는다

어떤 사람이 말했다.

"아내와 자식이 어버이의 뜻에 맞지 않으면 어찌 해야 합니까?"

나는(사마광) 말했다.

"'예기'에 '자식이 그 아내를 매우 좋아하는데도 부모가 좋아

하지 않으면 내보내야 한다. 자식이 그 아내를 못마땅하게 여겨
도 부모가 나를 잘 섬긴다고 말하면 아들은 부부의 도리를 행하
여 죽을 때까지 변치 않아야 한다.'라고 했다."

或曰 妻子失親之意 則如之何 曰 禮[1] 子甚宜其妻 父母不說[2]出
子不宜其妻 父母曰 是善事我 子行夫婦之禮焉 沒身不衰

1) 禮(예): '예기' 내칙(內則)편에 있는 문장.
2) 說(열): 기쁘다.

12. 개를 꾸짖은 아내를 쫓아낸 포영(鮑永)

한(漢)나라의 사예교위(司隷校尉)를 지낸 포영(鮑永)은 계모
(繼母)를 섬기는데도 지극히 효도하였다.

어느 날 아내가 계모 앞에서 개를 꾸짖자 포영은 아내를 내쫓
았다.

漢司隷校尉[1] 鮑永[2] 事後母至孝 妻嘗於母前叱狗 永去之

1) 司隷校尉(사예교위): 관직 이름.
2) 鮑永(포영): 자세한 기록이 없다.

13. 어머니를 위하여 아내를 쫓아내다

유환(劉瓛)은 제(齊)나라가 북쪽을 정벌할 때 사도기실(司徒
記室)을 지냈는데 그의 어머니 공씨(孔氏)는 매우 엄하고 현명
하였다.

환이 나이 40여 세가 되도록 아직 혼인하지 못하였는데, 제나
라 건원(建元) 중에 고제(高帝)와 사도(司徒) 저언회(褚彦回)
가 환을 위하여 왕씨(王氏)의 딸에게 장가들도록 하였다.

왕씨가 시집와서 벽을 뚫어 신발걸이를 만드는데 흙이 공씨의
침상 위에 떨어졌다. 공씨가 매우 싫어하자 곧 아내를 내쫓았다.

齊¹⁾征北司徒記室²⁾劉瓛³⁾母孔氏 甚嚴明 瓛年四十餘 未有婚對 建
元中 高帝與司徒⁴⁾褚彦回⁵⁾爲瓛娶王氏女 王氏穿壁挂履 土落孔氏
牀上 孔氏不悅 瓛卽出其妻

1) 齊(제) : 북제(北齊)를 가리킨다. 소도성(蕭道成)이 세운 나라이다.

2) 司徒記室(사도기실) : 관직 이름.

3) 劉瓛(유환) : 자세한 기록이 없다.

4) 司徒(사도) : 삼공(三公)의 하나. 교육을 담당한 직책.

5) 褚彦回(저언회) : 고제 때 사도를 지낸 저연(褚淵)으로 보인다.

14. 어머니를 화나게 한 아내를 내쫓다

당(唐)나라의 봉각사인(鳳閣舍人) 이형수(李逈秀)의 어머니
는 천한 집안의 사람이었다.

아내 최씨(崔氏)가 어느 날 시어머니 앞에서 자신의 시녀를 꾸
짖었다. 형수의 어머니는 그 소리를 듣고 아주 기분이 나빴다. 이
에 형수는 곧바로 아내를 내쫓았다.

어떤 사람이 말리면서 말하기를

"어진 아내에게 잘못된 혐의가 있을 텐데 문제 삼는 것은 지나
친 행동이 아닌가? 어찌 이리 급하게 처리하는가?"
라고 하자, 형수가 말하기를

"아내를 얻은 이유는 본래 어버이를 봉양하기 위함인데 지금
어머니의 안색을 일그러지게 했으니 어떻게 같이 살 수 있으랴!"
하고는 끝까지 듣지 않았다.

唐鳳閣舍人¹⁾李逈秀母氏庶賤 其妻崔氏嘗叱媵婢²⁾ 母聞之不悅
逈秀卽時出妻 或止之曰 賢室雖不避嫌疑 然過非出狀 何遽如此 逈
秀曰 娶妻本以養親 今違忤顔色 何敢留也 竟不從

1) 鳳閣舍人(봉각사인) : 중서성(中書省)에서 숙직하며 일을 돌보는 사람. 곧
   왕실 안에서 숙직하며 일을 돌보는 벼슬.

2) 媵婢(잉비) : 시녀. 자신이 데리고 온 시녀.

15. 아들을 매장하다 황금솥을 얻은 곽거(郭巨)

후한(後漢) 때 곽거(郭巨)는 집이 매우 가난하였다.

늙은 어머니를 모셨는데 어느 날 아내가 아들 하나를 낳았다. 아들이 3살이 되었을 때 어머니에게 음식을 올리면 아들이 옆에서 자꾸 받아 먹어 어머니의 음식을 축냈다.

곽거가 어느 날 아내에게 말했다.

"집이 가난하여 어머니와 아들에게 음식을 넉넉하게 먹일 수가 없으니 아들을 땅에 매장합시다. 아들은 다시 얻을 수 있으나 어머니는 다시 얻을 수 없습니다."

아내는 곽거의 말을 따랐다. 곽거는 드디어 산으로 가 구덩이를 팠는데 두어 자 가량 파다가 황금솥 하나를 얻었다.

어떤 사람이 말했다.

"곽거는 도리에 맞게 행동하지 못했다."

내 생각도 그러하다. 그러나 이러한 것으로 백성을 가르친 이유는 백성들이 자식 사랑하는 일은 두텁게 하지만 효도에는 박하게 하기 때문이다.

後漢郭巨[1]家貧 養老母 妻生一子 三歲 母常減食與之 巨謂妻曰 貧乏不能供給 共汝埋子 子可再有 母不可再得 妻不敢違 巨遂掘坑 二尺餘 得黃金一釜 或曰 郭巨非中道 曰 然以此教民 民猶厚於慈 而薄於孝

1) 郭巨(곽거) : 효자로 유명한 사람이다. 여기서는 후한 때 사람이라고 했으나 본래는 진(晉)나라 때 융려(隆慮) 사람이다. 24효자의 한 사람.

16. 남의 대를 이은 자는 3년상을 입는다

어떤 사람이 말했다.

"다섯 어머니(생모, 큰어머니, 계모, 자모, 양모)는 '예기'에 보면

다 똑같이 복을 입는다고 했습니다. 무릇 사람이 큰어머니나 계모나 자모(慈母)나 양모(養母)를 섬기는 정이 어떻게 나를 낳아 준 생모와 비교할 수 있겠습니까? 어떤 이는 위선적인 내용이라고 의심합니다."

"이와 같은 이야기는 패륜적인 말이다. '예기'에 보면 '남의 후계자가 된 자는 참최 3년을 입는다.'고 했다. 전(傳)에 말하기를 '어찌하여 3년이라고 했는가? 중요한 것은, 받는 자는 반드시 높은 복(服)을 입는다고 했다. 무엇을 가히 뒤를 잇는다고 하는가? 같은 씨족으로써 후계를 삼는 것이다. 무엇을 남의 후계자가 된다고 하는가? 첩의 아들을 말한 것이다. 후계자가 된 자의 할아버지, 아버지, 어머니, 아내나 아내의 부모와 형제 또는 형제의 아들이 친자식과 같은 것이다.'라고 했다.

계모(繼母)가 어머니와 같은 것은 전(傳)에 말하기를 '계모가 어찌하여 어머니와 같은가? 계모는 아버지의 배필로서 자신의 친어머니와 같은 것이다. 그러므로 효자(孝子)는 감히 다르게 하지 아니한다.'라고 했다.

자모(慈母)가 어머니와 같은 것은 전(傳)에 이르기를 '자모는 무엇인가? 첩으로서 자식이 없는 자나 첩의 아들로서 어머니가 없는 사람을 아버지가 첩에게 명령하여 자식을 삼으라고 하고 아들에게 명령하여 어머니로 삼으라고 하는 것이다.'라고 했다.

이와 같으면 나고 기르는 것을 그 몸이 다하도록 어머니와 같이 여기며 죽으면 친어머니같이 3년의 복을 입는다. 이러한 것은 아버지의 명령을 귀하게 여기기 때문이다. 하물며 적모(嫡母 : 큰어머니)에게서 난 아들이라면 그 어머니를 존경하는 것은 당연한 일이다.

양(梁)나라 중군전조행 참군(中軍田曹行參軍) 유사미(庾沙彌)의 적모(嫡母) 유씨(劉氏)가 병들어 자리에 누웠다. 사미는 아침저녁으로 곁에서 모시며 옷에서 띠를 풀지 않았다.

혹 침이나 뜸을 할 때에는 먼저 자기 몸에 시술해 보고 적모에게 시술하게 했다. 적모가 죽자 여러 날 음료를 입에 대지 않았다.

처음에는 보리죽을 마시고 100일이 지나서는 거친 죽을 먹고 상을 마치고는 절인 장을 먹지 않았고 겨울에는 솜옷을 입지 않았으며 여름에는 수질(首絰)과 요질(腰絰)을 벗지 않았으며 여막을 나가지 않았다. 밤낮으로 통곡하였는데 이웃 사람들이 차마 듣지 못할 정도였고 앉은 곳에는 눈물이 흘러서 살이 문드러졌다. 묘에 새로운 숲이 이뤄졌는데 홀연히 소나무 1백여 그루가 늘어서 가지와 잎이 무성해서 이상한 소나무가 있었다.

유씨는 사탕수수를 좋아하였는데 사미는 다시는 먹지 않았다.

한(漢)나라 승상(丞相)을 지낸 적방진(翟方進)은 이미 부귀하였건만 후모(後母)가 계셨는데 받들어 모시는 것이 매우 돈독하였다.

한나라 태위(太尉)를 지낸 호광(胡廣)은 나이 80이었다. 계모가 안방에 계셨는데 아침저녁으로 문안드리고 잘 살폈으며 방에는 안석이나 지팡이가 없었으며 말할 때에는 늙었다고 말하지 않았다.

한(漢)나라 현종(顯宗)이 마황후(馬皇后)에게 명하여 숙종(肅宗)을 기르도록 하였다. 숙종은 지극한 효성으로 모셨으며 어머니와 자식간에 사랑하고 아끼는 모습이 처음부터 끝까지 터럭만큼의 틈도 없었다.

숙종은 마씨(馬氏)로 외가를 삼았는데 자신을 낳아 준 가귀인(賈貴人)은 황후의 자리에 오르지 못하였으며 가씨의 친정사람들은 총애받거나 영화를 누리지 못하였다. 마태후가 죽자 왕명을 내려 옥으로 만든 끈으로 묶도록 하였다.

옛 사람 가운데 정란(丁蘭)이라는 자가 있었다. 어머니가 일찍 죽어 양육을 받지 못했다. 이에 나무로 어머니 모습을 조각하여 모시고 섬겼다.

이상의 어진 이들은 효도하고 사랑하는 마음이 천성(天性)에서 우러난 것이다.

어버이를 잃어 은혜를 베풀 곳이 없자 오히려 나무로 조각하여 섬길 정도였다. 하물며 큰어머니나 계모나 자모나 양모가 존재함에 있어서랴!

성인(聖人)은 어진 이의 마음을 따라서 예를 만들었다. 어찌 성
인(聖人)이 있는데 사람 가르치기를 위선적으로 하겠는가?"

或曰 五母在禮[1] 律皆同服 凡人事嫡繼慈養[2]之情 烏能比於所生
或者疑於僞[3] 與曰 是何言之悖也 在禮 爲人後者[4] 斬衰[5]三年 傳曰
何以三年也 受重者必以尊服服之 何如而可爲之後 同宗則可爲之後
如何而可以爲人後 支子[6]可也 爲所後者之祖父母妻 妻之父母昆弟
昆弟之子若子[7] 繼母如母 傳曰 繼母何以如母 繼母之配父 與因母[8]
同 故孝子不敢殊也 慈母如母 傳曰 慈母者何也 妾之無子者 妾子之
無母者 父命妾 以爲子 命子曰 女以爲母 若是則生養之 終其身如
母 死則喪之三年如母 貴父之命也 況嫡母子之君也 其尊至矣

梁[9]中軍田曹行參軍[10]庾沙彌嫡母劉氏寢疾 沙彌晨昏侍側 衣不
解帶 或應鍼炙 輒以身先試 及母亡 水漿不入口累日 初進大麥薄飮
經十旬方爲薄粥 終喪不食鹽醬 冬日不衣綿纊 夏日不解衰絰 不出
廬戶 晝夜號慟 隣人不忍聞 所坐薦淚霑爲爛 墓在新林 忽有旅松百
許株 枝葉鬱茂 有異常松 劉好啖甘蔗 沙彌遂不復食之

漢丞相翟方進旣富貴 後母猶在 進供養甚篤

太尉胡廣年八十 繼母在堂 朝夕瞻省 旁無几杖 言不稱老

漢顯宗命馬皇后母養肅宗 肅宗孝性純篤 母子慈愛 始終無纖介之
間 帝旣專以馬氏爲外家 故所生賈貴人不登極位 賈氏親宗無受寵
榮者 及太后崩 乃策書加貴人玉赤綬而已

古人有丁蘭者 母早亡 不及養 乃刻木而事之

彼賢者 孝愛之心發於天性 失其親而無所施 至於刻木 猶可事也
況嫡繼慈養之存乎 聖人順賢者之心而爲之禮 豈有聖人而教人爲
僞者乎

1) 禮(예): '예기'를 말한다.
2) 嫡繼慈養(적계자양): 적은 적모(嫡母)로 큰어머니. 계는 계모(繼母)로 아
   버지의 후처. 자는 어머니가 돌아가시자 자신을 돌보아 길러준 서모(庶母).
   양은 키워준 양모(養母).
3) 僞(위): 위선적, 가식적인 것을 뜻함.

4) 人後者(인후자) : 남의 대를 잇다. 곧 양자가 되다.

5) 斬衰(참최) : 오복(五服)의 하나. 거친 삼베로 짓고 아랫단을 꿰매지 않는 상
복. 외간상에 입는 상복.

6) 支子(지자) : 맏아들 이외의 아들들. 또는 첩에서 난 아들.

7) 若子(약자) : 친아들과 같은 뜻.

8) 因母(인모) : 친모(親母)와 같다.

9) 梁(양) : 남북조(南北朝) 때의 양나라.

10) 中軍田曹行參軍(중군전조행참군) : 군대의 부장(部將)의 직책인 듯함.

17. 장례는 사람의 자식된 자의 큰 일이다

장례 치르는 일은 사람의 아들로서 하는 일 중에 큰 일이다. 죽
은 이는 무덤을 편안한 집으로 삼는다. 무덤에 장사를 지내지 않
으면 나가서 돌아오지 못한 것과 같다. 그러므로 효자는 비록 어
버이를 사랑하나 머무르게 하는 것을 감히 오래하지 않는다.

옛날에 천자(天子)는 7개월 만에 장사 지냈고 제후는 5개월 만
에 장사 지냈으며 대부(大夫)는 3개월 만에 장사 지냈고 사(士)
는 1개월 만에 장사 지냈다.

진실로 예물에 따라서 두텁고 박함이 있었으며 부고를 받고 달
려가는 데 멀고 가까움이 있었는데 이와 같이 하지 않으면 능히
모이지 못하였다.

나라의 모든 명령은 왕이나 공후 이하에서는 다 3개월 만에 장
사 지내게 했는데, 지위가 같은 외척이나 혼인 관계에 있는 사람
들이 모이기를 기다려서 적당한 때에 지내는 것을 중간 제도로 삼
은 것이다.

'예기'에 말했다.

"장사를 지내지 않았으면 변복(變服)을 입지 않았다. 죽을 먹
고 묘 곁의 여막에서 거적자리를 깔고 흙뭉치를 베고 살았다. 이
미 우제(虞祭)를 지낸 뒤에는 변복하였다."

대개 효자의 마음은 어버이를 위하여 편안한 곳을 얻지 못했으

니, 자신이 감히 편안히 할 수 없기 때문이다.

葬者 人子之大事 死者以窀穸爲安宅 兆而未葬 猶行而未有歸也
是以孝子雖愛親 留之不敢久也 古者 天子七月 諸侯五月 大夫三月
士踰月¹⁾ 誠由禮物有厚薄 奔赴²⁾有遠近 不如是不能集也 國家諸令
王公³⁾以下 皆三月而葬 盍以待同位外姻之會 葬者適時之宜 更爲中
制也 禮 未葬不變服⁴⁾ 啜粥 居倚廬⁵⁾ 寢苫 枕塊⁶⁾ 旣虞⁷⁾而後有所變
盍孝子之心 以爲親未獲所安 已不敢卽安也

1) 踰月(유월) : 한 달을 넘기다.

2) 奔赴(분부) : 부고를 받고 달려가다.

3) 王公(왕공) : 제왕이나 공작(公爵)을 뜻한다.

4) 變服(변복) : 옷을 바꾸어 입다. 곧 남이 알지 못하게 꾸미다.

5) 倚廬(의려) : 곁의 여막.

6) 寢苫枕塊(침점침괴) : 거적자리를 깔고 자고, 흙덩이를 베고 자다.

7) 虞(우) : 삼우제(三虞祭)로 초우, 재우, 삼우를 뜻한다.

18. 아버지의 널을 보듬고 물에 빠진 염범(廉范)

한(漢)나라의 촉군태수(蜀郡太守) 염범(廉范)은 왕망(王莽)
때 대사도(大司徒)를 지낸 단(丹)의 손자다.

범의 아버지는 환란을 당하여 촉한(蜀漢)에서 객사(客死)하
였다. 범은 방랑하다가 마침내 서주(西州)에 살게 되었다. 서주
가 평화로워지자 고향으로 돌아왔는데 이 때 나이가 50세였다.

어머니에게 알리고 서쪽으로 아버지의 상(喪)을 맞으러 갔다.

이 때 촉도(蜀都)의 태수(太守)는 장목(張穆)이었는데 옛날에
염단(廉丹)의 부하였다. 많은 노자를 마련하여 범에게 보냈으나
범은 받지 않았다. 손님과 함께 걸어서 상(喪)을 메고 돌아갔다.

가맹(葭萌)이 배에 실어서 옮기는데 배가 돌에 부딪쳐 침몰되
었다. 염범이 아버지의 관곽을 보듬고 함께 물에 빠졌다.

배에 탔던 사람들이 그의 의(義)를 가상하게 여기고 갈고리를

가져다 함께 구하고 치료도 해 주었다. 겨우 죽음을 면한 염범은
마침내 고향으로 돌아와 아버지의 장례를 치렀다.

漢蜀郡[1]太守廉范 王莽[2]大司徒[3]丹之孫也 父遭喪亂 客死於蜀漢
范遂流寓[4]西州 西州平 歸鄕里 年五十 辭母西迎父喪 蜀都太守張
穆 丹之故吏 重資送范 范無所受 與客步負喪歸 葭萌 載舫觸石破沒
范抱持棺柩 遂俱沈溺 衆傷其義 鉤求得之療救 僅免於死 卒得歸葬

1) 蜀郡(촉군) : 서촉(西蜀) 지역.
2) 王莽(왕망) : 한(漢)나라 효원황후(孝元皇后)의 조카. 자(字)는 거군(巨
   君). 책모(策謀)로써 평제(平帝)를 죽이고 한나라를 빼앗아 즉위하여 신
   (新)이라는 나라를 세웠으나 내치와 외교에 실패하여 재위 15년 만에 광무
   제(光武帝)에게 멸망하였다.
3) 大司徒(대사도) : 삼공(三公)의 한 사람.
4) 流寓(유우) : 방랑하여 떠돌다가 정착하여 살다.

19. 어머니 시신을 구하려다 부부가 함께 죽다

송(宋)나라 회계(會稽) 땅에 살던 가은(賈恩)은 어머니의 장
례를 치렀다. 아직 장사를 지내기 전인데 이웃집에 불이 나서 자
신의 집에까지 옮겨 붙었다.

가은은 아내 백씨(栢氏)와 함께 통곡하면서 분주히 어머니의
시신을 구하려고 이웃집으로 사람을 보내 구조를 요청했다.

부인과 함께 관을 지켜서 관은 온전하게 되었으나 가은과 부인
은 함께 불에 타 죽었다.

관리가 이러한 사실을 아뢰자 그의 마을을 '효의리(孝義里)'
라고 고쳐 부르게 하고 조세로 내는 베를 3대 동안 면제시켰으며
가은에게는 '현친좌위(顯親左尉)'를 추증하였다.

宋會稽賈恩母亡 未葬 爲隣火所逼 恩及妻栢氏 號哭奔救 隣近赴
助 棺槪得免 恩及栢氏俱燒死 有司[1]奏 改其里爲孝義里 蠲[2]租布三

世 追贈恩顯親³⁾左尉

1) 有司(유사) : 관청의 관리. 담당 관리.

2) 蠲(견) : 덜어 주다. 조세를 감면해 주다.

3) 顯親(현친) : 어버이를 빛나게 하다.

20. 아버지의 묘를 직접 만들다

회계(會稽) 땅에 사는 곽원평(郭原平)은 아버지가 죽어 묘를 만들면서 남의 힘을 빌리려 하지 않았다.

자신이 비록 교묘한 재주가 있었으나 묘를 만드는 데 쓰지 않았다. 고을에서 묘를 만드는 일이 있으면 그 곳을 방문하여 힘껏 도우며, 이곳 저곳에서 묘 쓰는 일을 오래도록 단련하였다.

스스로 일꾼을 사고 모든 비용을 마련하여 매장하는 일을 마쳤는데 검소하면서도 예절에 맞았다. 원평은 본래 예술이나 학문이 없었다. 마음에 따라서 자연적으로 한 것이다.

장사를 마치고는 다시 품팔이하는 곳으로 나아가 맡은 일을 하는데 게을리 하는 바가 없었다.

모든 종들과 더불어 업무를 분담하는데 편한 일을 사양하고 힘든 일만 하였다. 주인이 안쓰러워서 부리는 사람을 매양 보내도 평원은 힘든 일에만 부지런히 종사했고 항상 교대하지도 않았다.

평원은 노동해서 어머니를 봉양하였는데 여유가 생기면 모두 저축하여 스스로 천민에서 빠져 나오려 하였다.

會稽郭原平父亡 爲塋壙 凶功¹⁾不欲假人 己雖巧而不解作墓 乃訪邑中有塋墓者 助之運力 經時展勤 久乃閑練 又自賣丁夫²⁾ 以供衆費 窆疌之事 儉而當禮 性無術學³⁾ 因心自然 葬畢 詣所買主 執役無懈 與諸奴分務 讓逸取勞 主人不忍 使每遣之 原平服勤⁴⁾ 未嘗暫替 傭賃養母有餘 聚以自贖

1) 凶功(흉공) : 흉한 일. 좋지 않은 일. 흉사와 관련된 일.

2) 丁夫(정부) : 장정들. 일꾼.

3) 術學(술학) : 예술이나 학문. 곧 배움이나 학식.
4) 服勤(복근) : 열심히 일하다.

21. 어머니를 매장할 때까지 죄인으로 지내다

송(宋)나라의 해우현(海虞縣) 현령으로 있던 하자평(何子平)은 어머니상을 당하자 장례를 치르기 위해 관직을 버리고 고향으로 돌아갔다.

어머니의 죽음을 슬퍼하여 몸을 손상시킴이 지나쳐서 예법의 한도를 넘었다. 발을 구르고 몸부림치면서 소리내어 울 때마다 기절하여 한참 후에 겨우 깨어나 정신을 차리는 상태였다.

마침 그 때는 송나라 대명(大明)의 말년으로 동쪽 지방은 가뭄이 계속되어서 흉년이 든데다 전쟁이 계속되어 8년 동안이나 돌아가신 어머니의 시체를 매장할 수가 없었다.

하자평은 밤낮을 가리지 않고 슬피 울면서 언제까지나, 어머니가 처음 돌아가셨을 때와 같이 어깨를 드러내고 머리를 묶은 모습이었다.

겨울에는 솜옷을 입지 않았고 여름에는 서늘한 곳을 찾지 않았으며 하루에 겨우 한 홉 정도의 쌀로 죽을 끓여 먹었으며 소금이나 채소 종류는 입에 대지 않았다.

거처하는 곳은 지붕이 무너져 내려 바람과 햇볕을 가릴 수 없었다. 형의 아들 백흥(伯興)이 이러한 상태를 그대로 볼 수가 없어서 지붕을 고치려 하자 하자평은 좋지 않은 표정으로 말했다.

"나는 장사를 치르지 못하였으므로 하늘과 땅 사이의 한 죄인이다. 이러한 내가 어찌 편하고자 지붕을 덮을 수 있겠는가?"

채흥종(蔡興宗)이 회계태수가 되어서 이 지방에 부임했는데, 하자평의 이야기를 듣고 그 효도에 깊이 감동하여 불쌍하고 가상하게 여겨서 묘자리를 마련해 어머니를 매장할 수 있게 해 주었다.

海虞[1] 令何子平[2] 母喪 去官 哀毀踰禮 每至哭踊 頓絶方蘇 屬大

明³⁾末 東土饑荒 繼以師旅 八年不得營葬 晝夜號哭 常如祖括之日
冬不衣絮 暑不就淸凉 一日以數合米爲粥 不進鹽菜 所居屋敗不蔽
風日 兄子伯興欲爲葺理 子平不肯 曰 我情事未伸 天地一罪人耳
屋何宜覆 蔡興宗爲會稽太守 甚加矜賞 爲營冢壙

1) 海虞(해우) : 강소성(江蘇省)의 상숙현(常熟縣).

2) 何子平(하자평) : 회계 사람.

3) 大明(대명) : 송(宋)나라 효무제(孝武帝)의 연호(457~464).

22. 자손이 있음을 귀하게 여기는 까닭은

신야(新野)에 사는 유진(庾震)은 부모상을 당했는데 집이 가
난하여 장례를 치를 수가 없었다. 삯을 받고 글을 써 주는 일을 했
는데 글씨를 너무 많이 써서 손바닥이 뚫어진 상태에 이른 뒤에
야 부모의 장례를 치를 수 있었다.

현명한 사람이 어버이의 장례를 치르는데 어찌하여 이렇게 급
하게 하였겠는가?

지금의 세상 풍속은 술가(術家)들의 요망한 말을 믿는다. 장사
를 지낼 때 땅을 선택하고 해와 달과 날짜와 시간을 받아서 하지
않으면 자손들이 이롭지 않고 모든 재앙이 함께 이른다는 말 때
문에 상을 마치고 상복을 벗는 일을 혹은 10년도 하고 혹은 20년
도 하고 혹은 종신토록 하고 혹은 여러 대까지 하여 아예 장사를
치르지 않는 것같이 한다.

그리하여 물에 표류하고 불에 타서 다른 사람들이 버리게 되어
시신이나 널이 있는 곳을 알지 못하는 데에 이르게 된다. 이러한
현실이 어찌 슬프지 아니한가?

사람이 자손이 있음을 귀하게 여기는 까닭은 죽었을 때 자신의
신체를 의탁하기 때문이다. 장사를 치르지 않으면 자손 없이 길
거리에서 죽는 것과 하등 무엇이 다르겠는가?

'시경'에 이르기를

"길에 죽은 사람이 있으면 오히려 묻어 주려 하네."

라고 했는데, 하물며 사람의 자손된 자들이 그의 어버이를 버리
고 장사 지내지 않겠는가?

新野¹⁾庾震喪父母 居貧無以葬 賃書²⁾以營事 至手掌穿 然後成葬
事 賢者於葬 何如其汲汲³⁾也 今世俗信術者⁴⁾妄言 以爲葬不擇地及
歲月日時 則子孫不利 禍殃總至 乃至終喪除服 或十年 或二十年 或
終身 或累世 猶不葬 至爲水火所漂焚 他人所投棄 失亡尸柩不知所
之者 豈不哀哉 人所貴有子孫者 爲死而形體有所付也 而旣不葬 則
與無子孫而死道路者 奚以異乎 詩云 行有死人 尙或殣之 況爲人子
孫 乃忍棄其親而不葬哉

1) 新野(신야) : 지명인 것 같다.
2) 賃書(임서) : 삯을 받고 글씨를 써 주는 일.
3) 汲汲(급급) : 어찌 이리 급하게 하는가. 너무 급하게 서둘다.
4) 術者(술자) : 도술(道術)을 한다고 하여 날짜를 받고 시신을 숭상하게 한다.
   곧 음양오행(陰陽五行)을 논하여 사람의 길흉화복을 논하는 사람.

23. 여재서(呂才叙)가 장례에 관한 글을 쓰다

당(唐)나라 때 태상박사(太常博士)를 지낸 여재서(呂才叙)
가 장례에 관한 글을 썼다.

'효경'에 이르기를 "그 묘자리가 길한가를 점치고 편안히 모신
다."고 했다. 대개 광중(묘자리의 시체 넣을 곳)의 일이 마무리되면
깊이 혼백을 편안하게 모실 뿐, 세상의 번거로운 일들이나 산수
의 경치가 바뀌는 일은 앞서서 알 수 없다. 그러므로 거북껍질이
나 산가지로 점을 쳐서 꾀하는 것이다.
요사이 들어 혹 날짜를 선택하고 혹 묘자리를 관찰하는 데 있
어 한 가지 일이 그 위치를 잃어서 죽고 사는 데까지 재앙이 미치
고 있다.
'예기'를 살펴보면 천자와 제후와 대부(大夫)의 장례를 치를

때는 다 몇 개월이 정해져 있다. 이것으로 보아 옛 사람들은 날짜를 가리지 않았음을 알 수 있다.

'춘추(春秋)'에 "9월 정사(丁巳)에 정공(定公)을 장사 지냈는데 비가 내려서 장례를 치르지 못하고 무오(戊午)일에 장례를 치렀다."고 했는데 이것을 보더라도 날짜를 선택하지 않았음을 알 수 있다.

또 "정(鄭)나라 간공(簡公)의 묘자리를 마련하는데 당일에 이르러 묘자리를 선택한 사람이 말하기를 광중이 무너졌으면 아침에 하관하고 무너지지 않았으면 한낮에 하관하라고 하자, 자산(子産)이 무너지지 않았다고 했다."는 말이 있다. 이것을 보더라도 택일하지 않았다는 것을 알 수 있다.

옛날에 장례를 치르는 사람은 다 나라의 수도 북쪽에 장소가 정해져 있었으니, 땅을 선택하지 않았음을 알 수 있다.

지금 장례를 치르는 사람들은 자손들의 부와 귀함과 가난과 천함과 요절과 장수를 위하여 다 점을 쳐서 행동한다.

초(楚)나라의 자문(子文)은 영윤(令尹)이 되어서 세 번이나 그만두었고 유하혜(柳下惠)는 사사(士師)가 되어서 세 번이나 쫓겨났는데도 그 묘자리를 고치거나 이장하지 않았다.

풍속이 비루하고 사람들이 무식하여 요망한 무당의 말이나 요사스런 말들이 상을 당해 가슴을 치고 슬퍼하는 속에까지 뛰어들어, 장지를 선택해서 관직을 바라는 해독이 무르익고 장지를 가리고 재물과 이익을 탐내는 말이 난무하는 데에 이르렀다.

대저 죽고 사는 일은 운명에 달려 있고 부하고 귀하게 되는 일은 하늘에 달려 있으니, 진실로 묘자리를 좋은 곳으로 옮기는 데에 있지 않다.

장지를 옮기는 일은, 효자가 무엇 때문에 어버이를 남에게 맡기고 장사를 지내지 않으며 자신의 이로움만 구하겠는가?

또 세상에는 오랑캐의 법을 사용하여 스스로 그 관과 시체를 불사르고 재로 된 부스러기를 거두어 장례를 치르는 일이 사람들의 일상적인 예가 되었는데도 담담하게 받아들이며 괴이하게 여기지 않는다.

슬프다! 잘못된 풍속이 마음을 산란하게 하여 이 지경까지 이르렀는가?

어떤 이가 말하기를

"먼 곳으로 돌아다니는 벼슬아치들이 가난하여 관을 마련하지 못하면 화장하지 않고 무엇으로 장례를 치를 수 있겠는가?"

라고 하여, 나는 말했다.

"촉군태수 염범(廉范)의 무리들은 그 집이 부자였는가? 연릉(延陵) 땅 계자(季子)가 말하기를 '골육(骨肉)은 다시 고향에 돌아오는 것이 운명이다. 사람의 혼과 기운은 가지 않는 곳이 없다. 순(舜)임금은 천자가 되어서 제후국을 순회하다가 창오(蒼梧) 땅에 이르러 죽었는데 그 들에 장사 지냈다. 저 순임금은 천자였는데도 오히려 그러했거늘 하물며 일반 백성들이겠는가?' 라고 했다. 반드시 재력이 없어서 관과 시체를 돌아오게 할 수 없다면 사망한 곳에서 장사 지내는 것이 오히려 화장시키는 것보다 낫지 않겠는가?"

어떤 이가 물었다.

"살아계실 때 섬기기를 예로써 하고 돌아가셨을 때 장사 지내기를 예로써 하고 제사를 모실 때 예로써 하는 이러한 여러 가지를 갖추는 것이 큰 효도입니까?"

내가 말했다.

"아니다. 천자는 덕의 가르침을 백성에게 베풀어 천하가 본받게 하는 것이 효도이고, 제후는 사직을 보호하는 것이 효도이며, 경이나 대부는 그 종묘를 지키는 것이 효도이고, 사(士)는 그 지위를 보존하는 것이 효도이다. 모두 다 능히 그 선인(先人)들의 뜻을 이루고 그 본업을 실추시키지 않는 것이다."

唐太常博士[1]呂才叙[2]葬書曰 孝經云 卜其宅兆[3]而安厝之 盍以窀穸旣終 永安體魄 而朝市[4]遷變 泉石[5]交侵 不可前知 故謀之龜筮 近代或選年月 或相墓田 以爲一事失所 禍及死生 按 禮[6] 天子諸侯

大夫葬 皆有月數 則是古人不擇年月也 春秋[7]九月丁巳葬定公[8] 雨
不克葬 戊午日中乃克葬 是不擇日也 鄭簡公[9]司墓之室當道 毀之則
朝而窆 不毀則日中而窆 子産[10]不毀 是不擇時也 古之葬者 皆於國
都之北 域有常處 是不擇地也 今葬者 以爲子孫富貴貧賤夭壽 皆因
卜所致 夫子文爲令尹[11]而三已 柳下惠[12]爲士師而三黜 討其邱壟 未
嘗改移 而野俗無識 妖巫妄言 遂於躃踊[13]之際 擇葬地而希官爵 荼
毒之秋 選葬時而規財利 斯言至矣 夫死生有命 富貴在天 固非葬所
能移 就使能移 孝子何忍委其親不葬 而求利於己哉 世又有用羌胡
法[14] 自焚其柩 收燼骨而葬之者 人習爲常 恬莫之怪 嗚呼 訛俗誖戾
乃至此乎 或曰 旅宦遠方 貧不能致其柩 不焚之何以致其就葬 曰 如
廉范輩 豈其家富也 延陵季子[15]有言 骨肉歸復于土 命也 魂氣則無
不之也 舜爲天子 巡狩 至蒼梧而殂 葬於其野 彼天子猶然 況士民乎
必也無力不能歸其柩 卽所亡之地而葬之 不猶愈於毀焚乎 或曰 生
事之以禮 死葬之以禮 祭之以禮 具此數者 可以爲大孝乎 曰 未也 天
子以德敎加於百姓 刑於四海爲孝 諸侯以保社稷爲孝 卿大夫以守其
宗廟爲孝 士以保其祿位爲孝 皆謂能成其先人之志 不墜其業者也

1) 太常博士(태상박사) : 종묘(宗廟) 등의 제사를 맡은 벼슬.

2) 呂才叙(여재서) : 당나라의 어느 때 사람인지 기록이 없다.

3) 宅兆(택조) : 묘자리.

4) 朝市(조시) : 조정이나 저자. 세상사를 말한다.

5) 泉石(천석) : 산수의 경치.

6) 禮(예) : '예기'에 있는 문장.

7) 春秋(춘추) : 공자(孔子)가 지은 '춘추'를 말한다.

8) 定公(정공) : 노(魯)나라의 제후인 정공.

9) 鄭簡公(정간공) : 정나라 제후인 간공.

10) 子産(자산) : 정(鄭)나라의 명제상. 이름은 공손교(公孫僑).

11) 令尹(영윤) : 초(楚)나라의 정승. 벼슬 이름.

12) 柳下惠(유하혜) : 춘추 시대 노(魯)나라 대부. 이름은 적(荻), 자는 금(禽),
성은 전(展), 유하는 식읍, 혜(惠)는 시호

13) 躃踊(벽용) : 상을 당하여 가슴을 치고 참새처럼 뛰는 것.

14) 羌胡法(강호법) : 야만인의 법. 오랑캐의 법.
15) 延陵季子(연릉계자) : 연릉 땅의 계자(季子).

24. 아버지의 산소에서 가르침을 되새기다
진(晉)나라 유곤(庾袞)의 아버지는 일찍이 곤에게 술을 경계하라고 훈계했다.
어느 날 곤이 술에 취했는데 스스로 책망하기를
"나는 아버지의 경계를 행하지 못하였다. 그 무엇으로 남을 가르칠 것인가."
하고는 돌아가신 아버지의 묘 앞에서 스스로 매 30대를 때렸다.
이러한 일은 "능히 선친의 유훈(遺訓)을 잊지 않는다."라고 말할 수 있다.

晉庾袞[1]父戒袞以酒 袞嘗醉 自責曰 余廢先人[2]之戒 其何以訓人 乃於父墓前自杖三十 可謂能不忘訓辭矣
1) 庾袞(유곤) : 곤은 이름. 자는 숙포(叔褒). 하남(河南) 영천(穎川) 사람.
2) 先人(선인) : 돌아가신 아버지를 일컫는다.

25. 낳아 주신 부모께 욕됨이 없게 하리
'시경'에 있다.
"저 할미새를 보니 날아가며 지저귀네.
나도 날로 전진하고 달마다 정진하리라.
일찍 일어나고 늦게 자면
너를 낳아 주신 부모께 욕됨이 없으리라."

詩云[1] 題彼鶺鴒[2] 載飛載鳴 我日斯邁 而月斯征 夙興夜寐 無忝爾所生[3]
1) 詩云(시운) : '시경' 소아(小雅) 소완(小宛)편의 문장.

2) 題彼鶺鴒(제피척령) : 저 할미새를 보며. 제는 보다. 척령은 할미새. 할미새
는 걸을 때 항상 꼬리를 아래위로 흔들어 화급해 보인다.

3) 忝爾所生(첨이소생) : 첨은 욕(辱)하다. 이소생은 너를 낳은 사람. 곧 부모
를 뜻한다.

26. 부모를 섬기는 사람이라면

'효경'에 말했다.

"몸을 바르게 세우고 도(道)를 행하여 후세에 좋은 명예를 날
려 아버지와 어머니를 세상 사람들이 칭송하게 하는 것은 효도의
끝마침이다."

또 말했다.

"어버이를 섬기는 사람은, 남의 윗자리에 있으면 교만하지 않
으며 남의 밑에 있으면 어지럽히지 않으며 사회 생활을 하면 다
투지 않는다.

남의 윗자리에 있으면서 교만하면 패가망신하고, 남의 밑에 있
으면서 어지럽히면 형벌이 있을 뿐이며, 사회 생활을 하면서 다
투면 몸에 상처를 입게 된다. 이 세 가지를 없애지 않으면 비록 날
마다 소나 양이나 돼지고기 등의 진수성찬으로 봉양한다 하더라
도 오히려 불효가 될 뿐이다."

經¹⁾曰 立身行道 揚名於後世 以顯父母 孝之終也 又曰²⁾ 事親者
居上不驕 爲下不亂 在醜³⁾不爭 居上而驕則亡 爲下而亂則刑 在醜
而爭則兵⁴⁾ 三者不除 雖日用三牲之養⁵⁾ 猶爲不孝也

1) 經(경) : '효경' 제1장 개종명의장(開宗明義章)의 내용.

2) 又曰(우왈) : '효경' 제10장 기효행장(紀孝行章)의 내용.

3) 醜(추) : 중(衆)과 같다. 곧 사회 생활할 때.

4) 兵(병) : 흉기로 몸에 상처를 입는 일.

5) 三牲之養(삼생지양) : 소, 양, 돼지를 삼생이라고 한다. 소고기, 양고기, 돼지
고기의 고량진미를 말한다.

27. 선행은 과감하게 행해야 한다

'예기' 내칙(內則)편에 말했다.

"부모가 비록 돌아가셨더라도 장차 착한 일을 행할 때에는 부모에게 명예가 돌아갈 것을 생각하여 반드시 과감하게 실행한다. 또 장차 좋지 않은 일을 행하려 할 때에는 부모에게 부끄러움과 욕됨이 돌아갈 것을 생각하여 반드시 과감하게 행하지 않는다."

內則曰 父母雖沒 將爲善 思貽父母令名 必果[1] 將爲不善 思貽父母羞辱 必不果

1) 果(과) : 과단성 있게 결단하여 실행하는 것을 뜻한다.

28. 선생님은 효도를 하십니까?

증자(曾子)의 제자 공명의(公明儀)가 증자에게 물었다.

"선생님께서는 효도를 하십니까?"

증자가 말했다.

"이것이 무슨 말이냐! 이것이 무슨 말이냐! 군자(君子)가 이르는 효도라는 것은 부모가 생각하기 전에 부모의 뜻을 눈치채고, 그 뜻을 받들어 부모께서 도(道)를 깨닫게 하는 것이다. 나는 겨우 봉양만 하는 사람이다. 어찌 능히 효도한다고 할 수 있겠느냐!"

公明儀[1]問於曾子曰 夫子可以爲孝乎 曾子曰 是何言歟 是何言歟 君子之所謂孝者 先意承志[2] 諭父母於道 參直[3]養者也 安能爲孝乎

1) 公明儀(공명의) : 증자(曾子)의 제자.
2) 先意承志(선의승지) : 남이 생각하기 전에 그 뜻을 알아차리고 그것을 미리 받드는 것.
3) 直(직) : 겨우. 가까스로

29. 모두가 그 부모를 부러워하게 하는 것이 효도

증자(曾子)가 말했다.

"몸이라는 것은 부모께서 끼치신 육체이다. 부모께서 끼치신 육체를 가지고 다니면서 감히 공경하지 않으면 되겠는가? 집안에 있으면서 씩씩하지 않은 것은 효도가 아니다. 임금을 섬기면서 충성스럽지 않은 것은 효도가 아니다. 관직에 나아가서 공경하지 않으면 효도가 아니다. 벗을 사귀면서 믿음이 없는 것은 효도가 아니다. 전쟁이나 진지에서 용맹이 없는 것은 효도가 아니다.

이러한 다섯 가지를 갖추지 못하면 재앙이 자신의 몸에 미치나니 감히 공경하지 않겠는가?

잘 삶은 고기와 향긋한 요리를 부모에게 올리는 일이 효도가 아니다. 군자가 이르는 효도라는 것은 나라 사람들이 칭찬하고 부러워하여 다 말하기를 '좋은 아들을 두어서 그 부모는 행복하겠구나.'라고 하는 것이다.

이와 같은 것을 효도라고 한다. 사람의 자식이 되어서 이와 같이 하면 가히 효도로써 끝마침을 잘 하였다고 이를 수 있다."

曾子曰 身也者 父母之遺體也 行父母之遺體 敢不敬乎 居處¹⁾不莊²⁾ 非孝也 事君不忠 非孝也 莅官不敬 非孝也 朋友不信 非孝也 戰陳³⁾無勇 非孝也 五者不備 烖及其親 敢不敬乎 亨熟羶薌⁴⁾ 嘗而薦之 非孝也 君子之所謂孝也 國人稱願 然曰 幸哉有子 如此所謂孝也已 爲人子能如是 可謂之孝有終矣

1) 居處(거처) : 집안에서 일상으로 생활하는 것.
2) 莊(장) : 위용을 가지고 항상 씩씩한 모습.
3) 戰陳(전진) : 전쟁터. 곧 군대.
4) 亨熟羶薌(팽숙전향) : 고기를 잘 삶고 누린내를 제거하여 향기가 나도록 잘 장만한 음식. 곧 진수성찬과 고량진미를 겸한 것. 형(亨)은 팽(烹)과 같고 팽으로 읽는다.

제6권 가범(家範卷六)

제7장 여자〔女〕

1. 여자 15세면 비녀 꽂고 20세면 시집간다

'예기'에 말했다.

"여자 나이 10세가 되면 규문 밖에 나다니지 않게 한다. 여선생이 유순한 말씨와 태도, 그리고 남의 말을 잘 듣고 순종(順從)하는 일을 가르친다.

삼베와 모시로 길쌈하고, 누에를 쳐 실을 뽑고, 명주를 짜고, 실띠를 땋는 따위의 여자가 할 일을 배우게 하여 의복 장만하는 것을 가르친다.

제사 모시는 일에 참여하게 하여 술과 음료와 대나무제기(祭器)와 나무제기와 김치와 젓갈들을 올려 어른들이 제사의 예를 행하는 일을 돕게 한다.

15세가 되면 비녀를 꽂게 하고 20세가 되면 시집을 보낸다.

옛날에는 여자가 시집가기에 앞서 3개월 전부터, 조상의 사당을 없애지 않았으면 공궁(公宮 : 임금이 사용하는 곳)에서 가르쳤다. 조상의 사당을 이미 없앴으면 종실(宗室)에서 가르쳤다.

부인의 덕〔婦德〕과 부인의 용태〔婦容〕와 부인의 언어〔婦言〕와 부인의 솜씨〔婦功〕를 교육하였으며 가르침이 이뤄지면 제사를 지냈는데 희생은 물고기를 사용하였고 마름풀로 국을 끓여서 부인의 순종을 성취시켰던 것이다."

禮¹⁾ 女子十年不出 姆敎婉娩聽從²⁾ 執麻枲 治絲繭 織紝組紃 學女
事 以共衣服 觀於祭祀 納酒漿籩豆³⁾ 菹醢 禮相助奠⁴⁾ 十有五年而筓
二十而嫁 古者婦人先嫁三月 祖廟未毀 敎于公宮 祖廟旣毀 敎于宗
室 敎以婦德婦言婦容婦功 敎成 祭之 牲用魚 芼之以蘋藻 所以成
婦順也

1) 禮(예) : '예기' 내칙(內則)편과 혼의(昏義)편의 문장.
2) 婉娩聽從(완만청종) : '완'은 말이 유순한 것. '만'은 태도가 유순한 것. '청'
   은 남의 말을 잘 들어 주는 것. '종'은 순종하는 것.
3) 籩豆(변두) : 변은 대나무제기, 두는 나무로 만든 제기.
4) 禮相助奠(예상조전) : 어른이 제물을 올리는 예를 돕는 것.

2. 조대가의 여자 교훈서(敎訓書)

조대가(曹大家)의 여계(女戒)에 말했다.

"지금의 군자들은 모두 사내아이만 가르칠 줄 안다. 옛날 사람
들이 저술한 책들을 검토해보면 다만 남자주인의 옳지 않음과 하
지 못할 것과 예의의 옳지 않음과 존재하지 못할 것들을 알지 못
했다. 다만 사내아이만 가르치고 계집아이를 가르치지 않는 것은
또한 피차의 교육을 폐지한 것이 아닌가?

'예기'에 '8세에 비로소 글을 가르치고 15세에 학문에 뜻을 둔
다'고 했는데, 여자도 여기에 의거한다면 가르쳐야 되지 않겠는가?

부덕(婦德)은 반드시 재주와 밝음이 뛰어난 상태를 말하는 것
이 아니고, 부언(婦言)은 반드시 입담이 좋고 말을 잘하는 상태
를 말하는 것이 아니고, 부용(婦容)은 반드시 얼굴이 아름답고
고운 상태를 말하는 것이 아니고, 부공(婦功)은 반드시 손재주가
남보다 뛰어난 상태를 말하는 것이 아니다.

맑고 한가하고 곧고 고요하며 절도가 있고 몸가짐을 바르게 하
며 행동하고 그치는데 염치가 있고 움직이고 머무는 곳에 법도가
있는 이것을 '부덕(婦德)'이라고 한다.

말을 가려서 하고 예의가 아닌 말은 입에 담지 않으며 말해야

할 때 말하고 남이 그 말을 싫어하지 않는 이것을 부언(婦言)이
라고 한다.

먼지나 때를 없애 의복을 깨끗하게 하며 목욕을 제때에 하여 자
신의 몸에 더러움이 없게 하는 것을 부용(婦容)이라고 한다.

길쌈을 부지런히 하고 오락이나 유희를 좋아하지 않으며 맛있
는 음식을 장만하여 그것으로 손님을 접대하는 것을 부공(婦功)
이라고 한다.

이상의 네 가지는 여자가 지녀야 할 큰덕으로 한 가지라도 빠
뜨려서는 안 된다. 그러나 매우 평이한 일은 오직 마음을 보존하
는 데 있다.

무릇 사람이 배우지 않으면 예의(禮義)를 알지 못하고 예의를
알지 못하면 선과 악과 옳음과 그름이 있는 곳을 다 알지 못한다.
이로써 자신이 난폭하게 되어 그 잘못을 알지 못하고 재앙이나 욕
됨이 장차 자신에게 미쳐도 그 위태함을 알지 못한다.

이러한 이유로 사람은 다 배우지 않으면 안 되는 것이니, 어찌
남자와 여자의 차별이 있겠는가.

그러므로 여자는 집안에 있으면서 '효경' '논어' '시경' '예
기' 등을 읽지 않으면 안 된다. 읽어서 대체적인 뜻을 통달하더라
도 그 여자의 공은 누에 키우고 길쌈하고 옷 만들고 술과 음식을
장만하는 데 지나지 않을 따름이다.

수를 놓아 화려하게 만들고 거문고를 타고 시를 노래하는 일은
다 여자가 마땅히 익혀야 하는 일은 아니다.

옛날의 어진 여자는 학문을 좋아하지 않음이 없었다. 많은 서적
들이 스스로를 경계시켜 주었던 것이다."

曹大家女戒¹⁾曰 今之君子 徒知訓其男 檢其書傳 殊不知夫主之不
可不事 禮義之不可不存 但教男而不教女 不亦蔽於彼此之教乎 禮
八歲始教之書 十五而志於學矣 獨不可依此以爲教哉 夫云婦德不
必才明絶異也 婦言不必辯口利辭也 婦容不必顏色美麗也 婦功不
必工巧過人也 淸閑貞靜²⁾ 守節整齊³⁾ 行已⁴⁾有恥 動靜有法 是謂婦

德 擇辭而說⁵⁾ 不道惡語 時然後言 不厭於人 是謂婦言 盥浣塵穢⁶⁾
服飾鮮潔⁷⁾ 沐浴以時 身不垢辱 是謂婦容 專心紡績 不好戲笑 潔齊
酒食 以奉賓客 是謂婦功 此四者女之大德而不可乏者也 然爲之甚
易 唯在存心耳 凡人不學則不知禮義 不知禮義則善惡是非之所在
皆莫之識也 於是乎有身爲暴亂而不自知其非也 禍辱將及而不知其
危也 然則爲人皆不可以不學 豈男女之有異哉 是故女子在家不可
以不讀孝經論語及詩禮 略通大義 其女功則不過桑麻織績制衣裳爲
酒食而已 至於刺繡華巧 管絃歌詩 皆非女子所宜習也 古之賢女 無
不好學 左圖右史 以自儆戒

1) 曹大家女戒(조대가여계) : 후한(後漢) 사람 조수(曹壽)의 아내 반소(班昭)
   가 지은 여자의 교훈서. 반소가 궁중의 부름을 받아 후비(后妃)와 귀인(貴人)
   을 가르쳤으므로 대가의 칭호를 받았다. 대가는 여자를 높여 부르는 말.
2) 淸閑貞靜(청한정정) : 맑고 한가하며 바르고 고요하다.
3) 守節整齊(수절정제) : 절도가 있고 몸가짐을 가지런히 하다.
4) 行已(행이) : 행동하고 그치는 것. 행동거지.
5) 擇辭而說(택사이설) : 말을 선택하여 하다. 말을 가려서 하다.
6) 盥浣塵穢(관완진예) : 세탁하고 먼지를 없애는 일.
7) 鮮潔(선결) : 깨끗이 하는 것.

3. 등황후(鄧皇后)는 6세에 사서(史書)를 읽었다

한(漢)나라 화희(和熹) 연간에 등황후(鄧皇后)는 6세 때 사
서(史書)에 능통하였다.

12세에는 '시경'과 '논어'에 통달하였다. 여러 형제들이 매일
경전을 읽다 문득 어려운 문제가 있으면 질문하였다.

등황후의 뜻은 항상 책에 있었으며 집안의 일에 대해서는 질문
하지 않았다.

그의 어머니가 항상 잘못한다고 타일러 말했다.

"너는 여자가 할 일을 익혀서 의복 등을 장만하려 하지 않고 학
문에만 힘쓰니 차라리 박사(博士)를 하겠느냐?"

등황후가 거듭 어머니의 말씀을 거스르고 낮에는 여인네의 업을 닦고 저녁에는 경전을 읽었다.

집안 사람들은 '학생'이라 불렀고 다른 여타 사람들은 반첩여(班婕妤)나 조대가(曹大家)의 무리라고 하였다. 그들은 학문으로 당시에 이름을 높였으며 그 이름이 후세에 전하는 자도 많다.

漢和熹[1]鄧皇后[2]六歲能史書[3] 十二通詩論語 諸兄每讀經傳 輒下意[4]難問 志在典籍 不問居家之事 母常非之曰 汝不習女工以供衣服 乃更務學 寧當擧博士[5]邪 后重違母言 晝脩婦業 暮誦經典 家人號曰諸生[6] 其餘班婕妤[7]曹大家之徒 以學顯當時 名垂後來者多矣

1) 和熹(화희) : 후한(後漢)의, 환제(桓帝)의 화평(和平)에서 영제(靈帝)의 희평(熹平) 연간을 말한다.
2) 鄧皇后(등황후) : 후한 말기의 태후.
3) 史書(사서) : 주(周)나라 태사주(太史籒)가 지은 대전(大篆) 15편을 말한다. 한나라 이전부터 아들을 가르치는 역사서였다.
4) 下意(하의) : 의견을 내다.
5) 博士(박사) : 한(漢)나라 때 오경박사(五經博士)가 있었다.
6) 諸生(제생) : 학도 또는 학생.
7) 班婕妤(반첩여) : 한나라 때의 여관(女官)으로 황태후까지 오른 여장부.

4. 계모와 딸이 서로 죄를 자청하다

한(漢)나라 주애령(珠崖令)의 딸 이름은 초(初)였으며 나이가 13세였는데 일찍 어머니를 여의었다.

주애 땅에는 본래 구슬이 많이 생산되었다.

초의 계모(繼母)는 큰 구슬을 꿰어 팔찌를 만들었다.

어느 날 남편이 죽어 장사를 지내고 돌아올 때였다.

나라의 법에 구슬을 관(關) 안으로 들여오는 자는 사형에 처하게 되어 있었다.

이 때문에 계모는 구슬로 만든 팔찌를 버렸다.

그 때 9살 난 그의 아들이 땅에 버려진 팔찌를 보고 좋아보여 주워서 어머니의 거울상자 속에 넣어 두었는데 아무도 아는 사람이 없었다.

남편의 장례를 치르고 가솔들이 돌아가는 길에 해관(海關)에 이르렀다. 해관을 지키는 관리가 수색하다 거울상자 속에서 구슬 10여 개를 발견하였다.

관리가 말했다.

"슬프다! 이것은 법에 저촉되는 일이라 나도 어찌할 수가 없다. 누가 사형에 처해지겠는가?"

초가 가까이 계모를 모시고 있다가 관리의 말을 듣고, 마음 속으로 계모가 거울상자 속에 넣어 둔 것으로 알고 이에 말했다.

"제가 죄를 받겠습니다."

관리가 말하기를

"그럴 만한 이유가 있느냐?"

라고 하자, 초가 대답했다.

"아버님이 돌아가셔서 어머니가 팔찌를 풀어서 버렸는데 제가 아까운 생각이 들어 주워서 어머니의 거울상자 속에 넣어 두었습니다. 어머니는 알지 못하는 일입니다."

관리가 장차 초를 상대로 죄상을 기록하고자 하는데 계모가 그것이 사실인 줄 알고 불쌍하게 여겨 관리에게 말했다.

"원컨대 기다리시오 그 아이는 문초하지 마시오 그 아이는 진실로 알지 못하는 일이오 아이의 구슬은 나의 팔찌였소 남편이 죽자 나는 풀어서 버리려고 했는데 아까운 마음에 차마 버리지 못하고 거울상자 속에 두었소 급하게 상을 만나 정신이 없어서 잊고 있었으니, 내가 마땅히 죽어야 하오"

초가 거듭하여 말하기를

"실상은 제가 취한 것입니다."

하고, 계모는 또 이르기를

"그 애가 다만 자청하는 것이오 실상은 내가 한 일이오"

하고는 눈물을 흘리면서 자신이 했다고 우겼다.

초도 또한

"어머니는 저를 불쌍히 여겨 구태여 저를 살리려고 하시는 것입니다. 어머니는 진실을 알지 못하십니다."

하고는 통곡하며 울어서 눈물이 목까지 흘러내렸다.

이를 보고, 장례에 참석했던 자들도 다 통곡하고 애통해하였다. 또 옆에 있던 사람들도 코가 찡하고 눈물을 흘리지 않는 자가 없었다.

관리는 붓을 잡고 죄상을 기록하려 했지만 한 글자도 쓰지 못하였다. 관후(關候)도 눈물을 흘리며 종일토록 판결을 내리지 못하였다.

이에 관후(關候)가 말하기를

"어머니와 딸의 의(義)가 이와 같으니 차라리 내가 죄를 받겠다. 차마 이들의 죄상을 쓸 수가 없고, 어머니와 딸이 서로 양보하여 누가 옳은지 알 수가 없다."

하고는 드디어 구슬을 버리고 보냈다.

이미 떠나고 나서 사내아이가 몰래 주워 둔 사실을 알게 되었다.

漢珠崖令女名初 年十三 珠崖多珠 繼母連大珠以爲係臂[1] 及令死 當還葬 法 珠入於關者死 繼母棄其係臂珠 其男年九歲 好而取之 置母鏡奩中 皆莫之知 遂與家室奉喪歸至海關[2] 海關候吏搜索得珠十枚於鏡奩中 吏曰 嘻 此值法 無可奈何 誰當坐者 初在左右 心恐繼母去置奩中 乃曰 初坐之[3] 吏曰 其狀如何 初對曰 君子不幸 夫人解係臂去之 初心惜之 取置夫人鏡奩中 夫人不知也 吏將初劾之 繼母意以爲實 然憐之 因謂吏曰 願且待 幸無劾兒 兒誠不知也 兒珠妾之係臂也 君不幸 妾解去之 心不忍棄 且置鏡奩中 迫奉喪忽然忘之 妾當坐之 初固曰 實初取之 繼母又曰 兒但讓耳 實妾取之 因涕泣不能自禁 女亦曰 夫人哀初之孤 強名之以活初身 夫人實不知也 又因哭泣 泣下交頸 送喪者盡哭哀慟 傍人莫不爲酸鼻揮涕[4] 關吏執筆劾 不能就一字 關候垂泣 終日不忍決 乃曰 母子有義如此 吾寧坐之 不忍加文 母子相讓 安知孰是 遂棄珠而遣之 既去

乃知男獨取之

1) 係臂(계비) : 구슬로 만든 팔찌.

2) 海關(해관) : 연해(沿海)에 설치한 관문.

3) 坐之(좌지) : 죄를 받다. 여기서는 사형당하는 것.

4) 酸鼻揮涕(산비휘체) : 코가 찡하고 눈물이 글썽거리다.

5. 딸들이 가정을 이끌어 가다

송(宋)나라 회계(會稽) 땅의 미천한 사람으로 진씨(陳氏)가 살고 있었는데 딸만 있고 아들이 없었다.

조부모는 나이가 구십에 가까웠는데 무식하였고 아버지는 곱 사등이 심했다. 그의 어머니는 그 집안에서 불안하였다. 그런 중에 세상에 흉년이 들었는데 세 딸은 함께 서호(西湖)로 가서 마름과 순채를 따다가 다음 날 시장에 내다 팔아서 생활했지만 항상 구김살이 없었다.

고을에서 '의문(義門)'이라고 칭송하였으며 많은 이들이 탐을 내 장가를 들거나 며느리를 삼으려 하였다.

맏딸은 스스로 남자형제가 없음에 상심하고 시집가지 않겠다고 맹세했다. 조부모가 얼마 안 되어 잇달아 죽자 세 딸은 스스로 빈소를 마련하고 장례를 치르고 암자를 만들어 묘 옆에서 살았다.

宋會稽寒人陳氏有女無男 祖父母年八九十 老無所知 父篤癃疾[1] 母不安其室 遇歲饑 三女相率於西湖採菱蓴[2] 更日至市貨賣 未嘗虧怠 鄕里稱爲義門 多欲娶爲婦 長女自傷煢獨[3] 誓不肯行 祖父母尋相繼卒 三女自營殯葬 爲菴舍居墓側

1) 癃疾(융질) : 곱사등이 질병. 꼽추.

2) 菱蓴(능순) : 마름과 순채.

3) 煢獨(경독) : 형제가 없어 외로운 것. 여기서는 남자형제가 없음을 뜻한다.

6. 상주 노릇한 도씨(屠氏)의 딸

또 그 밖에 동오리(東汚里)에 사는 도씨(屠氏)에게 딸이 있었는데 아버지는 눈이 멀었고 어머니는 고질병 환자였다.

친척들도 서로 멀리하였으며 고향에서도 돌봐 주지 않아 그의 딸은 부모를 모시고 장소를 옮겨 멀리 모시를 키우는 집에서 머무르게 되었다.

낮에는 나무하고 밤에는 길쌈하여 부모를 공양하였는데 어느 날 부모가 함께 죽었다. 몸소 빈소를 만들고 장례를 치르고 흙을 져 날라 분묘를 만들었다.

고을에서 서로 장가들려 했으나 남자형제가 없다는 이유로 부모의 묘지를 지키고 시집가지 않기로 맹세하였다.

又 諸曁[1]東汚里屠氏女 父失明 母痼病 親戚相棄 鄕里不容 女移父母 遠住紵舍[2] 畫採樵夜紡績以供養 父母俱卒 親營殯葬 負土成墳 鄕里多欲娶之 女以無兄弟 誓守墳墓不嫁

1) 諸曁(제기) : 그 밖의.
2) 紵舍(저사) : 모시를 키우는 움막. 옛날에는 마을에서 떨어진 들에 있었다.

7. 당나라 때의 효녀 왕화자(王和子)

당나라 때의 효녀 왕화자(王和子)는 서주(徐州) 사람이다.

그의 아버지와 형제들은 북방 오랑캐의 침입을 막다가 죽었다.

그들은 본래 경주(涇州)에서 수자리를 살았는데 당나라 헌종(憲宗)의 원화(元和) 연중에 티벳 변방에서 도둑들이 쳐들어와 아버지와 형제가 그 싸움에서 전사하여 남은 아들이 없었고 그의 어머니는 일찍 죽었다.

화자(和子)는 그 때 나이가 17세였는데 아버지와 오빠들이 변방에서 죽었다는 소식을 듣자, 머리를 풀고 맨발로 상복치마를 입

고 홀로 경주(涇州)까지 가 거지행세를 하면서 아버지와 오빠의
시신을 가지고 서영(徐營)으로 돌아와 장사 지냈다.

묘지 옆에 소나무와 잣나무를 심고 머리를 자르고 괴상한 형상
을 하고 묘소에 여막을 짓고 살았다.

당시의 절도사(節度使)인 왕지홍(王智興)이 이러한 사실을
왕에게 고하자 조서를 내려 정려각(貞閭閣)을 세우게 하였다.

이와 같은 여러 여인들은 다 외로운 처지에서 부모를 섬겼으며
살아 있을 때는 능히 봉양하고 부모가 돌아가시자 능히 장사를 치
른 이들이다.

빼어난 여자들이라 하겠다.

唐孝女王和子者 徐州人 其父及兄爲防秋[1]卒 戍涇州 元和中 吐
蕃寇邊 父兄戰死 無子 母先亡 和子年十七 聞父兄歿於邊 披髮徒
跣縗裳 獨往涇州 行丐取父兄之喪 歸徐營[2]葬 植松栢 剪髮壞形 廬
於墓所 節度使王智興以狀奏之 詔旌表門閭 此數女者 皆以單惸事
其父母 生則能養 死則能葬 亦女子之英秀也

1) 防秋(방추) : 북쪽의 오랑캐는 가을에 침략하므로 이르는 말. 북쪽 오랑캐.
2) 徐營(서영) : 서주(徐州)의 감영(監營)을 뜻한다.

8. 도적을 피하여 낭떠러지로 몸을 던지다

당나라 때, 봉천(奉天)에 사는 두씨(竇氏)에게 두 딸이 있었는
데 그들은 비록 시골에서 자랐으나 어려서부터 지조가 있었다.

대종(代宗)의 영태(永泰) 연간에 수천 명의 도적 떼가 일어나
마을을 노략질하고 겁탈하였다.

두 딸은 이 때 다 성장하여 빼어난 미모가 있었다. 큰딸은 19세
였고 둘째딸은 16세였는데 도둑을 피해 바위굴 속에 숨어 있다가
도둑들에게 발각돼 끌려 나오게 되었다.

도둑들이 앞세워 몰고 가는데 깊이 수백 척이나 되는 낭떠러지
에 이르렀다.

언니가 먼저 말하기를

"내 차라리 죽을지언정 의롭게 살고 욕을 보지 않겠다."

하고는 바로 낭떠러지 아래로 몸을 던져서 죽었다.

도둑들이 깜짝 놀라고 있는 동안 동생도 언니를 따라서 투신하여 발이 부러지고 얼굴이 일그러지고 유혈이 낭자하자 도둑들이 버리고 도망쳤다.

경조윤(京兆尹) 제오기(第五琦)가 굳게 정절을 지킨 일을 아름답게 여겨 왕에게 아뢰었다. 왕은 조서를 내려, 정문(旌門)을 마을에 세워 표창하고 오래도록 그 집의 정역(丁役)을 면제하게 하였다.

두 딸이 난리를 만나 절개 지키기를 변하지 않고 죽음 보기를 집에 돌아가는 것같이 여긴 일은 능히 하기 어려운 행동이다.

唐奉天竇氏二女 雖生長草野 幼有志操 永泰[1]中 群盜數千人剽掠 其村落 二女皆有容色 長者年十九 幼者年十六 匿巖穴間 盜曳出之 騎逼以前 臨壑谷 深數百尺 其姊先曰 吾寧就死 義不受辱 即投崖 下而死 盜方驚駭 其妹從之自投 折足敗面 血流被體 盜乃捨之而去 京兆尹[2]第五琦 嘉其貞烈 奏之 詔旌表門閭 永蠲其家丁役[3] 二女遇 亂 守節不渝 視死如歸 又難能也

1) 永泰(영태) : 당(唐)나라 대종(代宗)의 연호
2) 京兆尹(경조윤) : 지금의 섬서성(陝西省) 장안현(長安縣)의 서북쪽.
3) 丁役(정역) : 나라의 부역(賦役)에 나갈 적령자.

9. 아들보다 나은 다섯 딸들

한(漢)나라 문제(文帝) 때 어떤 사람이 글을 올려서 말했다.

"제(齊)의 태창령(太倉令)인 순우의(淳于意)에게 죄가 있으니 사형에 처해야 합니다."

이에 왕의 칙명이 내려져 죄를 다스리기 위해 체포하여 장안(長安)에 가두었다.

순우의에게는 딸만 다섯이 있었는데 다 따라 나서서 울자, 순우 의가 성내며 꾸짖었다.

"딸만 낳고 아들을 낳지 못하여 위급한 일이 있어도 심부름을 시킬 사람이 없다."

아버지의 말을 비통하게 생각한 그의 딸 제영(緹縈)이 아버지 를 따라서 서쪽으로 가 임금에게 글을 올렸다.

"소녀의 아버지는 관리가 되어 제(齊)에서 청렴하고 공평하다 는 칭찬을 받았는데 지금은 법에 저촉되어서 사형받게 되었으니 지극히 한스럽고 애통합니다. 죽은 자는 다시 살아날 수가 없고 형벌을 받은 자는 다시 손발을 붙일 수 없습니다. 비록 허물을 고 치고 스스로 새롭고자 하더라도 그 방법이 없으므로 마침내 얻을 수가 없습니다. 원컨대 소녀가 관가의 노비가 되어 아버지의 죄 과를 대신하고자 하니, 소녀의 아버지는 전과를 회개하고 새롭게 살아갈 수 있도록 조처해 주십시오."

황제가 이 글을 보고 그 뜻을 슬프게 여겨 그 해 안에 몸의 일 부분을 자르는 형벌을 없애고 말했다.

"제영의 한 마디가 아주 좋아서 천하가 그 혜택을 입었다. 후세 에도 그 복에 힘입을 것이니 복이 멀리까지 미치리라."

漢文帝時 有人上書 齊太倉令淳于意有罪當刑 詔獄[1]逮繫長安 意 有五女 隨而泣 意怒罵曰 生女不生男 緩急[2]無可使者 於是少女 緹縈[3]傷父之言 乃隨父西 上書曰 妾父爲吏 齊中稱其廉平 今坐法 當刑 妾切痛 死者不可復生 而刑者不可復屬 雖欲改過自新 其道莫 由 終不可得 妾願入身爲官婢 以贖父刑罪 使得改行自新也 書聞上 悲其意 此歲中 亦除肉刑[4]法 緹縈一言而善 天下蒙其澤 後世賴其 福 所及遠哉

1) 詔獄(조옥) : 임금의 칙명으로 죄수를 문초하는 것.
2) 緩急(완급) : 급박한 일. 또는 대소간의 일.
3) 緹縈(제영) : 순우의의 딸 이름.
4) 肉刑(육형) : 코를 베거나 귀를 베는 등 몸의 일부분을 자르는 형벌.

10. 아버지의 원수를 갚은 딸들

후위(後魏) 시대 효녀(孝女)인 왕순(王舜)은 조추(趙鄒) 사람이다. 아버지 자춘(子春)은 종형(從兄)인 장흔(長忻)과 사이가 좋지 않았다.

남북조(南北朝) 시대 제(齊)나라가 망할 즈음 장흔은 그의 아내와 함께 모의하여 자춘을 살해했다. 왕순은 이 때 나이가 7세였으며 두 여동생 중 찬(粲)은 5세, 번(璠)은 2세였다.

다 아버지가 돌아가셔서 고아로 친척집에 의지하여 살았다. 왕순이 두 동생을 키웠는데 은혜와 의리가 매우 돈독하였다.

왕순은 남몰래 복수할 마음을 가지고 있었는데 장흔은 대비를 하지 않았다.

이들 자매가 다 성장하자 친척들이 시집보내려 했다.

친척들의 제안을 거절하고 비밀리에 두 동생에게 말하기를

"우리는 남자형제가 없다. 그렇다고 아버지의 원수를 갚지 않는다면 우리가 비록 여자라지만 무슨 가치로 살았다고 하겠느냐. 나는 너희들과 함께 원수를 갚으려 한다. 너희들 의향은 어떠하냐?"

라고 하자, 두 동생이 울면서 말했다.

"오직 언니의 명령에 따르겠소"

한밤중에 세 자매가 각각 칼을 들고 담을 넘어 들어가 손수 장흔 부부를 죽이고 결과를 아버지의 묘에 고한 후 관청으로 나아가 죄를 청하였다.

세 자매가 서로 먼저 모의했다고 다투자 고을 관청에서는 판결을 내리지 못하였다. 후위(後魏)의 문제(文帝)가 이 사실을 듣고 아름답게 여겨 죄를 용서해 주었다.

'예기'에 "부모의 원수와는 함께 같은 하늘 아래에 살지 않는다."라고 했다.

왕순은 어린 여자였지만 뜻을 쌓아서 분노를 일으켜 마침내 시퍼런 칼을 소매에 감추어서 원수의 가슴을 찔렀으니, 어찌 씩씩

한 사내보다 낫다고 하지 않을 수 있겠는가?

　後魏孝女王舜者 趙鄒人也 父子春與從兄長忻不協 齊亡之際 長忻與其妻同謀殺子春 舜時年七歲 又二妹 粲年五歲 璠年二歲 竝孤苦 寄食親戚 舜撫育二妹 恩義甚篤 而舜陰有復讎之心 長忻殊不備 姊妹俱長 親戚欲嫁 輒拒不從 乃密謂二妹曰 我無兄弟 致使父讎不復 吾輩雖女子 何用生爲 我欲共汝報復 何如 二妹皆垂涕曰 唯姊所命 夜中 姊妹各持刀踰牆入 手殺長忻夫婦 以告父墓 因詣縣請罪 姊妹爭爲謀首 州縣不能決 文帝[1]聞而嘉歎 原罪[2] 禮 父母之讎不與共戴天 舜以幼女 蘊志發憤 卒袖白刃以搣讎人之胸 豈可以壯男子反不如哉

1) 文帝(문제) : 후위(後魏 : 北魏)의 문제.
2) 原罪(원죄) : 죄를 용서하여 벌을 주지 않다.

제8장 손자〔孫〕

1. 선조를 소중하게 여겨야 한다

'서경(書經)' 태갑(太甲)편에 말했다.

"왕께서 법을 따르지 않으면 조상을 욕되게 하는 것입니다."

'시경' 대아(大雅) 문왕(文王)편에 말했다.

"그대의 조상를 잊지 말고 진실로 덕 닦기를 바라네."

사람이 덕(德) 닦기를 게을리 하는 것은 그의 조상을 망각하는 일이다. 어찌 소중하게 여기지 않겠는가?

書¹⁾曰 辟不辟²⁾ 忝厥祖³⁾ 詩云⁴⁾ 無念爾祖 聿脩厥德 然則爲人而怠於德 是忘其祖也 豈不重哉

1) 書(서) : '서경' 태갑(太甲)편의 문장.
2) 辟不辟(벽불벽) : 임금이 법을 지키지 않다. 앞의 벽은 임금의 뜻, 뒤의 벽은 법이라는 뜻.
3) 忝厥祖(첨궐조) : 그 조상을 욕되게 하다. 첨은 욕되게 하다의 뜻.
4) 詩云(시운) : '시경' 대아(大雅) 문왕(文王)편의 문장.

2. 할머니를 위하여 관직을 사양한 이밀(李密)

진(晉)나라 이밀(李密)은 건위(犍爲) 사람이다. 아버지를 일찍 여의고 어머니 하씨(河氏)는 개가하였는데 그 때 이밀의 나이는 대여섯 살이었다. 그리워하는 마음이 많은 나이였는데 이밀은 그리움이 심하여 드디어 병을 얻기에 이르렀다.

조모(祖母) 유씨(劉氏)가 몸소 어루만져 위로하고 달래서 키웠으며, 이밀은 할머니를 받들어 효도하고 더욱 조심하였다.

할머니 유씨에게 병환이 있다는 말을 들으면 울면서 옆에서 잠깐 쉬고 항상 옷을 벗지 않았으며 음식이나 달인 약은 반드시 먼저 먹어 보고 할머니에게 드렸다.

이밀은 촉(蜀)에서 벼슬하여 낭(郎)이 되었는데 촉나라가 평정되고 진(晉)의 무제(武帝)가 태시(泰始) 초년에 조서를 내려 태자세마(太子洗馬)로 불렀으나, 조모(祖母)의 나이가 많고 봉양할 사람이 없어서 부름에 응하지 않았다.

이에 소(疏)를 올려서 말했다.

"신은 할머니가 없었으면 오늘날에 이르지 못했으며 할머니는 제가 없으면 남은 여생을 마칠 수가 없습니다. 할머니와 저 두 사람은 서로 번갈아 운명으로 삼아 사사로운 정으로 얽매여 있어 감히 멀리 떠나지 못합니다. 신은 금년에 나이가 44세이고 할머니 유씨는 금년에 96세입니다. 신이 폐하에게 절개를 바칠 날은 장구하게 남아 있고 할머니를 봉양하여 은혜를 갚을 수 있는 날은 짧습니다. 까마귀가 어미를 먹여 살리듯 저의 사사로운 정으로 할머니를 봉양하여 잘 마치도록 도와 주시옵소서."

무제가 어여삐 여겨 그렇게 하도록 허락하였다.

晉李密[1] 犍爲人 父早亡 母何氏改醮 密時年數歲 感戀彌至 烝烝[2] 之性 遂以成疾 祖母劉氏躬自撫養[3] 密奉事[4] 以孝謹 聞劉氏有疾則泣 側息[5] 未嘗解衣 飮膳湯藥 必先嘗後進 仕蜀爲郎 蜀平 泰始[6]初詔徵爲太子洗馬[7] 密以祖母年高無人奉養 遂不應命 上疏曰 臣無祖母無以至今日 祖母無臣無以終餘年 母孫二人更相爲命 是以私情區區[8] 不敢棄遠 臣密今年四十有四 祖母劉氏今年九十有六 是臣盡節於陛下之日長 而報養劉氏之日短也 烏鳥私情[9] 乞願終養 武帝矜而許之

1) 李密(이밀) : 자는 영백(令伯). 동진(東晉) 사람. 진의 무제에게 진정표(陳情表)를 올렸다.

2) 烝烝(증증) : 왕성하게 일어나는 모양. 그리운 정이 왕성하게 일어나다.

3) 撫養(무양) : 어루만져 키우다.

4) 奉事(봉사) : 어른을 받들어 모시다.

5) 側息(측식) : 곁에서 잠깐 쉬다.

6) 泰始(태시) : 진(晉) 무제(武帝)의 연호. 무제는 사마염(司馬炎).

7) 太子洗馬(태자세마) : 태자궁에 속한 벼슬. 계(啓)를 행하고 전구(前驅)의 역할을 맡았다.

8) 區區(구구) : 뜻을 얻은 모양. 자질구레한 것들.

9) 烏鳥私情(오조사정) : 어미새가 길러 준 은혜를 갚은, 까마귀의 애정. 곧 반포(反哺)의 마음.

3. 지극한 정성으로 할머니 악창을 관리한 유환

남북조 때 제(齊)나라 팽성군(彭城郡)의 승(丞) 유환(劉瓛)은 지극한 성품의 소유자였다. 할머니가 악창으로 수년간 고통받았는데 손수 고약을 무르게 하고 손가락으로 문드러진 곳에 고약을 발라서 치료하고 간호하였다.

齊彭城郡丞劉瓛 有至性 祖母病疽[1]經年 手持膏藥潰 指爲爛

1) 疽(저) : 악창. 고름이 많이 나오는 지독한 종기의 일종.

4. 실명한 할아버지의 눈을 뜨게 한 장원(張元)

후위(後魏) 때 장원(張元)은 예성(芮城) 사람이었는데 세상에서 착하고 지성이 있는 것으로써 고을의 추천을 받았다.

후위의 원년(元年)에 장원은 6세였다. 한여름에 무척 덥자 할아버지가 장원을 우물로 데려가 목욕시키려 했으나 장원은 고집부리고 목욕하지 않으려 하였다.

할아버지는 구슬리기도 하고 달래보기도 하다 지팡이로 장원의 머리를 치면서 말하기를

"너는 무엇 때문에 목욕하기를 싫어하느냐?"

라고 하자, 장원이 대답했다.

"옷은 형체를 가리는 것이고 또 더러운 것을 덮는 것인데 저는 때 있는 몸을 백일하에 드러낼 수가 없습니다."

장원의 할아버지는 기이하게 여겨서 놓아 두었다.

장원의 나이 16세 때 그의 할아버지가 실명하였는데 장원은 3년 동안 항상 근심하고 울면서 밤낮으로 불경(佛經)을 읽고 예배드리며 복을 주기를 빌었다.

매일 말했다.

"하느님과 사람의 스승님들이여! 손자의 불효 때문에 할아버지가 실명하였습니다. 이제 원하오니 할아버지의 눈을 밝게 해 주십시오. 제가 대신 눈이 어둡기를 구합니다."

그러던 어느 날 밤 꿈에 한 노인이 나타나서 금칼로 할아버지의 눈을 치료하였는데 꿈속인데도 기뻐서 뛰었다. 그리고 깜짝 놀라서 깨어 두루 집안 사람들에게 고하였다. 3일이 지나자 할아버지의 눈이 과연 밝아졌다.

그 뒤로 할아버지가 병으로 눕자 다시 간호하였는데 장원은 항상 할아버지를 따라 식사를 함께 하였으며 의관을 벗지 아니하고 아침저녁으로 부축하며 시중들었다. 할아버지가 죽자 통곡하다 기절하여 다시 살아나기도 하였다.

또 그의 아버지를 따라 3일 동안 음료를 먹지 않았다.

고을에서 감탄하고 기특하여 여겼다.

현(縣)의 박사(博士)인 양첩(楊輒) 등 200여 명이 황제에게 행장을 올리자 조서를 내려 그 마을에 정문(旌門)을 세우고 표창하도록 했다.

이들은 다 손자로서 봉양을 잘한 실례이다.

後魏張元 芮城人 世以純至爲鄕里所推 元年[1]六歲 其祖以其夏中熱 欲將元就井浴 元固不肯 謂其貪戱 乃以杖擊其頭曰 汝何爲不肯浴 元對曰 衣以蓋形 爲覆其褻 元不能褻露其體於白日之下 祖異而捨之 年十六 其祖喪明 三年 元恒憂泣 晝夜讀佛經禮拜 以祈福祐 每言 天人師乎 元爲孫不孝 使祖喪明 今願祖目見明 元求代闇 夜夢見

一老翁以金鎞²⁾療其祖目 於夢中喜躍 遂卽驚覺 乃徧告家人 三日 祖目果明 其後祖臥疾再周 元恒隨祖 所食多少 衣冠不解 旦夕扶侍 及祖沒 號踊絶而復蘇 隨其父水漿不入口三日 鄕里感嘆異之 縣博士楊輒等二百餘人上其狀 有詔表其門閭 此皆爲孫能養者也

1) 元年(원년) : 후위의 원년을 뜻한다.
2) 金鎞(금비) : 금으로 만든 칼.

5. 조상이 남긴 별장을 팔지 않은 이눌(李訥)

당(唐)나라에서 복야(僕射) 벼슬을 지낸 이눌(李訥)은 선조 대대로 장안(長安)의 수행리(脩行里)에서 살았다.

이웃에 지난 날의 남양(南楊)이라는 정승이 있었는데 남양은 젊었을 때부터 이눌의 집안과 교제가 있었다.

재상이 되어서 천하의 권세를 가졌다. 그는 왕을 위해 기생을 여러 명 선발하였는데 재상의 집무실을 외관으로 사용할 수가 없었다. 집이 편안하고 한적하지 않았기 때문이었는데 서각(書閣)의 동쪽 이웃은 이눌의 한가로운 집무실이 있었다.

남양은 이 곳을 빼앗고자 다짐하고 침을 흘리며 기다리는 중이었다. 침착하고 진중한 말로 오고가다가 홀연히 하루는 편지 한 장을 보냈다. 이 곳을 수중에 넣으려는 계산이었는데 답장이 오자 크게 실망했다. 한 달이 지나자 이눌의 밑에 있는 관리를 불러서 "값을 후하게 쳐줄 테니 팔라고 해라."고 했다.

어떤 이가 말하기를 "물과 대나무가 있는 별장과 서로 바꿔라."라고 했으나 이눌은 허락하지 않았다.

또 한 달이 지나서 말하기를 "그대의 자손들에게 벼슬을 주겠다."라고 했는데 처음에는 조금 뜻이 있는 듯하더니 끝까지 마음을 돌리지 않았다.

이 때 왕처사(王處士)가 있었는데 글을 알고 바둑을 잘 두었으며 언변도 좋았다. 이눌과 아침저녁으로 함께 숙식했는데 승상 남양이 은밀히 불러서 자신의 의중을 고하게 하고 넌지시 타일러 깨우치도록 하였다.

왕처사는 좋아하고 그의 뜻을 받들어 이눌을 설득하는 데 갖은 힘을 다하였다. 그러나 이눌은 편협하고 곧아서 자신이 사는 곳이 편하다는 것을 깨달은 지 오래되었다.

하루는 이눌이 병이 들었는데 왕처사가 홀로 모시고 있었다.

이눌이 말하기를

"체력이 쇠퇴하고 뼈가 허해져 찬바람이 사이사이로 들어오오 이른바 빈 구멍으로 바람이 들어오고 호깨나무에 새가 둥지를 틀기 위해 오는 것과 같다."

라고 하자, 왕처사가 말했다.

"그러합니다. 방금 서원(西院)에서 들으니 올빼미가 나무 끝에 모여서 아무개의 마음이 근심스럽더니 과연 대단치 않은 병에 걸렸다고 했습니다. 빈 집에 요사스런 새가 온 것은 호깨나무에 둥지를 틀기 위해 온 것입니다. 그릇을 가져다 돈과 바꾸어 팔아서 약을 넉넉하게 하는 것만 못합니다."

이눌이 급하게 왕처사의 뜻을 헤아리고 화를 내는데 머리털이 서고 얼굴빛이 붉어지며 큰소리로 말하기를

"남자가 추위로 죽으나 굶어 죽으나 커다란 뜻을 품고 죽으나 그것은 똑같은 운명이다. 선조께서 남기신 집이 망가졌다 해도 차마 권세 있는 사람이나 귀한 사람들이 기생들을 끼고 노는 즐거움을 돕는 땅으로 만들 수는 없다."

라고 하고는 손을 휘저으며 결별하였다.

이로부터 왕처사나 그의 문인들이 다시는 접근하지 못했다.

唐僕射[1]李公[2] 有居第在長安脩行里 其密隣卽故日南楊相[3]也 丞相早歲與之有舊 及登庸[4] 權傾天下 相君選妓數輩 以宰府[5]不可外館 棟宇[6]無便事者 獨書閣東隣 乃李公冗舍[7]也 意欲呑之 垂涎[8]少俟 且遲遲[9]於發言 忽一日 謹致一函 以爲必遂 及復札 大失所望 又踰月 召李公之吏得言者 欲以厚價購之 或曰 水竹別墅交質 李公復不許 又踰月 乃授公之子弟官 冀其稍動初意 竟亡迴命[10] 有王處士

者 知書善棋 加之敏辯 李公寅夕與之同處 丞相密召 以誠告之 託
其諷諭[11] 王生忭奉其旨 勇於展効[12] 然以李公褊直 伺良便者久之
一日 公遘病 生獨侍前 公謂曰 筋衰骨虛 風氣因得乘間而入 所謂
空穴來風 枳枸[13]來巢也 生對曰 然向聆西院 梟集樹杪 某心憂之 果
致微恙[14] 空院之來妖禽 猶枳枸來巢矣 且知齋器換緡 未如鬻之以
瞻醫藥 李公卜急[15]揣知其意 怒髮上植 厲聲曰 男子寒死餒死鵬窺
而死[16] 亦其命也 先人之敝廬 不忍爲權貴優笑[17]之地 揮手[18]而別 自
是王生及門 不復接矣

1) 僕射(복야) : 당(唐)나라 때 상서성(尙書省)의 장관.

2) 李公(이공) : 이름은 눌(訥)이다.

3) 南楊相(남양상) : 남양이라는 정승이며 이름은 수(收)다.

4) 登庸(등용) : 재상이 되다.

5) 宰府(재부) : 재상이 집무하는 곳.

6) 棟宇(동우) : 용마루와 처마. 곧 집을 말한다.

7) 冗舍(용사) : 한가하게 지내는 집. 집무실.

8) 垂涎(수연) : 먹고 싶어 침을 흘리다. 군침 흘리다.

9) 遲遲(지지) : 침착하고 진중하다. 예의를 차리다.

10) 迴命(회명) : 마음을 돌리다. 곧 뜻을 꺾게 하다.

11) 諷諭(풍유) : 넌지시 깨우치게 하다.

12) 展効(전효) : 힘을 다하다. 자신이 가진 기지를 다하다.

13) 枳枸(지구) : 호깨나무 열매.

14) 微恙(미양) : 대단치 아니한 병.

15) 卜急(변급) : 조급하다. 급하다.

16) 寒死餒死鵬窺而死(한사뇌사붕규이사) : 추위로 죽으나 굶주려 죽으나 큰
     뜻을 품고 죽으나 죽는 것은 같다.

17) 優笑(우소) : 배우나 기생 등과 같이 앉아 있는 사람의 흥미나 주흥을 돋구
     는 사람. 곧 기생과 같이 놀이하다.

18) 揮手(휘수) : 손을 내젓다.

6. 조상이 남긴 옛집을 잘 보관한 양손(楊損)

평노(平盧)의 절도사(節度使) 양손(楊損)은, 처음에 전중시어사(殿中侍御史)가 되었는데 집이 신창리(新昌里)에 있어서 노암(路巖)의 집과 이웃하였다.

노암이 이 때 정승이 되었는데 마구간을 넓히고자 하였다.

양손의 일가들 중 벼슬하는 사람 10여 명이 모여서 의논하기를 "집안의 번성과 쇠퇴는 권력자에게 매여 있다. 기뻐하고 성내는 것으로 막을 수가 없다."
라고 하자, 양손이 말하기를

"지금 한 자의 땅이라도 다 선조들이 물려준 것으로 우리들의 소유가 아니다. 어떻게 권세 있는 신하를 받들 수 있겠는가. 궁색하고 영달하는 것은 운명이다."
하고는 마침내 함께하지 않았다.

노암이 좋아하지 않으면서 양손에게 감옥의 일을 살피게 했다. 한 해가 지났어도 저 선조가 남긴 집들은 집안의 유산으로 놔 두고 차마 버리지 않았다.

이러한 말단 관리도 선조가 남긴 유택을 저렇게 보유하였는데 하물며 제후의 사직이나 대부들의 종묘에 있어서야 어떻겠는가. 사람의 자손이 되었다면 가히 생각해 보지 않을 수 있겠는가?

平盧節度使楊損 初爲殿中侍御史[1] 家新昌里 與路巖[2]第接 巖方爲相 欲易其廐以廣第[3] 損宗族仕者十餘人議曰 家世盛衰繫權者喜怒不可拒也 損曰 今尺寸土皆先人舊物 非吾等所有 安可奉權臣邪 窮達命也 卒不與 巖不悅 使損按獄黔中 年餘還 彼室宅尙以家世舊物 不忍棄失 況諸侯之於社稷[4] 大夫之於宗廟[5]乎 爲人孫者可不念哉

1) 殿中侍御史(전중시어사) : 궁중에서 관리들의 불법을 관찰하는 벼슬아치.
2) 路巖(노암) : 당시의 재상인데 자세한 기록이 없다.

3) 廣第(광제) : 넓은 집.
4) 社稷(사직) : 천자(天子)나 제후(諸侯)가 토지의 신이나 오곡(五穀)의 신
   을 제사하기 위하여 세워둔 것. 종묘의 옆에 세워서 국가와 흥망을 함께 하였
   으므로 국가의 상징으로 쓰였다.
5) 宗廟(종묘) : 역대의 신주(神主)를 모신 사당.

제9장 큰아버지와 작은아버지〔伯叔父〕

1. 형제의 아들 복(服)은 아들과 같다
'예기'에 "형제의 아들 복(服)을 아들과 같이 한다."고 했다.
대개 성인(聖人)이 사람의 정(情)에 인연하여 예절을 만들었을
뿐, 이끌어서 나아가도록 한 것은 아니다.

　禮[1] 服[2]兄弟之子猶子也 蓋聖人緣情制禮 非引而進之也
1) 禮(예) : '예기' 상복편에 있다.
2) 服(복) : 상복(喪服)을 뜻한다.

2. 형의 아들을 하룻밤에 10번 문병하다
한(漢)나라의 제오윤(第五倫)은 성품이 지극히 공정하였다.
어떤 사람이 제오윤에게 묻기를
"그대도 사사로움이 있습니까?"
라고 하자, 제오윤이 대답했다.
"나의 형님 아들이 어느 날 병이 들었는데 나는 하룻밤에 열 번
을 문병가기는 했어도 물러나서는 편안하게 잠을 잤다. 나의 아
들이 병이 있을 때에는 비록 한 번도 가보지 않았으나 날이 샐 때
까지 잠을 자지 못했다. 이와 같은 데 어찌 사사로움이 없다고 이
를 수 있겠는가?"
백어(伯魚)는 어진 사람이다. 어찌 그 형의 아들을 자기 아들
만 못하게 두텁게 하겠는가? 자주 가 봐서 마음이 편안해지고 하
루 저녁이 다하도록 보지 못해 마음이 불안했을 따름인데 백어가
다시 이런 말을 사람에게 했다는 것은 그 공정함을 보인 것이다.

漢第五倫¹⁾ 性至公 或問倫曰 公有私乎 對曰 吾兄子嘗病 一夜十
往 退而安寢 吾子有病 雖不省視而竟夕不眠 若是者豈可謂無私乎
伯魚²⁾ 賢者 豈肯厚其兄子不如其子哉 直以數往視之 故心安 終夕³⁾
不視 故心不安耳 而伯魚更以此語人 益所以見其公也

1) 第五倫(제오윤) : 한(漢)나라 때의 청렴한 관리. 제오는 성이고 윤(倫)은 이
름이다.

2) 伯魚(백어) : 백어는 제오윤의 자(字)이다.

3) 終夕(종석) : 하루 저녁이 끝날 때까지. 아침까지.

3. 자식을 버리고 조카를 살린 유평(劉平)

종정(宗正) 유평(劉平)의 동생 중(仲)은 회양왕(淮陽王)의 갱
시(更始) 연중에 천하가 어지러워졌을 때 도적들에게 살해되었다.

그 후에도 도적들이 다시 홀연히 나타나서 괴롭히자 유평은 어
머니를 부축하고 난리를 피하여 도망하였다.

이 때 그의 동생 중(仲)은 유복녀(遺腹女)인 한 살 된 딸을 남
겼는데 유평이 그 동생의 딸을 가슴에 안고 자기 아들은 버렸다.

유평의 어머니가 함께 데려가려 했으나 유평이 듣지 않으며 말
했다.

"우리 힘으로는 둘 다 살릴 수 없습니다. 동생의 후사를 끊어서
는 안 됩니다."

드디어 자기 아들을 버리고 돌아보지 않았다.

宗正¹⁾劉平 更始²⁾時 天下亂 平弟仲爲賊所殺 其後賊復忽然而至
平扶侍其母奔走逃難 仲遺腹女³⁾始一歲 平抱仲女而棄其子 母欲還
取 平不聽 曰 力不能兩活 仲不可以絶類 遂去而不顧

1) 宗正(종정) : 황족들의 족적(族籍)을 맡아 관리하는 직책.

2) 更始(갱시) : 후한(後漢) 회양왕(淮陽王)의 연호

3) 遺腹女(유복녀) : 아버지가 죽고 난 뒤에 태어난 딸. 곧 뱃속에 들어 있을 때
아버지가 죽은 아이.

4. 자신을 채찍으로 때려 조카를 회개하게 하다

시중(侍中) 벼슬을 지낸 순우공(淳于恭)은 형 숭(崇)이 죽자 조카들을 데려다 잘 돌보아 키웠으며 학문도 열심히 가르쳤다.

가르치는 데 법대로 따라 하지 않으면 문득 몽둥이로 자신을 때리고 몽둥이와 채찍을 자신에게 가하여 깨닫게 하였다. 아이가 부끄러워서 허물을 고쳤다.

侍中淳于恭 兄崇卒 恭養孤幼 敎誨學問 有不如法[1] 輒反杖[2] 用自杖箠 以感悟之 兒慙而改過

1) 法(법) : 관례적인 가정의 의례.
2) 反杖(반장) : 몽둥이로 자신을 때리는 것.

5. 동생의 아들에게 많은 재물을 준 설포

시중(侍中) 벼슬을 지낸 설포(薛包)는, 아우의 아들이 재산을 나누어 별거하기를 원하자 함께 살기를 설득하였으나 그의 뜻을 꺾지 못했다.

이에 그 재산을 절반으로 나누는데, 노비나 종들 가운데 늙은 자들을 선택하면서 말했다.

"이들은 나와 함께 오래도록 일을 했으니 이들을 부리는 일은 나만 못할 것이다."

논과 밭은 제일 거친 것을 가지면서 말했다.

"내가 젊어서부터 짓던 것이라 내 마음에 든다."

기물은 제일 낡고 찌그러진 것들을 선택하면서 말했다.

"내가 평소 입고 먹는 데 사용하던 것들이라서 내 몸과 입에 편안하다."

분가한 아우의 아들이 여러 번 재산을 없애고 도움을 청했는데 그 때마다 또다시 넉넉하게 도와 주었다.

　　侍中薛包[1] 弟子求分財異居 包不能止 乃中分其財 奴婢引其老者
曰 與我共事久 若不能使也 田廬取其荒頓[2]者 曰 吾少時所理 意所
戀也 器物取其朽敗者 曰 我素所服食 身口所安也 弟子數破其産 輒
復賑給[3]

1) 薛包(설포) : 동한(東漢) 때 여남(汝南) 사람. 자는 맹상(孟嘗).

2) 荒頓(황돈) : 거칠고 망가진 것. 돈(頓)은 폐(廢)와 같다.

3) 賑給(진급) : 넉넉하게 해 주다.

6. 자기 아들 버리고 아우의 아들 살린 등유(鄧攸)

　　진(晉)나라에서 우복야(右僕射)를 지낸 등유(鄧攸)는 회제
(懷帝)의 영가(永嘉) 말에 석륵(石勒)이 사수(泗水)를 지나칠
때 소와 말에 아내와 자식들을 태우고 도망하였다.

　　도망하던 중 우연히 도적을 만나서 소와 말을 강제로 빼앗기고
자신의 아들과 아우의 아들인 수(綏)를 업고 걸어서 가는데, 생
각해 보니 도저히 자신의 아들과 동생의 아들을 함께 살릴 수 없
을 것 같았다.

　　이에 아내에게 이르기를

　　"나의 아우는 일찍 죽고 오직 자식 하나만 남겼는데 이치로 생
각해 보면 후사를 끊을 수 없소. 그래서 우리 아들을 버려야겠소
다행히 살게 되면 우리는 나중에 아들을 얻을 수 있지 않겠소"
라고 하자, 아내는 울면서 그 의견을 따랐다.

　　이에 아들을 버리고 아우의 아들만 데리고 가서 난을 피했는데
죽을 때까지 아들이 없었다.

　　당시 사람들이 의롭게 여기고 슬퍼하며 그들을 위하여 말했다.

　　"하늘의 도(道)가 무지(無知)하여 등백도(鄧伯道)로 하여금
아들이 없게 했다."

　　아우의 아들 수(綏)는 등유가 죽자 아버지상과 같은 삼년상을
입었다.

晉右僕射[1]鄧攸 永嘉[2]末 石勒[3]過泗水 攸以牛馬負妻子而逃 又遇
賊 掠其牛馬 步走擔其兒及其弟子綏 度不能兩全 乃謂其妻曰 吾弟
早亡 唯有一息 理不可絶止 應自棄我兒耳 幸而得存 我後當有子 妻
泣而從之 乃棄其子而去 卒以無嗣 時人義而哀之 爲之語曰 天道無
知 使鄧伯道無兒 弟子綏服攸喪三年

1) 右僕射(우복야) : 상서성(尙書省)의 부장관. 왕명의 출납을 맡는다.

2) 永嘉(영가) : 진(晉)나라 회제(懷帝)의 연호

3) 石勒(석륵) : 후조(後趙)의 시조. 갈족(羯族) 출신. 원래 노예이며 도둑이었
   다. 전조(前趙) 유연(劉淵)의 장군으로 활약하다가 나중에 배반하고 양국
   (襄國)에 도읍을 정하고 한때 강북을 지배하였다.

7. 조카와 어린 처남을 모두 살린 극감(郗鑒)

진(晉)에서 태위(太尉) 벼슬을 지낸 극감(郗鑒)은 젊은 시절,
회제(懷帝)의 영가 연중에 난리를 만나서 고향에 있었는데 매우
궁색하고 가난하여 굶주렸다.

고을 사람들이 극감의 이름과 덕이 전해지자 함께 밥을 먹게 하
였다. 이 때 형의 아들 매(邁)와 처남 주익(周翼)이 함께 다 어
렸는데 항상 옆에 끼고 밥을 먹으러 갔다. 이에 고을 사람들이 말
했다.

"각자가 굶주리고 곤궁한데 그대는 어진 사람이기에 함께 서로
돕고자 하는 것이다. 모두 살 수 없을까 두려울 따름이다."

극감은 이에 홀로 가서 밥을 먹었는데 양쪽 볼에 밥을 한 입씩
물고 돌아와서는 토하여 두 아이에게 주어서 뒤에 다 함께 생존
하여 같이 강(江)을 건널 수 있었다.

그 후 극매는 지위가 호군(護軍)에 이르렀고 주익(周翼)은 염
(剡)고을의 현령(縣令)이 되었다.

극감이 죽자 주익은 자신을 길러준 은혜를 추모하여 관직을 버
리고 돌아와 거적자리를 깔고 마음속으로 3년상을 입었다.

세상에는 고아들을 살해하고 재물을 탐내는 자가 있는데 그들

은 홀로 무슨 마음을 가졌는가? 생각해 볼 일이다.

太尉[1]郄鑒 少値永嘉亂[2] 在鄕里 甚窮餒 鄕人以鑒名德傳 共飯之
時兄子邁外甥周翼竝小 常攜之就食 鄕人曰 各自饑困 以君賢 欲共
相濟耳 恐不能兼有所存 鑒於是獨往食 訖以飯着兩頰邊[3] 還吐與二
兒 後竝得存 同過江 邁位至護軍 翼爲剡縣令 鑒之薨也 翼追撫育
之恩 解職而歸 席苫 心喪三年 世有殺其孤 規財利者 獨何心哉

1) 太尉(태위) : 삼공(三公)의 하나.

2) 永嘉亂(영가난) : 곧 석륵(石勒)의 난리.

3) 兩頰邊(양협변) : 입안의 양쪽 볼 안을 뜻한다.

제10장 조카〔姪〕

1. 숙부의 옥바라지를 지성으로 하다

송(宋)나라 때 의흥(義興) 땅에 허소선(許昭先)이란 사람이 있었다. 숙부(叔父) 조지(肇之)가 어떤 사건에 연루되어서 옥살이를 하게 되었는데 7년 동안이나 사건의 판결을 받지 못했다.

숙부에게는 아들과 조카들이 20여 명이나 있었는데 오직 소선의 집안이 제일 가난하고 어려웠다.

그러나 소선은 혼자서 이곳 저곳 사정을 호소하러 다니느라 날마다 집에 있는 날이 없었고, 숙부에게 건량(乾糧)을 보내는데 새로운 맛이 없을 때가 없었다.

자신의 재산이 다 떨어지자 집까지 팔아서 보충하였다.

조지(肇之)의 모든 아들들은 매우 게을러서 소선에게 소식 한 번 전하는 일이 없었으나 이와 같이 하기를 7년 동안이나 했다.

상서(尙書) 심연(沈演)이 그의 지조 있는 행동을 아름답게 여겼다. 조지는 이러한 이유로 석방되게 되었다.

宗義興人許昭先 叔父肇之坐事[1]繫獄 七年不判 子姪二十許人 昭先家最貧薄 專獨伸訴[2] 無日在家 餉饋[3]肇之 莫非珍新 資産旣盡 賣宅以充之 肇之諸子倦怠 惟昭先無有懈息 如是七載 尙書[4]沈演之嘉其操行 肇之事由此得釋

1) 坐事(좌사) : 어떤 일에 연루되다.
2) 伸訴(신소) : 억울한 내용을 알리다.
3) 餉饋(향궤) : 군량미. 마른 음식. 감옥에 마른 반찬을 보내다.
4) 尙書(상서) : 상서각(尙書閣)의 벼슬 이름.

2. 작은아버지 섬기기를 친아버지처럼 섬기다

당(唐)나라 유필서(柳泌叙)의 아버지 천평절도사(天平節度使) 중영(仲郢)이 행한 일들이 기록되어 있다.

"계부(季父)인 태보(太保) 공권(公權) 섬기기를 아버지인 원공(元公) 공작(公綽)을 섬기는 것같이 했는데, 매우 아파서 앓아 눕는 일이 아니면 태보(太保)인 작은아버지를 뵐 때 한 번도 띠를 푼 상태로 뵙지 않았다.

대경조염철사(大京兆鹽鐵使)에 임명되어서는 네거리를 통과하다가 태보를 만나게 되면 반드시 말에서 내려 홀을 단정히 하고 태보의 말과 수레가 지나가기를 기다렸다가 말에 올랐다.

매일 저녁마다 띠를 띠고 태보를 말머리에서 맞이하였으며 태보가 집으로 돌아간 뒤에 들어갔다. 태보와 자주 말을 했지만 벼슬을 올려 달라는 말은 입밖에 내지 않았다.

태보는 항상 공경(公卿)들과 있는 자리에서 "원공(元公)의 자식이 나를 섬기기를 친아버지같이 한다."고 말했다.

옛날의 어진 이는 여러 아버지 섬기기를, 친아버지를 섬기는 예와 똑같이 하였다.

唐柳泌叙 其父天平節度使仲郢[1] 行事云 事季父太保[2]如事元公[3] 非甚疾 見太保未嘗不束帶 任大京兆鹽鐵使[4] 通衢遇太保 必下馬端笏 候太保馬過方登車 每暮 束帶迎太保馬首 候起居 太保屢以爲言 終不以官達稍改 太保常言於公卿間云 元公之子事某如事嚴父[5] 古之賢者 事諸父如父 禮也

1) 仲郢(중영) : 당(唐)나라 때 절도사를 지낸 사람.
2) 季父太保(계부태보) : 중영의 막내아버지인 유공권(柳公權).
3) 元公(원공) : 중영의 아버지인 유공작(柳公綽).
4) 鹽鐵使(염철사) : 소금과 쇠를 담당하는 관리.
5) 嚴父(엄부) : 엄격한 아버지. 남의 아버지를 존칭하는 말.

제7편 가범(家範卷七)

제11장 형〔兄〕

1. 세상에 상(象)과 같은 동생이 또 있을까?

무릇 사람의 형이 되어서 아우와 우애하지 않는 사람은 반드시 말하기를 "아우가 나에게 공손하지 않아서."라고 한다.

옛부터 아우로서 형에게 공손하지 않은 자 가운데 누가 상(象)과 같은 사람이 있을까?

만장(萬章)이 맹자(孟子)에게 물었다.

"순(舜)임금의 부모는 순임금에게 곡식창고를 수리하게 하고는 순임금이 지붕 위로 올라가자 사다리를 치운 뒤에 고수(瞽瞍)가 창고에 불을 질렀으며, 또 순임금에게 우물을 파게 하고는 순임금이 나오려 하자 그대로 묻어 버렸다고 합니다. 그런 뒤 동생 상(象)이 말하기를 '도군(都君)을 묻어 버린 계략은 모두 나의 공이다. 이제 소와 양과 곡식창고는 부모에게 주고 방패와 창과 거문고와 활은 내가 차지하며 두 형수는 나의 잠자리를 보살피게 하리라.'라고 했습니다.

그런데 상이 순임금의 집으로 가보니 순임금은 평상에 앉아서 거문고를 타고 있었습니다. 상(象)은 당황하여 '형님 생각이 간절해서 왔습니다.'라고 하며 부끄러운 빛이 있었다고 합니다. 이때 순임금은 '마침 잘 왔다. 너는 나를 위해 백관(百官)을 다스려다오.'라고 했다 하니 순임금은 상이 자신을 죽이려 했던 사실을 몰랐던 것입니까?"

맹자가 말했다.

"왜 알지 못했겠느냐. 다만 상이 근심하면 순임금도 근심하고 상이 기뻐하면 순임금도 기뻐하셨던 것이다."

만장이 말했다.

"그렇다면 순임금은 거짓으로 기뻐하신 것입니까?"

맹자가 말했다.

"아니다. 옛날에 어떤 사람이 살아 있는 물고기를 정자산(鄭子産)에게 바쳤는데 자산이 연못 관리인을 시켜 연못에 넣어 기르라고 하였다. 그런데 연못 관리인이 그 물고기를 삶아 먹고는 자산에게 돌아가 보고하기를 '처음에 놓아 주었을 때에는 어릿어릿 하더니 조금 있다가 생기 있게 헤엄쳐 물 속으로 들어갔습니다.'라고 하였다. 이 말을 들은 자산은 기뻐하며 '그놈이 제자리를 찾아갔구나. 제자리를 찾아갔어.'라고 했다.

연못 관리인이 밖으로 물러나와 사람들에게 말하기를 '누가 자산을 지혜롭다고 했는가? 내가 이미 삶아 먹었는데 말하기를 제자리를 찾아갔구나, 제자리를 찾아갔어 라고 하니 말이다.'

그러므로 군자(君子)를 속이려면 도리에 맞는 말을 해야지 도리에 맞지 않는 말로는 속일 수가 없는 것이다.

상(象)이 형을 사랑하는 도리로써 대해 왔으므로 순임금은 진정으로 기뻐하신 것이다. 어찌 거짓으로 그랬겠느냐."

다시 만장이 물었다.

"상이 날마다 순임금을 죽이려는 모의로 일을 삼았는데, 순임금은 천자가 되어서 그를 내쫓기만 한 것은 무슨 이유입니까?"

"봉한 것인데 어떤 사람은 내쫓았다고 한다."

"순임금은 공공(共工)을 유주(幽州)로 귀양 보내고 환두(驩兜)를 숭산(崇山)으로 내쫓고 삼묘(三苗)나라의 임금을 삼위(三危)에서 죽이고 곤(鯀)을 우산(羽山)에서 처형하셨습니다. 이 네 사람의 죄를 밝힘으로써 천하가 다 복종하게 된 것은 불인(不仁)한 자를 처벌하였기 때문입니다. 그런데 상(象)은 지극히

불인한데도 불구하고 유비 땅의 제후로 봉하였으니 그런 어질지
못한 임금 밑에서 시달려야 하는 유비 땅의 백성들은 무슨 죄가
있습니까? 어진 사람은 이와 같이 불공평한 것입니까? 어찌 다른
사람들은 다 죽이고 자기 동생은 제후로 봉할 수 있습니까?"

"어진 사람이 자기 동생을 대하는 태도는 노여움을 마음속에
두지 않고 원한을 마음속에 두지 않으며 오직 친하고 사랑할 따
름이다. 친하기 때문에 그가 귀하게 되기를 바라며 사랑하기 때
문에 그가 부유해지기를 바란다. 상을 유비 땅의 제후로 봉한 것
은 그를 부유하고 존귀하게 해 주기 위해서였다. 자신은 천자가
되었으면서도 동생은 필부라면 가히 친하고 사랑한다고 할 수 있
겠느냐?"

"감히 다시 묻겠습니다. 어떤 이는 말하기를 그를 내쫓은 것이
라고 하는데 어째서 그렇게 말하는 것입니까?"

"상은 결코 그 나라를 다스릴 만한 인물이 못 되었기 때문에 천
자이신 순임금이 직접 관리를 시켜 그 나라를 다스리게 하고 세
금을 받아들이게 하였던 것이다. 그러므로 이르기를 내쫓은 것이
라고 말하는 것이다. 어찌 그 나라 사람들을 횡포하게 다스리도
록 둘 수 있었겠느냐? 비록 그렇기는 했지만 항상 만나보고 싶어
하셨으므로 끊임없이 늘 찾아오게 하였던 것이다. '조공(朝貢)
을 드릴 기일이 되지 않았는데도 정사를 가지고 유비의 임금을 접
견하였다'고 한 것은 이것을 두고 한 말이다."

凡爲人兄不友其弟者 必曰 弟不恭于我 自古爲弟而不恭者 孰若
象 萬章問於孟子曰 父母使舜完廩[1] 捐階[2] 瞽瞍[3]焚廩 使浚井 出 從
而揜之 象[4]曰 謨蓋都君[5]咸我績 牛羊父母 倉廩父母 干戈朕[6] 琴朕
弤朕 二嫂[7]使治朕棲[8] 象往入舜宮 舜在牀琴 象曰 鬱陶思君爾 忸怩
舜曰 惟茲臣庶[9] 汝其于予治 不識舜不知象之將殺已與 曰 奚而不
知也 象憂亦憂 象喜亦喜 曰 然則舜僞喜者與 曰 否 昔者有饋生魚
於鄭子産 子産使校人[10]畜之池 校人烹之 反命曰 始舍之圉圉焉 少
則洋洋焉 攸然而逝[11] 子産曰 得其所哉 得其所哉 校人出 曰 孰謂

子産智 予旣烹而食之 曰 得其所哉 得其所哉 故君子可欺以其方 難
罔以非其道 彼以愛兄之道來 故誠信而喜之 奚僞焉 萬章問曰 象日
以殺舜爲事 立爲天子 則放¹²⁾之 何也 孟子曰 封之也 或曰放焉 萬
章曰 舜流共工¹³⁾于幽州 放驩兜¹⁴⁾于崇山 殺三苗¹⁵⁾于三危 殛鯀¹⁶⁾于
羽山 四罪而天下咸服 誅不仁也 象至不仁 封之有庳¹⁷⁾ 有庳之人奚
罪焉 仁人固如是乎 在他人則誅之 在弟則封之 曰仁人之於弟也 不
藏怒焉 不宿怨焉 親愛之而已矣 親之欲其貴也 愛之欲其富也 封之
有庳 富貴之也 身爲天子 弟爲匹夫 可謂親愛之乎 敢問或曰放者 何
謂也 曰 象不得有爲於其國 天子使吏治其國 而納其貢賦焉 故謂之
放 豈得暴彼民哉 雖然 欲常常¹⁸⁾而見之 故源源而來¹⁹⁾ 不及貢²⁰⁾ 以
政接於有庳²¹⁾

1) 完廩(완름) : 곡식 창고를 수리하다. 완은 완전하게 수리하다. 늠은 곡식창고
2) 捐階(연계) : 사다리를 치우다. 내려오지 못하게 하다.
3) 瞽瞍(고수) : 순임금의 아버지.
4) 象(상) : 순임금의 이복동생.
5) 都君(도군) : 도성의 군수. 순임금을 가리키는 말. 순임금이 제위에 오르기 전에, 거처하는 들판으로 순임금을 사모하여 찾아오는 사람들이 많아 3년 만에 한 도읍을 이루었으므로 생긴 말.
6) 朕(짐) : '나'라는 뜻의 일인칭 대명사. 중국에서 고대에는 누구나 다 자기 자신을 '짐(朕)'이라고 썼으나 진시황(秦始皇)이 천하를 통일하여 황제가 되고부터 황제만 쓰는 일인칭 대명사가 되었다.
7) 二嫂(이수) : 두 형수. 곧 요임금의 두 딸인 아황(娥皇)과 여영(女英).
8) 棲(서) : 잠자리. 침상.
9) 臣庶(신서) : 모든 백관(百官)을 말한다.
10) 校人(교인) : 연못을 관리하는 사람. 연못지기.
11) 攸然而逝(유연이서) : 활달하게 헤엄쳐 멀리 가버리다.
12) 放(방) : 추방. 또는 한 곳에 살게 하여 떠나지 못하게 하다.
13) 共工(공공) : 물을 다스리던 벼슬 이름이기도 하고 사람 이름이기도 하다.
14) 驩兜(환두) : 요임금 때 사람으로 공공과 함께 나쁜 일을 꾸몄다.
15) 殺三苗(살삼묘) : 삼묘나라의 임금을 죽이다. '삼묘(三苗)'는 요임금, 순임

금에게 복종하지 않은 종족의 이름.

16) 鯀(곤) : 우왕(禹王)의 아버지로 나라의 명령을 잘 따르지 않았으며 치수 (治水)의 책임을 다하지 못했다.

17) 有庳(유비) : 지방 이름.

18) 常常(상상) : 시종(始終). 늘. 일상적으로

19) 源源而來(원원이래) : 끊임없이 찾아오다. '원원'은 물이 끊임없이 흐르는 모양을 형용한 말.

20) 不及貢(불급공) : 조공을 바칠 시기가 되기 전. 공(貢)은 조공으로, 제후는 5년에 한 번 천자에게 조공을 드리게 되어 있었다.

21) 以政接於有庳(이정접어유비) : 정사(政事)가 있는 것같이 하여 유비의 제 후를 접견하다.

2. 동생을 미워한 아내를 내쫓은 진백(陳伯)

한(漢)나라의 승상(丞相)을 지낸 진평(陳平)은 젊은 시절에 집안이 매우 가난하였는데도 책 읽기를 좋아하였다.

집안에는 밭이 30묘 뿐이었는데 홀로 형 백(伯)과 함께 살았다. 진백(陳伯)은 항상 농사일을 하여, 동생 평을 내보내 유학(遊 學)시켰다.

진평은 사람이 장대하고 아름다웠다.

어떤 사람이 진평에게 이르기를

"집안이 가난한데도 무엇을 먹어서 이렇게 기름진가?"

라고 하자, 진평의 형수가 집안 일을 돌보지 않는 진평을 미워하 여 말했다.

"또한 보리 싸라기를 먹어서다. 시숙 하나 있는 것이 이와 같으 니 없는 것보다 못하다."

진백이 이 말을 듣고 그의 아내를 내쫓아 버렸다.

漢丞相陳平[1] 少時家貧 好讀書 有田三十畝 獨與兄伯居 伯常耕 田 縱平 使游學 平爲人長美色 人或謂陳平 貧何食而肥若是 其嫂

198 가범(家範)

嫉平之不視家産 曰 亦食糠覈²⁾耳 有叔³⁾如此 不如無有 伯聞之 逐
其婦而棄之

1) 陳平(진평) : 전한(前漢)의 공신(功臣). 양무(陽武) 사람. 지모가 뛰어나 고
   조(高祖)를 도와서 천하를 평정했고 혜제(惠帝) 때 좌승상이 되었으며 여공
   (呂公)이 죽은 후 주발(周勃)과 함께 여씨 일가를 죽이고 한나라를 편안하
   게 하였다.
2) 糠覈(강홀) : 겨와 보리 싸라기.
3) 叔(숙) : 아저씨. 여기서는 시숙을 뜻한다.

3. 재산을 탕진한 동생을 계속 도와 준 복식(卜式)

어사대부(御史大夫)를 지낸 복식(卜式)은, 본래 농사짓고 가
축 기르는 일을 했었다.

어린 아우가 있었는데 그 아우가 성장하자, 복식은 맨몸으로 나
가면서 양 100여 마리만 취하고 논이며 밭이며 모든 재물을 다 아
우에게 물려주었다.

복식은 산으로 들어가 10여 년 간 양을 길러서 1천 여 마리로
늘렸다. 그러는 동안 아우는 논밭을 팔고 재산을 모두 날렸다.

복식은 문득 다시 자신의 재산을 나누어 주었는데 그렇게 하기
를 여러 번 되풀이하였다.

御史大夫¹⁾卜式 本以田畜爲事 有少弟 弟壯 式脫身出 獨取畜羊
百餘 田宅財物盡與弟 式入山牧十餘年 羊致千餘頭 買田宅 而弟盡
破其産 式輒復分與弟者數矣

1) 御史大夫(어사대부) : 모든 관리를 규찰하는 직책을 맡은 벼슬의 우두머리.

4. 주벽이 심한 아우를 돌보아 준 우홍(牛弘)

수(隋)나라 때 이부상서(吏部尙書)를 지낸 우홍(牛弘)의 아
우 필(弼)은 술을 매우 좋아하였는데 술에 취하기만 하면 정신을

잃고 난폭해져 주정이 아주 심하였다.

　어느 날 술에 취한 필이 우홍의 수레를 끄는 소를 쏘아 죽였다.

　우홍이 집으로 돌아오자 아내가 맞이하며 말하기를

　"시동생이 소를 쏘아 죽였습니다."

라고 했는데, 우홍은 아내의 말을 듣고도 이상하게 여겨 묻는 일
도 없이 그냥 대답하기를

　"포(脯)를 만드시오"

라고 하면서 방으로 들어가 자리를 정하고 앉았다.

　그의 아내가 다시 말하기를

　"시동생이 소를 쏘아 죽였으니 참으로 이상한 일입니다."

라고 하자, 홍이 말하기를

　"내 이미 다 알고 있오"

하고는 얼굴색 하나 변하지 않고 태연하게 책 읽기를 계속하였다.

　隋吏部尙書[1]牛弘[2] 弟弼好酒 酗嘗醉 射殺弘駕車牛 弘還宅 其妻
迎 謂曰 叔射殺牛 弘聞 無所怪問 直答曰 作脯[3] 坐定 其妻又曰 叔
忽射殺牛 大是異事 弘曰 已知 顔色自若 讀書不輟

1) 吏部尙書(이부상서) : 관리에 관한 사무를 담당하는 우두머리. 곧 장관.
2) 牛弘(우홍) : 자는 이인(里仁). 안정(安定) 사람.
3) 脯(포) : 말린 고기.

5. 제수(弟嫂)에게 집안 살림을 맡게 하다

　당나라 삭방절도사(朔方節度使)를 지낸 이광진(李光進)의 아
우는 하동절도사(河東節度使) 이광안(李光顔)인데 형보다 먼
저 장가들었다. 그의 어머니는 먼저 장가든 광안의 부인에게 집
안 일들을 모두 맡겼다.

　한참 뒤에 광진도 장가들었는데 이 때는 이미 어머니가 돌아가
신 뒤였다.

　광안의 아내가 집안의 재물을 장부에 적어서 열쇠와 함께 광진

의 아내에게 넘기자 광진의 아내가 받지 않으면서 말하기를
　"동서가 돌아가신 시어머니를 섬겼으며, 또 이것은 돌아가신 시
어머니의 명령으로 받은 것이니, 가히 고칠 수 없는 일이다."
라고 하고는 서로 부둥켜안고 울었다.
　마침내 광안의 아내가 모든 일을 주관하였다.

唐朔方節度使李光進 弟河東節度使光顏先娶婦 母委以家事 及光進
娶婦 母已亡 光顏妻籍[1]家財 納管鑰[2]於光進妻 光進妻不受 曰 娣婦逮
事先姑[3] 且受先姑之命 不可改也 因相持而泣 卒令光顏妻主之矣

1) 籍(적) : 장부를 만들다.

2) 管鑰(관약) : 열쇠. 관건(管鍵).

3) 先姑(선고) : 돌아가신 시어머니.

6. 아들 죽인 동생을 위해 슬퍼하지 않은 한황(韓滉)

　당(唐)나라 때 평장사(平章事)를 지낸 한황(韓滉)은 어린 아
들이 있었는데, 부인 유씨(柳氏)가 낳은 아들이었다.
　한황의 동생 황(湟)이 조카를 손바닥 위에 올려놓고 희롱하다
가 잘못하여 계단아래로 떨어지게 하여 아들이 죽었다.
　한황(韓滉)은 부인과 약속하고 슬픈 울음소리를 내지 말도록
금지하였다. 슬퍼하면 동생의 마음을 상할까 걱정해서였다. 그의
형됨이 이와 같으니 어찌 아내나 첩이나 그 밖의 사람들이 어떻
게 이간질하겠는가!

平章事[1]韓滉有幼子 夫人柳氏所生也 弟湟戲於掌上 誤墜堵而死
滉禁約夫人勿悲啼 恐傷叔郞意 爲兄如此 豈妻妾它人所能間[2]哉

1) 平章事(평장사) : 당(唐)나라 태종(太宗) 때부터 설치했던 관직명. 집정(執
　政)을 일컫는다.

2) 間(간) : 이간질. 틈새.

제12장 아우〔弟〕

1. 형님을 뵐 때는 띠를 차고 뵙는 유진(劉瑧)

아우가 형을 섬기는 데 공경과 사랑을 위주로 한 사람은 제(齊)의 사성교위(射聲校尉) 유진(劉瑧)이다.

어느 날 진의 형 환(瓛)이 밤에 벽 하나를 사이에 두고 진을 불렀는데 진은 대답하지 않고 한참 후에 침상에서 옷을 입고 일어난 뒤에야 대답했다.

환이 오래 걸린 것을 괴이하게 여기자 진이 말했다.

"아까는 옷의 띠를 미처 매지 못해서 그랬습니다."

弟之事兄 主於敬愛 齊[1]射聲校尉劉瑧 兄瓛 夜隔壁[2]呼瑧 瑧不答
方下牀着衣 立然後應 瓛怪其久 瑧曰 向束帶未竟

1) 齊(제) : 남북조(南北朝) 시대 때의 제(齊).
2) 隔壁(격벽) : 벽 하나를 사이에 두다.

2. 형제인데도 매우 조심한 안성강왕(安成康王)

남북조 때 양(梁)나라의 안성강왕(安成康王) 수(秀)는 무제(武帝)가 제위에 오르기 전에 형제였다.

무제가 왕이 되자 군신관계가 되었는데 대단히 조심하고 두려워하며 공경하여 무제 앞을 지날 때면 멀고 천한 사람이 지나가는 것처럼 하였다. 무제가 이로써 더욱 어질게 여겼다.

이와 같은 행동은 능히 공경한 것이라 이를 수 있다.

梁安成康王秀 於武帝[1]布衣昆弟 及爲君臣 小心[2]畏敬 過於疎賤

者 帝益以此賢之 若此可謂能敬矣

1) 武帝(무제) : 양나라의 무제(武帝).

2) 小心(소심) : 매우 조심하다.

3. 형의 비리를 고치게 한 정균(鄭均)

후한(後漢) 때 의랑(議郎)을 지낸 정균(鄭均)의 형은 어느 고을의 말단 관리가 되었다. 그는 말단 관리이면서 보내 오는 예물을 모두 받았다. 정균이 받지 말라고 자주 간했으나 듣지 않았다.

정균은 맨몸으로 집을 나가서 품팔이하여 여러 해 동안 돈을 벌어 돈과 비단을 가지고 집으로 돌아와 형에게 주면서 말하기를

"물건은 다시 얻을 수 있으나 관리가 되어서 뇌물죄에 연좌되면 죽을 때까지 버림받게 됩니다."

라고 하자, 형이 동생의 말에 감동하여 드디어 청렴하게 되었다.

정균은 의리를 좋아하고 진실한 사람으로, 과부된 형수와 외로운 형을 잘 봉양하여 은혜로운 예절이 매우 지극하였다.

後漢議郎[1]鄭均 兄爲縣吏 頗受禮遺[2] 均數諫止不聽 卽脫身爲傭 歲餘 得錢帛歸 以與兄曰 物盡可復得 爲吏坐贓 終身捐棄 兄感其 言 遂爲廉潔 均好義篤實 養寡嫂孤兄[3] 恩禮甚至

1) 議郎(의랑) : 자문하는 직책인 듯하다. 자세한 기록이 없다.

2) 禮遺(예유) : 예물로 보내는 것. 곧 일종의 뇌물.

3) 孤兄(고형) : 외로운 형. 곧 홀로 된 형.

4. 전염병을 두려워하지 않고 형을 간호한 유곤

진(晉)나라 무제(武帝)의 함녕(咸寧) 연중에 전염병인 역질(疫疾)이 성행하였다.

영천(穎川) 땅에 사는 유곤(庾袞)의 두 형도 역질에 걸려서 죽었는데 다음 형인 비(毗)가 다시 역질에 걸려 위독한 상태에 있

었다. 병세가 기세등등하여 부모와 여러 아우들은 다 밖으로 나
가 환자와 멀리 떨어진 곳에 거처하고 있었다.

유곤이 홀로 그 곳에 머물면서 밖으로 나오려 하지 않자 부모
와 형들이 모두 밖으로 나올 것을 강력히 권하였다.

이에 유곤이 말하기를

"저는 병을 두려워하지 않습니다."

라고 하고는 몸소 위독한 형을 간호하여 밤낮으로 잠자지 않았으
며 사이사이에 이미 죽은 형들의 관을 어루만지며 슬피 울었다.

이같이 하기 보름 정도 지나는 동안 창궐하던 역질이 수그러들
어 밖에 거처하던 가족들이 모두 집으로 돌아왔다. 식구들이 돌아
와서 보니 비의 병세는 많이 나아지고 곤에게는 아무 일이 없었다.

마을의 늙은이들이 모두 말했다.

"기이하도다! 이 아이는 사람이 지키기 어려운 도리를 지키고
사람이 행하기 힘든 일을 행하였다. 추운 겨울이 되어야 비로소
소나무와 잣나무의 푸르름을 안다고 했는데, 비로소 전염병도 아
무나 감염시키지 못한다는 것을 알았다."

晉咸寧[1]中疫 潁川庾袞[2]二兄俱亡 次兄毗復危殆 厲氣方熾 父母
諸弟皆出 次於外 袞獨留不去 諸父兄强之 乃曰 袞性不畏病 遂親
自扶持 晝夜不眠 其間復撫柩哀臨不輟 如此十有餘旬 疫勢旣歇 家
人乃反 毗病得差 袞亦無恙 父老咸曰 異哉 此子守人所不能守 行
人所不能行 歲寒然後知松栢之後凋 始知疫癘之不相染也

1) 咸寧(함녕) : 진(晉)나라 무제(武帝)의 연호(275~279).
2) 庾袞(유곤) : 곤은 이름. 자는 숙포(叔褒). 하남 영천(河南潁川) 사람.

5. 식물인간이 된 형을 간호해 구한 안함(顏含)

진(晉)나라에서 우광록대부(右光祿大夫)를 지낸 안함(顏含)
의 형은 이름이 기(畿)였다.

무제(武帝)의 함녕(咸寧) 연중에 기가 병을 얻어서 의원에게

가서 치료받던 중 의원의 집에서 죽었다.

집안 사람들이 가서 상(喪)을 맞이하여 오는 도중에 영정들이 나무를 얽어매어 풀어지지 않더니 상을 인도하던 자가 엎드려 기의 말이라고 하면서 일컫기를

"나는 수명이 아직 죽을 때가 아니다. 다만 약을 너무 많이 복용해서 오장(五臟)을 상한 것 뿐으로, 이제 마땅히 다시 살아날 것이니 삼가 장례를 치르지 말라."

라고 하여, 그의 형이 축원하여 말하기를

"만약 그대가 명(命)이 남아서 다시 소생한다면 어찌 우리 형제들이 바라는 바가 아니겠는가? 이제 다만 집으로 돌아가고자 할 뿐, 너를 장사 지내지 않을 것이다."

라고 하자, 나무에 얽힌 깃발이 풀렸다.

이에 집으로 돌아왔다. 그 날 밤 부인의 꿈에 나타나 말했다.

"나는 마땅히 다시 살아날 것이니 빨리 관을 여시오"

부인이 깨어나 집안 사람들에게 그 말을 하였다.

다음 날 저녁에 그의 어머니와 집안 사람들 꿈에 또 나타나서 관을 열라고 하였으나 그의 아버지가 허락하지 않았다.

이 때 안함은 나이가 어렸는데 개연히 말하기를

"일상적이지 않은 일들은 옛날에도 있었습니다. 지금 신령스러운 징조가 여기까지 이르렀으니, 관을 열어보는 비통함이 있어도 누가 더불어 서로 도와서 열어보지 않겠습니까?"

라고 하자, 부모가 그의 뜻을 따라 허락하였다.

이에 함께 관을 열어보니 살아 있는 징조가 있었는데 손으로 관을 긁어서 손가락과 손톱이 모두 상해 있었다. 숨소리가 미약하여 살아 있는지 죽었는지 분명하지 않았다. 음식물을 떠넣어 먹이기를 수개월 동안 했는데도 능히 말하지 못했다. 먹고 싶은 음식이 있으면 꿈에 나타나 집안 사람들에게 말해 주었다.

집안의 생업은 점점 피폐해지고 비록 어머니와 아내가 있었으나 차츰 돌보는 데 해이해졌다.

이 때 안함은 자신의 모든 사사로운 일을 끊은 채, 몸소 형을 시

중드는 데 정성을 다하여 문 밖을 나가지 않은 지 13년이나 되었다.

석숭(石崇)이 안함의 진실한 행동을 중하게 여겨 맛있는 음식을 보내 주었는데 안함은 사양하고 받지 않았다.

어떤 사람이 안함에게 석숭의 음식을 받지 않는 이유를 묻자 안함이 대답했다.

"환자가 계속 혼미하여 죽을지 살지 알 수 없는데다 형에게 먹일 수도 없다. 또 사람을 알아보지도 못하여 은혜가 잘못될 수도 있는데 이것이 어찌 석숭의 뜻이겠는가?"

기(畿)는 끝까지 일어나지 못했다. 안함의 부모는 이미 돌아가시고 두 형님도 이미 죽고 다음 형수 번씨(樊氏)도 병을 얻어 실명하였다.

안함은 일상적으로 집안 사람들을 격려하며 온 마음을 다하여 봉양했다. 날마다 스스로 약 달이는 일을 살피고 상태를 물어 관찰했는데 반드시 의관과 신을 갖추고 정장을 했다. 이렇게 지성으로 간호한 결과 기의 병이 나았다.

右光祿大夫[1]顏含 兄畿 咸寧中得疾 就醫自療 遂死於醫家 家人迎喪 旐每繞樹而不可解 引喪者顚仆 稱畿言曰 我壽命未死 但服藥太多 傷我五臟[2]耳 今當復活 愼無葬也 其兄祝之曰 若爾有命復生 豈非骨肉所願 今但欲還家 不爾葬也 旐乃解 及還 其婦夢之曰 吾當復生 可急開棺 婦頗說之 其夕 母及家人又夢之 卽欲開棺而父不聽 含時尙少 乃慨然曰 非常之事 古則有之 今靈異至此 開棺之痛 孰與不開相負 父母從之 乃共發棺 有生驗 以手刮棺 指爪盡傷 氣息[3]甚微 存亡不分矣 飮哺將護累月 猶不能語 飮食所須 託之以夢 闔家營視 頓廢生業 雖在母妻 不能無倦矣 含乃絶棄人事 躬親侍養 足不出戶者十有三年 石崇[4]重含淳行 贈以甘旨 含謝而不受 或問其故 答曰 病者綿昧 生理未全 旣不能進噉 又未識人 惠若當謬留 豈施者之意也 畿竟不起 含二親旣終 兩兄旣歿 次嫂樊氏因疾失明 含課勵家人 盡心奉養 日自嘗省藥饌 察問息耗 必簪屨束帶[5] 以至病愈

1) 右光祿大夫(우광록대부) : 대궐의 문을 담당한 관직명.

2) 五臟(오장) : 폐장, 심장, 비장, 간장, 신장을 말한다.

3) 氣息(기식) : 숨소리.

4) 石崇(석숭) : 진(晉)나라 때 남피(南皮) 사람. 자는 계륜(季倫). 해상무역으로 거부(巨富)가 된 사람.

5) 簪屨束帶(잠구속대) : 갓 쓰고 신 신고 띠를 매다. 나갈 준비를 갖춘 것. 의관을 정제하다.

6. 형의 원을 풀기 위해 정성을 다한 육개(陸凱)

후위(後魏) 때 왕평태수(王平太守)를 지낸 육개(陸凱)의 형수(琇)는 함양왕(咸陽王) 희(禧)의 모반사건에 연루되어 감옥에서 죽었다.

육개가 형의 죽음을 애통해하여 슬피우는 데 때를 가리지 않았다. 그는 너무 울어서 거의 실명 단계에 이르렀는데도 형의 원통함을 계속해서 호소하며 사람이 할 수 있는 정성을 다하였다.

선무제(宣武帝)의 정시(正始) 초에 세종(世宗)이 육수의 관직을 복직시키자 육개는 크게 기뻐하고 술을 준비하여 모든 친척을 초청해서 말했다.

"내가 여러 해 동안 가슴에 병을 품고 차마 죽지 못한 것은 집안의 계획을 돌아보아서이다. 돌아가신 사람을 따르지 못하다가 이제야 소원을 풀었다."

마침내 그 해에 죽었다.

後魏王平太守陸凱 兄琇坐咸陽王禧謀反事被收 卒於獄 凱痛兄之死 哭無時節 目幾失明 訴冤不已 備盡人事[1] 至正始[2]初 世宗[3]復琇官爵 凱大喜 置酒 集諸親曰 吾所以數年之中抱病忍死者 顧門戶[4]計爾 逝者不追 今願畢矣 遂以其年卒

1) 人事(인사) : 사람이 할 수 있는 일들.

2) 正始(정시) : 후위 선무제(宣武帝)의 연호.

3) 世宗(세종) : 누구인지, 기록의 잘못인지 알 수 없다.
4) 門戶(문호) : 집안의 뜻.

7. 누이를 위해 죽을 끓인 이적(李勣)

당(唐)나라의 영공(英公) 이적(李勣)은 복야(僕射)의 지위
에 오른 귀한 몸이었지만 그의 누님이 병들자 누님을 위하여 몸
소 불을 때서 죽을 끓였다.

어느 날 불을 때다가 수염을 태웠는데 그의 누님이 그것을 보
고 말하기를

"복야는 집안에 부리는 사람들이 많은데 어찌하여 이와 같은
고생을 하는가?"
라고 하자, 이적이 대답했다.

"어찌 부릴 사람이 없어서 이러하겠습니까? 생각해보면 누님
도 많이 늙으셨고 저 또한 늙었습니다. 비록 오래도록 누님을 위
해 죽을 끓여 드리고 싶어한들 그럴 기회가 얼마나 있겠습니까?"

이와 같은 행동을 '능히 사랑한다'고 하는 것이다.

唐英公李勣[1]貴爲僕射[2] 其姉病 必親爲燃火煮粥 火焚其鬚鬢 姉
曰 僕射妾多矣 何爲自苦如是 勣曰 豈爲無人耶 顧今姉年老 勣亦
老 雖欲久爲姉煮粥 復可得乎 若此可謂能愛矣

1) 英公李勣(영공이적) : 원래는 서세적(徐世勣)이었는데 당나라 고조(高祖)
   로부터 이씨 성을 받았다. 후에 태종의 이름이 세민(世民)이어서 세(世)를
   빼버렸다. 영공으로 봉해졌으며 시호는 정무(貞武)라고 하였다.
2) 僕射(복야) : 상서성의 차관. 당(唐)에서는 재상의 지위에 해당하였다.

8. 형제는 한 몸이 나누어진 것이다

대저 형제는 지극히 친한 사이이니, 하나의 몸체가 나누어진 것
으로 기운을 함께 하고 숨쉬는 것만 다르게 하는 것이다.

'시경' 소아(小雅) 상체(常棣)편에 이르기를
"무릇 사람들은 형제 같은 이가 없다."
라고 하고, 또 이르기를
"형제는 집안에서는 싸워도 밖으로는 서로 힘을 모아 막는다네."
라고 했는데, 이 말은 형제는 기쁨과 슬픔을 함께 하고 타인과 더
불어 의논하지 않음을 이른 것이다.

만약 나의 형제를 사랑하지 않는다면 다른 사람에 있어서랴! 내
가 남을 사랑하지 않는데 남인 누가 나를 사랑하겠는가? 사람이
사랑하지 않는데 환란이 이르지 않은 자는 있지 않았다.

'시경' 대아(大雅) 판(板)편에 이르기를
"홀로 두려움에 떨지 마라."
라고 했는데, 이러한 일을 말한 것이다.

형제란 손과 발 같은 존재이다. 지금 사람들은 그의 왼발을 잘
라다 오른손을 이익되게 하려 하는데 어떤 이익이 있겠는가?

살무사는 하나의 몸뚱이에 두 개의 입이 있는데 먹을 것을 다
투어 서로 깨물다가 드디어는 서로 죽이는 데에 이른다.

이로움을 다투어 서로 해치는 일은 무엇이 살무사와 다른가?

夫兄弟至親 一體而分 同氣異息 詩云¹⁾ 凡今之人 莫如兄弟 又
云²⁾ 兄弟鬪于牆 外禦其侮 言兄弟同休戚³⁾ 不可與他人議之也 若
己之兄弟且不能愛 何況他人 己不愛人 人誰愛己 人皆莫之愛而
患難不至者 未之有也 詩云⁴⁾ 毋獨斯畏 此之謂也 兄弟 手足也 今
有人斷其左足以益右手 庸何利乎 虺⁵⁾一身兩口 爭食相齕 遂相殺
也 爭利而相害 何異於虺乎

1) 詩云(시운): '시경' 소아(小雅) 상체(常棣)편의 문장.
2) 又云(우운): '시경' 상체편의 문장.
3) 休戚(휴척): 기쁘고 슬픈 것.
4) 詩云(시운): '시경' 대아 판(板)편의 문장.
5) 虺(훼): 살무사. 여기서 살무사가 입이 둘이라고 했는데 잘못된 것 같다.

9. 형제는 밥상을 함께 하여 먹는다

'안씨가훈(顏氏家訓)'에서 형제(兄弟)를 논한 편에 말했다.

"바야흐로 그 어릴 때에는 부모가 왼손으로 이끌고 오른손으로 끌면 부모의 앞뒤 옷자락을 붙잡고 따라간다. 밥 먹을 때는 한 밥상에서 먹고 옷은 전하여 물려가며 입고 배움은 서로 이어서 공부하며 노는 데도 장소를 함께하여 논다. 비록 정도에 어긋나는 형제가 있더라도 능히 서로 사랑하지 않을 수 없는 것이다.

장성해서는 각각 아내를 두며 각각의 아들을 두게 된다. 이 때에는 비록 우애가 두터운 형제라도 우애가 조금은 쇠퇴하게 된다.

여자 동서끼리의 관계를 형제에 비교한다면 소원하고 엷은 것이다. 지금 소원하고 엷은 관계의 사람들이 친하고 두터운 은혜로 결속된 관계를 조절하는데, 이것은 밑이 모난 데 둥그런 뚜껑으로 덮는 것과 같아서 반드시 합해지지 않는 것이다.

이러한 때는 오직 우애가 깊고 지극해야만 옆 사람들의 방해를 받지 않고 우애를 유지할 수 있다.

형제 사이란 타인들과는 달라서 바라는 것이 깊고 원망하기도 쉬우며 다른 친척과 비교할 때 쉽게 잊는다.

집안의 거실에 비유하면, 한 구멍을 막고 한 틈새를 바르면 허물어질 염려가 없는데 참새나 쥐가 구멍을 뚫고 갉아대도 그 곳을 고치지 않고 비바람이 들이쳐도 막지 않으면 벽은 무너지고 기둥은 썩어서 가히 손을 쓸 수 없게 되는 것과 같다.

집안의 종이나 첩들은 쥐나 참새와 같으며 아내와 아들은 바람이나 비와 같아서 형제의 의를 상하는데 더욱 심한 것이다!

형제끼리 화목하지 못하면 자식과 조카들이 사랑하지 않게 되고 자식과 조카들이 사랑하지 않게 되면 모든 종족이 멀어지고 박정해지며 모든 종족이 서로 멀어지고 박정해지면 심부름꾼이나 노복들은 원수같이 지내게 된다.

이와 같은 상황에 이르게 되면 길 가는 사람들이 그의 체면을 밟고 그의 마음을 밟더라도 그 누가 구제해 주겠는가?

사람들은 온 천하의 선비들과 사귀어 다 기뻐하고 사랑하면서
형을 공경하지 않는 경우가 있는데 무엇 때문에 많은 선비들에게
는 잘 하면서 하나 있는 형에게는 잘못하는 것인가?

사람들은 수십만 명의 군사를 거느려 통솔하려고 죽을 힘을 다
하면서 동생에게는 은혜를 베풀지 않는데, 무엇 때문에 그 관계가
엷은 곳에는 힘을 다하고 친한 동생에게는 힘을 다하지 않는가?

동서간이란 많이 다투게 되는 진원지이다. 왜 그렇게 되는가 하
면 공적인 임무에 당해서는 사사로운 정으로 나아가고 무거운 책
임을 맡아야 하는 일에서는 엷은 의리를 품기 때문이다. 만약 자
기를 용서하는 마음으로 행동하고 자식을 바꾸어 어루만진다면
이러한 근심은 발생하지 않을 것이다.

사람들이 형 섬기기를 아버지 섬기듯이 하지 않으면서 무슨 이
유로 아우가 자기 사랑하기를 아들 사랑하듯이 하지 않는다고 원
망하는가? 이러한 생각을 가지고 반복하여 조명한다면 아무리 생
각해도 명백해지지 않을 것이다.

顏氏家訓[1]論兄弟曰 方其幼也 父母左提右挈 前襟後裾 食則同案
衣則傳服 學則連業[2] 遊則共方 雖有悖亂[3]之人 不能不相愛也 及其
壯也 各妻其妻 各子其子 雖有篤厚之人 不能不少衰也 娣姒[4]之比
兄弟 則疎薄矣 今使疎薄之人 而節量親厚之恩 猶方底而圓蓋 必不
合也 唯友悌深至 不爲傍人[5]之所移者 可免夫 兄弟之際 異於他人
望深雖易怨 比他親則易弭 譬猶居室 一穴則塞之 一隙則塗之 無頹
毀之慮 如雀鼠之不卹 風雨之不防 壁陷楹淪 無可救矣 僕妾之爲鼠
雀 妻子之爲風雨 甚哉 兄弟不睦 則子姪不愛 子姪不愛 則群從疎
薄 群從疎薄 則童僕爲讎敵矣 如此 則行路皆踏其面而蹈其心 誰救
之哉 人或交天下之士 皆有懽愛 而失敬於兄者 何其能多而不能少
也 人或將數萬之師 得其死力 而失恩於弟者 何其能疎而不能親也
娣姒者多爭之地也 所以然者 以其當公務而就私情 處重責而懷薄
義也 若能恕己而行 換子而撫 則此患不生矣 人之事兄 不同於事父

何怨愛弟不如愛子乎 是反照而不明⁶⁾也

1) 顔氏家訓(안씨가훈) : 안지추(顏之推)의 가훈을 참조.

2) 連業(연업) : 한 선생님 밑에서 공부하다.

3) 悖亂(패란) : 일반 상식에 어긋나는 행동을 한 사람.

4) 娣姒(제사) : 여자들의 동서간. 손아래 동서와 손위 동서.

5) 傍人(방인) : 처자식들.

6) 反照而不明(반조이불명) : 반복하여 비춰보아도 밝혀지지 않는다는 뜻.

10. 동생에게 왕위를 사양한 태백(太伯)

오(吳)나라의 태백(太伯)과 그의 동생 중옹(仲雍)은 다 주(周)나라 태왕(太王)의 아들이며 왕계력(王季歷)의 형이다.

계력은 어질고 성인(聖人)의 기상이 있었고 그의 아들은 창(昌)이었다. 태왕이 계력을 후계자로 삼아서 왕위를 창(昌)에게 물려주려고 했다. 태백과 중옹은 그런 아버지의 뜻을 알아채고 형만(荊蠻 : 오랑캐땅)으로 도망하여 몸에 문신하고 머리를 깎아서 다시 등용하지 못하도록 하였다.

이로써 계력을 맞이하여, 계력이 과연 후계자가 되었으니 이에 왕계(王季)가 되었으며 창(昌)이 문왕(文王)이 된 것이다.

태백은 형만으로 도망하여 스스로를 구오(句吳)라고 불렀으며, 형만 사람들이 의롭게 여겼다. 형만에서 태백을 따르는 자가 1천여 가구나 되었으며 이 때문에 오태백(吳太伯)이 되었다.

공자(孔子)가 말했다.

"태백은 그 덕이 가히 지극하다고 이를 수 있다. 세 번이나 천하(天下)를 사양하였지만 백성들은 그의 덕을 칭송함이 없구나."

吳太伯¹⁾及弟仲雍 皆周太王之子 而王季歷之兄也 季歷賢而有聖子昌 太王欲立季歷以及昌 於是太伯仲雍二人乃奔荊蠻 文身斷髮示不可用 以迎季歷 季歷果立 是爲王季 而昌爲文王 太伯之奔荊蠻自號句吳 荊蠻義之 從而歸之千餘家 立爲吳太伯

子曰 太伯 其可謂至德也已矣 三以天下讓 民無得而稱焉

1) 吳太伯(오태백) : 주(周)나라가 군림하기 전 태왕(太王)의 맏아들. 후손이 오
(吳)나라에 봉해져 오태백이라 한다. 태왕 시대에는 은(殷)왕조가 점점 쇠퇴
해 가고 주나라가 나날이 강대해지는 때였다. 태왕은 태백(太伯)과 중옹(仲
雍)과 계력(季歷)의 세 아들을 두었는데 그중 셋째 계력이 가장 현명했고 또
창(昌)이라는 아들을 낳았다. 왕위는 당연히 태백에게 물려줘야 했지만 태왕
은 계력에게 물려주어 창(昌)에게 이어지기를 바랐다. 아버지의 생각을 알아
차린 태백은 둘째 중옹까지 설득해 함께 형만으로 도망했고 계력은 형 대신
왕위를 물려받아 아들 창에게 물려주었다. 창은 발(發)에게 물려주어 은왕조
를 멸망시키고 주(周)왕조를 일으켰다. 이것이 주왕조가 탄생한 내력이다.

11. 고죽국(孤竹國) 군주의 두 아들

백이(伯夷)와 숙제(叔齊)는 고죽국(孤竹國) 군주의 두 아들
이다. 아버지가 숙제를 왕으로 세우려 하였는데, 아버지가 죽자
숙제는 형 백이에게 왕위를 사양하였다.

형 백이가 말하기를 "아버지의 명령이다."라고 하고는 도망가
버리자 동생 숙제 또한 왕이 되기를 원하지 않아서 도망가 버렸다.
나라 사람들이 어쩔 수 없이 그 가운데아들을 왕으로 삼았다.

伯夷叔齊 孤竹[1]君之二子也 父欲立叔齊 及父卒 叔齊讓伯夷 伯
夷曰 父命也 遂逃去 叔齊亦不肯立而逃之 國人立其中子[2]

1) 孤竹(고죽) : 나라 이름.
2) 中子(중자) : 가운데아들.

12. 제후의 지위를 동생에게 물려준 선공(宣公)

송나라 선공(宣公)이 아들 여이(與夷)를 놓아 두고 목공(穆
公)을 세웠다.

목공은 병이 들자 아들 빙(馮)을 놓아 두고 여이를 세웠다.

이 일에 대해 군자가 말했다.

"선공은 사람을 잘 알아보았다고 말할 수 있다. 목공을 세워서 자기 아들이 군주자리를 이어받게 했다. 이렇게 된 원인은 그의 명령이 의로웠기 때문이다."

宋宣公[1] 捨其子與夷 而立穆公[2] 穆公疾 復捨其子馮而立與夷 君子曰 宣公可謂知人矣 立穆公 其子饗之 命以義夫

1) 宋宣公(송선공) : 춘추 시대 송(宋)나라의 제후.
2) 穆公(목공) : 선공의 동생. 이름은 화(和).

13. 왕위를 사양하고 도망친 계찰(季札)

오(吳)나라 왕 수몽(壽夢)이 죽었는데 아들 넷이 있었다. 큰아들이 제번(諸樊)이고 둘째가 여제(餘祭)이고 셋째가 이매(夷昧)이고 막내인 넷째가 계찰(季札)이었다.

막내 계찰은 현명하여 수몽이 후계자로 삼고자 했었는데 계찰이 사양하며 옳지 않다고 했다. 이에 나라 사람들이 큰아들 제번을 세웠는데 제번이 죽었다.

죽을 때 동생 여제(餘祭)에게 전수하고 다시 전하여 이매에게 전한 후에 반드시 나라를 계찰이 다스리도록 하는 데 이르라고 하였다. 그러나 계찰은 끝내 받지 않고 도망하였다.

吳[1] 王壽夢卒 有子四人 長曰諸樊 次曰餘祭 次曰夷昧 次曰季札 季札賢而壽夢欲立之 季札讓 不可 於是乃立長子諸樊 諸樊卒 有命授弟餘祭 欲傳以次 必致國於季札而止 季札終逃去 不受

1) 吳(오) : 춘추 시대의 오(吳)나라.

14. 거짓으로 미쳐 후계를 사양한 현성(玄成)

한(漢)나라의 부양후(扶陽侯) 위현(韋賢)이 병에 걸려 위독

하였다. 이 때 장자(長子)인 태상(太常) 벼슬을 지낸 승홍은 종
묘의 일에 연좌되어서 감옥에 갇혔는데 죄가 확정되지 않아서 계
속 갇혀 있게 되었다.

집안에서 위현에게 후계자를 누구로 할 것인가를 묻자 위현은
화내며 원한을 품은 모습으로 말하지 않았다.

이에 위현의 문하생인 박사(博士) 의천(義倩) 등이 집안 사람
들과 모의하여 위현의 명령인 양 거짓으로 꾸며서 집안 일을 담
당하는 사람을 시켜 임금에게 글을 올리는 직무를 대행하는 사람
에게 말하게 하기를 "대하도위(大河都尉)인 승홍의 동생 현성
(玄成)을 후계자로 삼는다."라고 했다.

위현이 죽자 현성은 관직에 있다가 상을 듣고 또 마땅히 후계
자가 되어야 한다는 말을 들었다.

그런데 현성은 그것이 아버지의 본마음이 아님을 깊이 알고 곧
거짓으로 미친 듯이 행동하였다. 편안하게 누워 웃으면서 이야기
하는데 갈팡질팡 어지러웠다.

불러서 장안(長安)에 도착했을 때 이미 장례를 마치고 마땅히
관직을 이어받아야 하는데 미친 짓을 하며 응하지 않았다.

외국 사신을 접대하는 자를 불러놓고 장계를 올려 상황을 아뢰
자 승상(丞相)과 어사(御史)에게 사실을 규명하게 하였다.

드디어 현성이 실제로 병이 들지 않았음이 확인되자 탄핵받기
에 이르렀다. 임금이 조서를 내려 탄핵하지 말라고 하고 위현의
후계에 제수하자 현성이 부득이하여 관작을 받았다.

선제(宣帝)는 현성의 절개를 높이 샀다.

이 때 회양헌왕(淮陽憲王)으로 후계자를 삼고자 했으나, 태자
의 출생이 미천하고 또 일찍 어머니를 잃었으므로 차마 하지 못
한 지 오래였다.

또 황제는 풍헌왕(風憲王)을 감동시키고자 하여 예절과 겸양
이 있는 신하로 하여금 보필하게 하였는데 이 때 현성을 불러서
회양중위(淮陽中尉)를 제수하였다.

漢扶陽侯韋賢¹⁾病篤 長子太常²⁾丞弘³⁾坐宗廟事繫獄 罪未決 室家
問賢 當爲後者 賢恚恨不肯言 於是賢門下生博士義倩等與室家計
共矯賢令 使家丞上書言大行 以大河都尉⁴⁾玄成爲後 賢薨 玄成在
官 聞喪 又言當爲嗣 玄成深知其非賢雅意⁵⁾ 卽陽⁶⁾爲病狂 臥便利
中 笑語昏亂 徵至長安 旣葬 當襲爵 以狂不應 召大鴻臚⁷⁾奏狀章 下
丞相御史案驗⁸⁾ 遂以玄成實不病 劾奏之 有詔 勿劾 引拜 玄成不得
已 受爵 宣帝⁹⁾高其節 時上欲淮陽憲王¹⁰⁾爲嗣 然因太子起於細微
又早失母 故不忍也 久之 上欲感風憲王¹¹⁾ 輔以禮讓之臣 乃召拜玄
成爲淮陽中尉¹²⁾

1) 扶陽侯韋賢(부양후위현) : 한(漢)나라 선제(宣帝) 때 승상(丞相)을 지내고
   부양후에 봉해짐.
2) 太常(태상) : 종묘의 일을 맡아 보는 관직.
3) 丞弘(승홍) : 위현의 장자 이름.
4) 大河都尉(대하도위) : 관직 이름.
5) 雅意(아의) : 참뜻이 아니다. 본의가 아니다.
6) 陽(양) : 거짓.
7) 大鴻臚(대홍려) : 외국의 빈객을 접대하는 벼슬.
8) 案驗(안험) : 사실 여부를 조사하게 하다.
9) 宣帝(선제) : 한나라 제9대 황제.
10) 淮陽憲王(회양헌왕) : 선제의 아들로 원제(元帝)가 되었다.
11) 風憲王(풍헌왕) : 자세한 기록이 없다.
12) 淮陽中尉(회양중위) : 벼슬 이름.

15. 동생에게 나라를 사양한 정홍(丁鴻)

능양후(陵陽侯) 정침(丁綝)이 죽었는데 아들 홍(鴻)이 당연
히 영지와 관작을 물려받아야 했다. 홍(鴻)은 황제에게 글을 올
려서 동생 성(成)에게 나라를 양보한다고 하고 받지 않았다.
이미 장례가 끝나자 상복을 상청에 걸어 놓고 도망하였다.
정홍은 구강(九江)에 사는 포준(鮑駿)과 서로 절친한 벗이었

다. 정홍이 도망하여 작위를 봉(封)할 수 없다는 소식을 듣고 포
준이 동해(東海)에서 홍을 만났는데 홍이 거짓으로 미친 척하며
포준을 알지 못하는 사람같이 대했다.

이에 포준이 정홍을 붙들고 꾸짖어 말했다.

"춘추(春秋)의 의리란 집안 일로써 왕사(王事)를 폐지하지 않
는 것이네. 지금 그대가 형제의 사사로운 은혜로써 아버지의 불
멸(不滅)의 기틀을 끊는다면 어찌 지혜롭다고 할 것인가."

포준의 말을 들은 정홍은 감동하여 눈물을 흘리고 이에 집으로
돌아와 아버지의 뒤를 이어 제후의 작을 받았다.

陵陽侯[1]丁綝卒 子鴻當襲封 上書讓國於弟成 不報 旣葬 挂衰絰
於冢廬[2]而逃去 鴻與九江人鮑駿相友善 及鴻亡封 與駿遇於東海 陽
狂不識駿 駿乃止而讓之曰 春秋之義[3] 不以家事廢王事[4] 今子以兄
弟私恩而絶父不滅之基 可謂智乎 鴻感語垂涕 乃還就國

1) 陵陽侯(능양후) : 한(漢)나라 때의 제후인 정침(丁綝)의 봉작.
2) 冢廬(총려) : 장례를 마치고 차린 상청. 곧 여막집.
3) 春秋之義(춘추지의) : 공자(孔子)가 지은 역사서인 '춘추'의 뜻.
4) 王事(왕사) : 천하의 일. 곧 황제의 명을 받아서 시행하는 일.

16. 동생에게 후작을 사양하고 숨은 유개(劉愷)

한(漢)나라 때 거소후(居巢侯)에 봉해진 유반(劉般)이 죽었다.
아들 개(愷)가 당연히 작위를 물려받아야 하는데 아우 헌(憲)에
게 사양하고 도망하여 숨어서 오래도록 작위를 물려받지 않았다.

장제(章帝) 장화(章和) 연중에 유사(有司 : 관리)가 아뢰었다.

"청하오니 개(愷)의 나라를 끊어야 합니다. 종족에게 엄숙하게
하고 그 의리를 아름답게 여겨 지금까지 잘 보아주었는데도 개가
오히려 나타나지 않은 지 10여 년이나 되었습니다."

화제(和帝) 영원(永元) 10년에 유사(有司)가 다시 아뢰었다.

"시중(侍中) 가규(賈逵)가 글을 올려서 말하기를 '유개는 백

이(伯夷)와 같은 절개가 있으니 마땅히 가엾게 여겨서, 그의 아버지를 온전하게 하기 위하여 덕을 숭상하는 아름다움을 더하십시오.' 라고 했습니다."

화제(和帝)가 받아들여 조서를 내려서

"왕의 법이란 선을 숭상하는 것이다. 성인(成人)의 아름다움은 그 법을 듣고 작위를 이어 주는 것이다. 일을 만남이 당연하다면 뒤에는 비교할 수가 없다."

하고는 개를 불러서 낭(郞)으로 제수하였다.

居巢侯劉般卒 子愷當襲爵 讓於弟憲 遁逃避封久之 章和中[1] 有司奏 請絶愷國 肅宗美其義 將優假[2]之 愷猶不出 積十餘歲 至永元[3]十年 有司復奏之 侍中賈逵上書稱 愷有伯夷之節 宜蒙矜宥 全其先公[4] 以增聖朝[5]尙德之美 和帝納之 下詔曰 王法崇善 成人之美 其聽憲嗣爵 遭事之宜 後不得以爲比 乃徵愷 拜爲郞

1) 章和中(장화중) : 한나라 장제(章帝) 말년의 연호.

2) 優假(우가) : 특별히 보아주다.

3) 永元(영원) : 한나라 화제(和帝)의 연호.

4) 先公(선공) : 돌아가신 아버지.

5) 聖朝(성조) : 성스런 조정. 임금을 존칭하여 이르는 말.

17. 왕위를 사양한 고량왕(高凉王)

후위(後魏) 시대의 고량왕(高凉王) 고(孤)는 평문황제(平文皇帝)의 넷째아들로, 재주와 기예가 많았고 지혜와 계략도 있었다.

열제(烈帝)의 원년 전에, 나라에 안으로 난리가 있었는데 소성(昭成)이 후조(後趙)의 인질이 되었다.

열제가 죽음에 임박하여 유명을 남기기를 소성(昭成)을 맞이하여 옹립하라 하였다.

열제가 죽자 모든 신하들이 다 새로이 대고가 있을 것으로 여겨 말했다.

"소성이 오더라도 가히 결단하지 못할 것이다. 마땅히 길이 임금 노릇할 사람을 세워야 한다. 둘째 굴(屈)은 성질이 강하고 사나우며 변화가 많으므로 고(孤)의 너그럽고 유순함만 못하다."

이에 대인(大人) 양개(梁蓋) 등이 굴(屈)을 죽이고 함께 고를 추대하여 후계를 삼았는데 고는 즐겨하지 않았다.

이에 스스로 업(鄴) 땅으로 나아가 소성을 맞이하였는데 자신을 인질로 삼을 것을 청하였다.

석계룡(石季龍)이 의로운 사람이라고 따랐다.

소성이 왕위에 올라 나라를 절반으로 나누어 고에게 주었다.

그런데 형제 사이에는 마땅히 서로 정성을 다해야 하는데 그 행적을 살펴보면 밖으로는 비록 우애한 것처럼 보였지만 안으로는 실상은 서로 멀어진 것이다.

後魏高凉王孤 平文皇帝之第四子也 多才藝 有志略 烈帝之前元年 國有內難 昭成爲質於後趙 烈帝臨崩 顧命[1]迎立昭成 及崩 群臣咸以新有大故[2] 昭成來未可果 宜立長君[3] 次弟屈剛猛多變 不如孤之寬和柔順 於是大人[4]梁蓋等殺屈 共推孤爲嗣 孤不肯 乃自詣鄴奉迎 請身留爲質 石季龍義而從之 昭成卽王位 乃分國半部以與之 然兄弟之際 宜相與盡誠 若徒事形迹[5] 則外雖友愛而內實乖離矣

1) 顧命(고명) : 임금이 임종할 때 후사를 부탁하는 일.
2) 大故(대고) : 큰 연고 여기서는 단명하여 죽는 것을 뜻한다.
3) 長君(장군) : 오래도록 임금 노릇할 사람.
4) 大人(대인) : 큰 덕이 있는 사람. 또는 높은 관직의 사람.
5) 形迹(형적) : 행적과 같다.

18. 형 섬기기를 아버지와 같이 한 채확(蔡廓)

남북조 시대에 송(宋)나라의 사부상서(祠部尙書)를 지낸 채확(蔡廓)은 형 궤(軌)를 받들어 모시기를 아버지 섬기듯이 하였다.

집안의 크고 작은 일은 다 자문받은 뒤에 행하였으며 공적인 녹봉이나 상받은 것은 하나같이 다 궤(軌)에게 들였다.

취할 것이 있으면 다 법에 따라서 청하였다.

송(宋)나라 무제(武帝)를 따라 팽성(彭城)에 있을 때 아내 극씨(郗氏)가 서신으로 여름옷을 보낼까 물었다.

이 때는 채궤가 급사중(給事中)이 되었는데 채확이 아내에게 답장하여 말했다.

"모름지기 여름옷은 급사(給事)께서 헤아려 스스로 맡아서 제공하실 것이니 별도로 부치는 일을 하지 마시오"

이전에는 채확이 아내의 말을 따랐는데 멀어짐이 점점 더하였다.

宋祠部尙書[1]蔡廓 奉兄軌如父 家事大小 皆諮而後行 公祿賞賜
一皆入軌 有所資須悉就典者請焉 從武帝在彭城 妻郗氏書求夏服
時軌爲給事中[2] 廓答書曰 知須夏服 計給事自應相供 無容別寄 嚚
使廓從妻言 乃乖離之漸也

1) 祠部尙書(사부상서) : 종묘의 일을 맡은 관리.
2) 給事中(급사중) : 관직 이름. 각 관청의 부에 소속되어 임금에게 올리고 비
   답을 받는 일을 맡은 직책.

19. 동생이 보내는 것을 마음에 든다고 한 안성강왕

남북조 시대 양(梁)나라의 안성강왕(安成康王) 수(秀)는 아우인 시흥왕(始興王) 담(憺)과 우애가 돈독하였다.

담이 오랫동안 형주자사(荊州刺史)로 있었는데 항상 얻은 것 중에서 절반을 수(秀)에게 보냈다. 수는 항상 마음에 알맞다고 했으며 받으면서 많은 것도 사양하지 않았다.

이와 같은 것을 '능히 정성을 다한다'고 할 것이다.

梁安成康王秀 與弟始興王憺友愛尤篤 憺久爲荊州刺史 常以所得
中分[1]秀 秀稱心[2] 受之不辭多也 若此 可謂能盡誠矣

1) 中分(중분) : 절반을 나누다

2) 稱心(칭심) : 마음에 꼭 들다. 알맞다.

20. 아우가 대신 죽자 나도 죽여 달라고 한 형

위(衛)나라 선공(宣公)이 맏아들인 급자(急子)를 미워하여, 제(齊)나라에 사신으로 보내고는 은밀히 도둑을 시켜서 신(莘)나라에서 기다리다가 죽이라고 하였다.

아우 수자(壽子)가 이러한 사실을 알고 사신으로 가는 일은 옳지 않다고 하자, 급자가 말하기를

"아버지의 명령을 저버린다면 어떻게 아들이라고 할 수 있겠느냐? 아비 없는 나라에서나 가능할 것이다."

하고는 떠나갔다.

수자는 급자에게 술을 마시게 하고 그 사이에 사신의 깃발을 가지고 떠났다. 수자가 먼저 도착하자 도둑은 급자인 줄 알고 살해하였다. 그 뒤에 급자가 도착했는데 상황을 파악한 급자가 말했다.

"나를 구하려 한 동생이 무슨 죄가 있으랴! 나도 죽여 달라."

이에 도둑이 급자도 죽였다.

衛宣公[1]惡其長子急子 使諸齊[2] 使盜待諸莘[3] 將殺之 弟壽子告之 使行不可 曰 棄父之命 惡用子矣 有無父之國則可也 及行 飮以酒 壽子載其旌以先 盜殺之 急子至 曰 我之求也 此何罪 請殺我乎 又殺之

1) 衛宣公(위선공) : 춘추 시대 위나라 선공.
2) 諸齊(제제) : 제나라의 여러 곳.
3) 諸莘(제신) : 제나라 안에 있는 조그마한 나라 이름.

21. 자신을 결박하여 동생을 구한 조효(趙孝)

한(漢)나라 왕망(王莽)의 말기에 천하는 크게 어지러워져서 사람들이 서로 잡아먹는 지경까지 이르렀다.

이 때 패국(沛國)에 조효(趙孝)라는 사람이 있었는데 동생 예
(禮)가 굶주린 도적들에게 생포되었다. 조효가 이 소식을 듣고 곧
스스로 결박하여 도적의 소굴에 이르러 말했다.

"동생은 오랫동안 굶어서 말랐다. 살찐 나를 먹느니만 못하다."
굶주린 도둑들이 깜짝 놀라서 두 사람 다 놓아 주며 말했다.
"돌아가서 다시 말린 밥을 가지고 오라."

조효가 말린 밥을 구하려 하였으나 구하지 못하자 다시 가서 도
적에게 보고하고 "원한다면 나를 삶아 먹어도 좋다."고 했다. 도
둑들이 괴이하게 여기고 드디어 해치지 않았다.

고을이나 마을에서는 그의 의(義)에 감복하였다.

王莽末 天下亂 人相食 沛國趙孝 弟禮爲餓賊所得 孝聞之 卽自縛
詣賊 曰 禮久餓羸瘦 不如孝肥 餓賊大驚 並放之 謂曰 且可歸 更持
米糒[1]來 孝求不能得 復往報賊 願就烹 衆異之 遂不害 鄕黨[2]服其義

1) 米糒(미비) : 말린 밥. 군대용 식량.
2) 鄕黨(향당) : 1만2천5백 호를 향이라고 하고 5백 호를 당이라 한다.

22. 형을 대신하여 삶아지겠다고 한 순우공(淳于恭)

북한(北漢) 때 순우공(淳于恭)의 형 숭(崇)은 도둑에게 잡혀
서 장차 삶아지려 했는데 순우공이 형 대신 삶아지겠다고 청하여
겨우 삶아지는 위기를 모면하였다.

또 제국(齊國)의 아맹(兒萌)과 양군(梁郡)의 차성(車成) 형
제가 있었는데 함께 적미(赤眉)에게 잡혔다. 장차 잡아먹히게 되
자 아맹과 차성은 머리를 땅에 치며 자신이 대신하겠다고 빌어서
도둑들이 또한 가련하게 여기고 둘 다 풀어 주었다.

北漢[1]淳于恭 兄崇將爲盜所烹 恭請代 得俱免 又 齊國[2]兒萌 梁郡
車成 二人兄弟 並見執於赤眉[3] 將食之 萌成叩頭 乞以身代 賊亦哀
而兩釋焉

1) 北漢(북한) : 오대(五代) 때 10국의 하나. 후한(後漢)의 은제(隱帝)가 시해
  되자 유숭(劉崇)이 산서성(山西省) 진양(晉陽)에서 즉위하여 세운 나라.
2) 齊國(제국) : 후한(後漢) 때 봉해진 소국(小國).
3) 赤眉(적미) : 후한 초에 산동(山東) 지방에 일어난 비적(匪賊)의 이름. 이들
  은 모두 눈썹에 빨간 물을 들여서 이렇게 이름이 붙여졌다.

23. 동생의 징발을 대신하려 한 손극(孫棘)

남북조 시대 송(宋)나라 효무제(孝武帝)의 대명(大明) 5년에
15세의 장정을 징발했다.

팽성(彭城)에 사는 손극(孫棘)의 아우 살(薩)이 응당 나가야
했는데 기일을 맞추지 못해 기일을 넘긴 죄에 걸렸다.

손극이 군(郡)에 이르러 순번을 알리고 줄에 참여하여 말했다.
"저는 집안의 가장으로서 동생이 명령을 행하지 못하게 했으니
백번 죽어도 마땅합니다. 저의 몸으로 동생을 대신하기를 빕니다."

동생 손살도 또 스스로 와서 사열하였다.

태수(太守) 장대(張岱)가 진실하지 못함을 의심하여 손극과
손살을 각각 다른 곳에 가두었다.

공초에 말했다.

"그들이 서로 대신한다고 말할 때 안색은 함께 즐거웠고 달게
받아들여 죽음에 임한다고 했다. 극의 아내도 허락하고 또 극에
게 덧붙여 말하기를 '당신은 집안의 가장인데 어찌 죄를 시동생
에게 떠넘기려 하십니까? 차라리 당신이 죽음에 임하십시오 어
머니께서 시동생을 당신에게 부탁하셨고 시동생은 아직 장가도
가지 못하여 가정의 도를 세우지 못했습니다. 당신은 이미 두 아
이가 있으니 죽은들 무슨 원한이 있겠습니까."라고 했다."

태수 장대가 이러한 일을 황제에게 알리자 효무제(孝武帝)가
조서를 내려 특별히 죄를 용서하고, 주(州)에 임금의 명령을 첨
가하여 함께 비단 20필을 하사하였다.

宋大明[1]五年 發三五丁[2] 彭城孫棘弟薩應充行 坐違期不至 棘詣
郡辭列 棘爲家長 令弟不行 罪應百死 乞以身代薩 薩又辭列自引 太
守張岱疑其不實 以棘薩各置一處 報云[3] 聽其相代 顔色竝悅 甘心
赴死 棘妻許又寄語屬棘 君當門戶 豈可委罪小郞[4] 且大家[5]臨亡 以
小郞屬君 竟未妻娶 家道不立 君已有二兒 死復何恨 岱依事表上 孝
武[6]詔 特原罪 州加辟命 幷賜帛二十匹

1) 宋大明(송대명) : 남북조 시대 송(宋)나라로, 유유(劉裕)가 세운 나라. 대명
   은 효무제의 연호.

2) 三五丁(삼오정) : 15세의 남자.

3) 報云(보운) : 범죄 사실을 기록한 공초.

4) 小郞(소랑) : 손극의 동생 살. 곧 형수가 시동생을 지칭한 것.

5) 大家(대가) : 부인이 손극을 지칭한 것.

6) 孝武(효무) : 남북조 시대 송(宋)나라 제4대 황제.

24. 서로 죽음을 자청한 현소(玄紹) 형제들

남북조 시대 양(梁)나라의 강릉왕(江陵王) 현소(玄紹)와 효
영(孝英)과 자민(子敏)의 세 형제는 특별한 우애가 있었다.

맛있거나 새로운 음식이 있을 때 삼형제가 함께 모이지 않으면
아무나 먼저 먹지 않았고, 언제나 부지런하고 씩씩한 안색과 용모
를 갖추었으며, 항상 모이면서도 보는 것이 늘 부족한 듯하였다.

양나라의 수도가 함락되었을 때 강릉왕 현소는 수염이 많고 체
격이 큰 훤칠한 장부였으므로 군사들에게 포위됐다. 두 동생이 형
을 부여안고 서로 대신 죽겠다고 자청하여 해결을 보지 못했다.

드디어 모두에게 명하여 말했다.

"어진 형제들은 혹은 천하나 국가나 고을을 사양하고 혹은 다
투어 서로 죽으려 하는데, 어리석은 자들은 조그마한 이익 때문
에 하루 아침에 분노하여 혹은 다투고 송사가 그치지 않으며 혹
은 방패와 창으로 서로 공격하여 나라는 파멸하고 집안은 멸망하
기에 이르러 타인의 손에 넘어가게 된다. 어디에 그 이로움이 있

는가? 바로 지식이 좁고 엷어서 가깝고 조그마한 것만 보고, 멀고 큰 것은 버리기 때문이다. 어찌 슬프지 아니한가!

'시경' 소아(小雅) 각궁(角弓)편에 이르기를

'저 의좋은 형제들은 너그럽고 너그러이 지내지만

의좋지 못한 형제들은 서로 배아파한다네.'

라고 했는데, 그 말은 이 형제들을 이른 것이다.

정(鄭)나라 자산(子産)이 말하기를 '직균(直鈞)은 어리고 천하여 죄가 있다.'고 했다. 그러므로 형제가 다투는 데 이르는 것은 비록 함께 죄가 있으나 동생이 더 심한 것이다.

세상의 형제들이 화목하지 못한 자는 많이, 어머니가 다른 데서 말미암거나 혹은 전처나 후처에서 태어난 아들이 서로 미워하고 증오하는 데에서 생기거나 또는 어머니가 한쪽만 편애하거나 또 다른 무리 때문이다."

梁[1]江陵王玄紹孝英子敏兄弟三人 特相愛友 所得甘旨新異 非共聚食必不先嘗 孜孜色貌[2] 相見如不足者 及西臺[3]陷沒 玄紹以鬚面魁梧[4] 爲兵所圍 二弟共抱 各求代死 解不可得 遂幷命云 賢者之於兄弟 或以天下國邑讓之 或爭相爲死 而愚者爭錙銖之利[5] 一朝之忿 或鬪訟不已 或干戈相攻 至於破國滅家 爲他人所有 烏在其能利也哉 正由智識褊淺 見近小而遺遠大故耳 豈不哀哉 詩云[6] 彼令兄弟 綽綽有裕 不令兄弟 交相爲瘉 其是之謂歟 子産曰 直鈞 幼賤有罪 然則兄弟而及於爭 雖俱有罪 弟爲甚矣 世之兄弟不睦者 多由異母 或前後嫡庶[7] 更相憎嫉 母旣殊情 子亦異黨[8]

1) 梁(양) : 남북조 시대 소연(蕭衍)이 세운 나라.

2) 孜孜色貌(자자색모) : 부지런하고 안색과 외모가 씩씩한 모양.

3) 西臺(서대) : 장안(長安). 곧 수도

4) 鬚面魁梧(수면괴오) : 수염이 많고 체격이 크고 훌륭한 것.

5) 錙銖之利(치수지리) : 치와 수. 무게의 단위인데 아주 가벼운 것을 뜻한다. 얼마 안 되는 이익이라는 뜻.

6) 詩云(시운) : '시경' 소아(小雅) 각궁(角弓)편의 문장.

7) 前後嫡庶(전후적서) : 전처이거나 후처이거나. 처나 첩의 관계를 뜻한다.

8) 異黨(이당) : 형제와 다른 사람들. 자식이란 형제에 있어서는 다른 것이라는 뜻.

25. 우애 있기로 소문난 진(晉)나라의 왕람(王覽)

진(晉)나라에서 태보(太保)를 지낸 왕상(王祥)의 계모 주씨(朱氏)는 왕상에게 아주 흉악하게 대하였다.

주씨가 낳은 아들 람(覽)은 나이 대여섯 살 때부터 왕상이 어머니에게 심하게 매맞는 것을 보면 문득 울면서 때리는 매를 붙잡고 놓지 않았다.

15세에 이르러서는 매양 어머니에게 간하여 조금은 흉악한 짓을 그치게 하였다. 주씨는 자주 억지를 써서 왕상을 부렸는데 그때마다 왕람은 왕상과 함께 일을 하였다. 또 왕상의 아내에게 어려운 일을 시키면 왕람의 아내가 또한 따라서 함께 하였다.

그러자 주씨는 아들을 걱정하여 이에 그쳤다.

왕상은 아버지상을 마친 후에 점점 즐거운 일이 있었다. 이에 주씨는 왕상을 더욱 미워하여 은밀히 짐독을 술에 타서 왕상에게 보냈는데 왕람이 이것을 알아차렸다.

왕람이 지름길로 가서 술을 취하자 왕상이 술에 독이 들어 있음을 의심하고 다투어 주지 않았다. 이에 주씨가 술을 갑자기 빼앗아 가져갔다.

이후로 주씨가 왕상에게 음식을 줄 때에는 왕람이 먼저 맛보자 주씨는 왕람이 죽을까 두려워하여 드디어 중지하였다.

왕람은 효도하고 우애하고 공손하고 정성을 다하여 그 이름이 왕상의 다음으로 칭송되었다.

벼슬은 광록대부(光祿大夫)에 이르렀다.

晉太保[1]王祥[2] 繼母朱氏遇祥無道 朱子覽年數歲 見祥被楚撻 輒涕泣抱持 至於成童 每諫其母 少止凶虐 朱屢以非理使祥 覽輒與祥俱 又虐使祥妻 覽妻亦趨而共之 朱患之乃止 祥喪父之後 漸有

時譽³⁾ 朱深疾之 密使酖⁴⁾祥 覽知之 徑起取酒 祥疑其有毒 爭而不
與 朱遽奪反之 自後朱賜祥饌 覽先嘗 朱輒懼覽致斃 遂止 覽孝友
恭恪 名亞於祥 仕至光祿大夫

1) 太保(태보) : 삼공(三公)의 한 직책.
2) 王祥(왕상) : 진(晉)나라 때 유명한 효자. 앞의 주석 참조.
3) 時譽(시예) : 때마침 즐거운 잔치.
4) 酖(짐) : 짐새의 독. 이 독으로 담근 술을 마시면 죽는다.

26. 네 어머니에게서 태어난 형제를 화목케 한 이충

남북조 때 후위(後魏)에서 복야(僕射) 벼슬을 지낸 이충(李
沖)은 여섯 형제였다. 네 어머니에게서 태어난 형제들은 서로 싸
우며 지냈다.

그런데 장남 충(沖)이 높은 관직에 올라 봉록이나 임금께서 내
린 하사품을 모두에게 똑같이 나누어 주자 안과 밖이 모두 모여
화목해지고 아버지가 돌아가신 후에도 함께 20여 년을 살았는데
서로 우애하였다.

그 뒤에도 오래도록 다툼이 없었는데 이 모든 것은 충(沖)의 덕
때문이었다.

後魏僕射李沖 兄弟六人 四母所出 頗相忿閲¹⁾ 及沖之貴 封祿恩
賜²⁾ 皆與共之 內外輯睦 父亡後 同居二十餘年 更相友愛 久無間 然
皆沖之德也

1) 忿閲(분열) : 서로 다투며 싸우고 지내다.
2) 封祿恩賜(봉록은사) : 작위를 받고 녹봉을 받고 또 임금의 하사품을 받는 것.

27. 여덟 형제가 우애한 유풍의 아들들

남북조 시대 북제(北齊)의 남분주자사(南汾州刺史) 유풍(劉
豊)은 아들이 여덟이었는데 모두 다 본처 소생이 아니었다.

매양 한 아들을 얻을 때마다 아내가 죽어서 모든 아들이 다 상복을 3년 간 입었다. 무(武), 평(平), 중(仲), 위(暐)의 어머니상에는 모든 동생들이 함께 관직을 내놓기를 청하자 조정에서 의롭게 여기고 허락하지는 않았다.

北齊[1]南汾州刺史劉豊 八子 俱非嫡妻所生 每一子所生喪 諸子皆爲制服三年 武平仲暐所生喪 諸弟並請解官 朝廷義而不許

1) 北齊(북제) : 고양(高洋)이 동위(東魏)를 찬탈하고 세운 나라. 5세의 임금을 배출하고 28년 만에 멸망함.

28. 의복형에 대한 어머니의 학대를 그치게 한 동생

당(唐)나라에서 중서령(中書令)을 지낸 위사립(韋嗣立)은 황문시랑(黃門侍郎) 위승경(韋承慶)의 배다른 동생이다.

어머니 왕씨(王氏)가 승경을 대할 때에는 매우 엄격했으며 매양 작대기로 매를 때렸다. 이 때마다 사립이 옷을 벗고 대신 맞기를 청했는데 그의 어머니가 듣지 않으므로 사립은 문득 자기 자신을 때렸다. 어머니가 이것을 알아차리고 점점 승경을 은혜롭게 대하기 시작했다.

형제가 진실로 이와 같이 하면 어찌 어머니가 다르다고 근심되겠는가?

唐中書令[1]韋嗣立 黃門侍郎[2]承慶異母弟也 母王氏遇承慶甚嚴 每有杖罰 嗣立必解衣請代 母不聽 輒私自杖 母察知之 漸加恩貸[3] 兄弟苟能如此 奚異母之足患哉

1) 中書令(중서령) : 중서성(中書省)의 장관. 천자의 조서를 맡은 관직.
2) 黃門侍郎(황문시랑) : 대궐문을 지키는 사람들을 관리하는 우두머리.
3) 恩貸(은대) : 은혜를 베풀다.

제13장 고모, 누이, 누이동생〔姑姉妹〕

1. 노(魯)나라의 의로운 고모 누이(義姑姉)

제(齊)나라가 노(魯)나라를 공격했다. 제나라 군사가 노나라의 교외(郊外)에 이르러 넓은 들을 바라보니 어느 여인이 한 아이는 보듬고 한 아이는 손을 잡고 걸어가고 있었다.

그런데 제나라 군대가 쳐들어오는 것을 보자 그 여인은 안고 가던 아이를 버리고 손을 잡고 가던 아이를 품에 안고 산으로 도망했다. 버림받은 아이가 울면서 따라가는데도 그 부인은 빨리 달아나면서 뒤돌아보지 않았다.

이 광경을 지켜보던 제나라 장수가 울면서 따라가는 아이를 붙잡아 물었다.

"달아나는 저 여인이 너의 어머니냐?"

그랬더니 그 아이가 대답했다.

"예! 우리 어머니예요"

"그러면 너의 어머니가 안고 가는 아이는 누구냐?"

"누군지 몰라요"

제나라 장수가 군사에게 명령하여 그 여인을 따라가 잡아오게 하였고, 군사들은 추격하여 활을 겨누면서 소리질렀다.

"거기 섰거라. 서지 않으면 너를 쏠 것이다."

곧 화살에 맞아 죽을 상황에 이른 여인은 걸음을 멈추고 군사에게 잡혀 제나라 장수 앞으로 끌려왔다.

제나라 장수가 그 여인에게 묻기를

"안고 있는 아이는 누구이며 버린 아이는 누구인가?"

라고 하니, 여인이 대답했다.

"안고 있는 아이는 오빠의 아들이고 버린 아이는 제 아들입니다. 군대가 몰려와 급하게 도망해야 하는데 두 아이 다 보호할 수가 없을 것 같아서 제 아이를 버린 것입니다."

"아기의 어머니에게 그 자식은 더없이 귀엽고 사랑스러운 존재일 텐데, 자식을 버리자면 마음이 여간 아프지 않았을 것이다. 지금 자기 아이를 버리고 도리어 오라비의 아이를 안고 달아난 까닭은 무엇인가."

"내 아들이 귀엽고 사랑스러운 것은 사사로운 애정이고, 오라비의 아이를 보호하는 일은 공적인 의리입니다. 공적인 의리를 배반하고 사사로운 정에 이끌려 오라버니의 아이를 죽이고 내 아이를 살릴 수 있는 일입니까? 다행히 화를 모면한다 하더라도 우리 노나라 군주께서는 나를 돌아보지 않으시고 대부(大夫)들은 나를 노나라 사람으로 인정하지 않을 것입니다. 또 노나라의 일반 백성들도 나를 상대해 주지 않을 것입니다. 그렇게 되면 우리 노나라에서는 내 몸을 움츠리고 고개를 숙이더라도 몸을 의지할 곳이 없고 발을 겹치더라도 디딜 곳이 없게 될 것입니다. 장군께서는 자식을 버리는 일이 얼마나 마음 아픈 일이냐고 하시지만 저는 홀로 의리가 무엇인가를 생각할 뿐입니다. 그러므로 자식을 버리는 괴로움을 참으면서 의(義)를 행하는 것입니다. 의를 떠나서 우리 노나라를 바라보기는 어렵습니다."

제나라 장수는 이 여인의 이야기를 듣고 군대의 출동을 중지시키고 사람을 시켜서 제나라 군주에게 상주(上奏)했다.

"노나라는 아직 침공할 때가 아닙니다. 노나라의 국경에 이르니 시골의 여자도 오히려 절의를 지키고 의리를 행하면서 사사로운 일로 공적인 일을 해치지 않아야 한다는 것을 알고 있었습니다. 그러하온데 하물며 조정의 대신이나 사대부들이야 어떻겠습니까? 청하옵건대 군대를 돌아가게 해 주십시오."

제나라 군주가 이 장군의 청을 허락하였다.

노나라 군주가 이러한 사실을 알고 비단 100필을 하사하고 '의로운 고모누이[義姑姊]'라고 부르도록 하였다.

230 가범(家範)

齊攻魯 至其郊 望見野 婦人抱一兒攜一兒而行 軍且及之 棄其所抱 抱其所攜而走於山 兒隨而啼 婦人疾行不顧 齊將問兒曰 走者爾母耶 曰 是也 母所抱者誰也 曰 不知也 齊將乃追之 軍士引弓將射之 曰 止 不止 吾將射爾 婦人乃還 齊將問之曰 所抱者誰也 所棄者誰也 婦人對曰 所抱者 妾兄之子也 棄者 妾之子也 見軍之至 將及於追 力不能兩護 故棄妾之子 齊將曰 子之於母 其親愛也 痛甚於心 今釋之而反抱兄之子 何也 婦人曰 己之子 私愛也 兄之子 公義也 夫背公義而向私愛 亡兄子而存妾子 幸¹⁾而得免 則魯君不吾畜 大夫不吾養 庶民國人不吾與也 夫如是 則脅肩無所容²⁾ 而累足³⁾無所履也 子雖痛乎 獨謂⁴⁾義何 故忍棄子而行義 不能無義而視魯國 於是齊將案兵而止 使人言於齊君曰 魯未可伐 乃至於境 山澤之婦人耳 猶知持節行義 不以私害公 而況於朝臣士大夫乎 請還 齊君許之 魯君聞之 賜束帛百端⁵⁾ 號曰義姑姊⁶⁾

1) 幸(행) : 다행히. 여기서는 위험을 면하다의 뜻.
2) 脅肩無所容(협견무소용) : 어깨를 옴츠리고 고개를 숙여도 몸을 둘 자리가 없다는 뜻.
3) 累足(누족) : 발을 겹치다. 곧 두려워서 조심하는 모양.
4) 謂(위) : 여기서는 생각하다의 뜻.
5) 端(단) : 천을 다루는 길이의 단위.
6) 義姑姊(의고자) : 의로운 고모 누이. 곧 오라버니에게는 누이동생이고 아이에게는 고모라는 뜻.

2. 오라버니의 아들을 구하지 못했다고 타죽은 여인

남북조 시대 양(梁)나라의 '절개 있는 고모누이'의 집에 불이 났다. 오라버니의 아들과 자신의 아들이 집안에 있었다.

절개 있는 고모누이는 오라버니의 아들을 먼저 구해내고자 했는데 경황 중에 자기 아들을 먼저 구해내고 오라버니의 아들을 구해내지 못했다.

불의 기세가 너무 세차 다시 들어갈 수가 없었으나 이 여인은 다시 불에 뛰어들어가려 했다.

그의 벗이 말리면서 말하기를

"그대가 본래 오라버니의 아들을 구하고자 했으나 황망중에 잘 못하여 그대의 아들을 구했을 뿐이다. 그대의 마음이 무어라 말할 수는 없다 하더라도 어찌 스스로 불에 뛰어들려 하는가."

라고 하자, 그 부인이 말했다.

"어찌 이 넓은 양나라를 모두 돌아다니며 집집마다 찾아가 내 마음을 알릴 수 있겠는가? 또 의롭지 못한 이름을 가지고 무슨 면목으로 형제나 나라 사람들을 볼 수 있겠는가? 내 다시 나의 아들을 던지고 싶으나 그것은 어미의 은정을 잃어버리는 일이 된다. 이 지경에 이르렀으므로 살 수가 없다."

마침내 불에 뛰어들어 죽었다.

梁節姑姊[1]之室失火 兄子與己子在室中 欲取其兄子 輒得其子 獨不得兄子 火盛不得復入 婦人將自趣火 其友止之曰 子本欲取兄之子 惶恐卒[2]誤得爾子 中心謂何 何至自赴火 婦人曰 梁國豈可戶告人曉也 被不義之名 何面目以見兄弟國人哉 吾欲復投吾子 爲失母之恩 吾勢不可以生 遂赴火而死

1) 節姑姊(절고자) : 절개 있는 고모누이의 뜻. 곧 절고자(節姑姊)는 표창받은 이름.

2) 惶恐卒(황공졸) : 정황이 없는 사이.

3. 오라비를 죽인 남편 때문에 목매어 죽은 계아

한(漢)나라 합양(郃陽) 고을에 사는 임연수(任延壽)의 아내 계아(季兒)에게는 세 자녀가 있었다.

계아의 오라버니는 계종(季宗)이다. 임연수와 더불어 아버지의 장례일을 의논하다가 다투었는데, 연수가 친구 전건(田建)과 함께 몰래 계종을 살해하였다.

이 일이 탄로나서 전건은 관가에 잡혀 사형당했으나 연수는 마침내 사면받았다. 연수는 집으로 돌아와 자초지종을 계아에게 말하였다.

계아가 말하기를

"슬프다! 그런 사실을 왜 이제 나에게 말하는 것입니까?"

하고는 옷을 털고 벌떡 일어나 가고자 하면서 묻기를

"함께 우리 오라버니를 죽인 자가 누구입니까."

라고 하자 연수가 말했다.

"전건과 함께 했는데 전건은 이미 사형에 처해지고 홀로 나만 연루되었을 뿐이니 당신은 나를 죽이면 되오"

"지아비를 죽이는 것은 불의(不義)요, 오라버니의 원수를 섬기는 일 또한 불의입니다."

"나는 감히 당신을 여기에 살라고 할 수 없소 원한다면 수레와 말과 집안의 재물을 다 그대에게 주겠으니 그대가 가고 싶은 곳으로 가시오"

"내가 어디를 가든 편안하겠습니까? 오라버니가 죽었는데 원수를 갚지 않고 그대와 잠자리를 함께 한다면 내가 오라버니를 죽이라고 시킨 것이 됩니다. 이렇게 되면 안으로는 지아비의 가정과 화목하지 못하고 밖으로는 오라버니의 원수를 놓아 주는 것이 됩니다. 무슨 면목으로 살아서 하늘을 대하고 땅을 밟겠습니까?"

임연수가 부끄러워하며 자리를 피해 감히 계아를 보지 못하였다.

계아는 큰딸을 불러 말하기를

"네 아버지가 나의 오라버니를 죽였으니 의(義)로써 감히 여기에서 살 수가 없다. 또 너희 아버지를 두고 다시 개가할 수도 없다. 나는 너를 떠나서 죽을 수밖에 없으니 너는 두 동생을 잘 보살펴라."

하고는, 마침내 포대를 묶는 줄로 스스로 목을 매 죽었다.

좌풍익(左馮翊) 왕양(王讓)이 이 소식을 듣고 그 의를 소중하게 여겨서 그 고을에 명을 내려 그의 세 자녀들을 보살피게 하고 계아의 묘에 정표(旌表)하게 하였다.

漢郃陽任延壽妻季兒 有三子 季兒兄季宗與延壽爭葬父事 延壽
與其友田建陰殺[1]季宗 建獨坐死 延壽會赦[2] 乃以告季兒 季兒曰 嘻
獨今乃語我乎 遂振衣[3]欲去 問曰 所與共殺吾兄者爲誰 曰 與田建
田建已死 獨我當坐之 汝殺我而已 季兒曰 殺夫不義 事兄之讎亦不
義 延壽曰 吾不敢留汝 願以車馬及家中財物盡以送汝 惟汝所之 季
兒曰 吾當安之 兄死而讎不報 與子同枕席 而使殺吾兄 內不能和夫
家 外又縱兄之讎 何面目以生而戴天履地乎 延壽慙而去 不敢見季
兒 季兒乃告其大女曰 汝父殺吾兄 義不可以留 又終不復嫁矣 吾去
汝而死 汝善視汝兩弟 遂以繩自經而死 左馮翊王讓聞之 大其義 令
縣復其三子而表其墓

1) 陰殺(음살) : 몰래 살해하다.

2) 會赦(회사) : 마침내 사면하다.

3) 振衣(진의) : 옷을 털고 벌떡 일어서다.

4. 언니를 잘 봉양한 왕아족(王阿足)

당(唐)나라 때 기주(冀州)에 사는 여자 왕아족(王阿足)은 어려서 고아가 되어 남자형제가 없었고 오직 언니 한 사람만 있었다.

아족은 처음에 같은 고을의 이씨(李氏)에게 시집갔는데 아들을 두지 못하고 남편이 죽었다. 이 때 나이가 아주 젊어서 사람들이 서로 맞이해 가려 했다. 그런데 언니가 많이 늙고 또 과부여서 아족이 아니면 거두어 줄 사람이 없었다.

이 때문에 아족은 시집가지 않기로 맹세하고 오직 언니만 봉양하였다. 매일 낮에는 밭에 나가서 밭일하고 밤에는 열심히 길쌈하여 옷과 음식을 마련했는데 없는 것이 없었다.

이렇게 하기를 20여 년 동안이나 했다. 그의 언니가 죽자 장례절차를 예로써 치렀다.

고을 사람들이 그녀의 절개 있는 행실을 칭송하지 않는 사람이 없었고 또 다투어 어진 아내나 처녀들이 서로 친하려고 하였다.

그 뒤 여러 해 만에 마침내 그의 집에서 생을 마쳤다.

唐冀州女子王阿足 早孤 無兄弟 唯姊[1]一人 阿足初適同縣李氏
未有子而亡 時年尙少 人多聘之 爲姊年老孤寡 不能捨去 乃誓不嫁
以養其姊 每晝營田業[2] 夜便紡績[3] 衣食所須無非阿足出者 如此二
十餘年 及姊喪 葬送以禮 鄕人莫不稱其節行 競令妻女求與相識 後
數歲 竟終於家

1) 姊(자) : 누이. 언니를 말한다.

2) 田業(전업) : 밭일.

3) 紡績(방적) : 길쌈하는 일.

제14장 지아비〔夫〕

1. 남편과 아내의 도리는

남편과 아내의 도리는 하늘과 땅의 큰 도리〔大義〕이며 풍속과 교화의 근본으로 대단히 중요한 것이다.

‘주역’에서 간괘(艮卦 : ☶)가 위에 있고 태괘(兌卦 : ☱)가 아래에 있는 함괘(咸卦)의 단사(彖辭)에 말했다.

"그쳐 기뻐하고 남자가 여자에게 아래로 대하는 것이다. 그러므로 여자는 얻으면 길하다."

‘주역’에서 손괘(巽卦 : ☴)가 아래에 있고 진괘(震卦 : ☳)가 위에 있는 항괘(恒卦)의 단사(彖辭)에 말했다.

"굳센 것이 위에 있고 부드러운 것이 아래에 있으며 우레와 바람이 서로 함께 하므로 대개 항상 오래하는 도이다."

그러므로 ‘예기’에는 "사위는 면류관을 쓰고 친히 맞이하고 수레를 끌어서 세 바퀴를 돈 다음에 내린다."고 하였다.

사위가 수레에 타고 먼저 가며 부인의 수레가 뒤를 따르는데 이것은 높고 낮음의 바름을 바로잡는 것이다.

‘주역’ 가인괘(家人卦)의 초구효(初九爻)에는 "집안에 있어서 어지러움을 막는 것이다. 후회함이 없을 것이다."라고 했다.

집안을 바르게 하는 도는 처음에 있다. 처음에는 교만하고, 이리와 개같이 사나와지는 데 이르러 습관이 된 상태에서는 제어할 수가 없다. 이러한 것은 하루 아침이나 하루 저녁에 이루어지는 것이 아니다.

옛날에 순(舜)임금이 필부였을 때 시골에서 밭 갈고 물고기를 잡으며 황제의 두 딸을 아내로 맞이하여 며느리의 도리를 늙은 시아버지와 시어머니에게 행하도록 하였는데, 자신이 예의로써 하지 않았다면 어떻게 이와 같이 할 수 있었겠는가?

夫婦之道 天地之大義 風化之本原也 可不重歟 易¹⁾ 艮下兌上 咸
象曰 止而說 男下女 故娶女吉也 巽下震上 恒²⁾ 象曰 剛上而柔下 雷
風相與 蓋久常之道也 是故禮³⁾ 壻冕而親迎 御輪三周 所以下之也
既而壻乘車先行 婦車從之 反尊卑之正也 家人 初六⁴⁾ 閑有家 悔亡
正家之道 靡不在初 初而驕之 至於狼犹⁵⁾ 浸不可制 非一朝一夕之
所致也 昔舜爲匹夫 耕漁於田澤之中 妻天子之二女⁶⁾ 使之行婦道於
翁姑⁷⁾ 非身率以禮義 能如是乎

1) 易(역) : '주역' 함괘(咸卦)의 단사(彖辭).
2) 恒(항) : '주역' 항괘(恒卦)의 단사.
3) 禮(예) : '예기' 혼의(昏義)의 문장.
4) 家人初六(가인초육) : '주역' 가인괘(家人卦) 초구(初九)의 괘사. 가인의
   초육(家人初六)은 초구(初九)의 잘못인 것 같다.
5) 狼犹(낭강) : 사납고 거칠다.
6) 天子之二女(천자지이녀) : 요(堯)임금의 두 딸인 아황(娥媓)과 여영(女英)
   을 뜻한다.
7) 翁姑(옹고) : 순임금의 아버지와 어머니.

2. 호화로운 예물을 친정으로 돌려보낸 아내

한(漢)나라 때 포선(鮑宣)이라는 사람의 아내 환(桓)씨의 자
(字)는 소군(少君)이다.

포선이 일찍이 소군의 아버지에게서 학문을 배웠는데, 소군의
아버지는 포선의 마음이 맑고 깨끗하며 고생스럽지만 부지런히
일하는 것을 기특하게 여겨 자기 딸을 아내로 주었다.

예식을 치르고 신부가 시집으로 가는데 장만하여 보내온 혼수
가 너무 성대하였다. 이것을 보고 포선은 기뻐하지 않으면서 아
내에게 이르기를

"소군은 부유한 가정에서 태어나 어려움을 모르고 교만하게 자

라났기 때문에 아름답게 가꾸는 일을 익혔을 것이오 그러나 나
는 아주 가난하고 보잘것 없는 집안에서 태어나 고생하며 자랐기
때문에 감히 이런 예절을 감당할 수가 없소"
라고 하자, 아내가 말했다.
  "친정 아버지께서는 선생이 덕을 닦고 검소한 생활을 잘 지킨
다고 생각하시어 저에게 모시어 받들게 한 것입니다. 저 또한 이
미 선생을 모시기로 했으니 오직 선생의 명령에 따를 뿐입니다."
  이러한 부인의 말을 들은 포선이 웃으면서 말했다.
  "그렇게 할 수 있다면 그것은 곧 나의 뜻이오"
  아내는 즉시 시집올 때 데리고 온 하인과 사치스러운 생활용품
과 의복들을 모두 친정으로 돌려보내고, 검소한 옷으로 갈아입고
포선과 함께 작은 수레를 끌고 마을로 돌아왔다.
  시어머니에게 갖추어 예를 올리는 일을 마치자 즉시 물동이를
이고 나가 물을 길어와 며느리의 도를 다하였다.
  온 마을과 고을에서 그녀를 칭송하는 소리가 자자하였다.

  漢鮑宣[1]妻桓氏 字少君 宣嘗就少君父學 父奇其淸苦 故以女妻之
裝送資賄甚盛 宣不悅 謂妻曰 少君生富驕 習美飾 而吾實貧賤 不
敢當禮 妻曰 大人以先生脩德守約 故使賤妾[2]侍執巾櫛 旣奉承君子
唯命是從 宣笑曰 能如是 是吾志也 妻乃悉歸侍御服飾 更着短布裳
與宣共挽鹿車 歸鄕里 拜姑畢 提甕出汲 脩行婦道 鄕邦稱之
1) 鮑宣(포선) : 자는 자도(子都). 발해 사람.
2) 賤妾(천첩) : 천한 첩. 자신을 낮추어 말한 것.

  3. 자신이 마음에 둔 신랑을 고른 맹씨(孟氏)
  한(漢)나라 때 부풍(扶風)에 사는 양홍(梁鴻)은 집안이 가난
한데도 성질이 단단하고 깨끗하여 세력 있는 집안에서도 그의 높
은 절개를 사모하여, 많이 아내를 삼도록 딸을 주려고 했다. 그러
나 양홍은 모두 거절하고 허락하지 않았다.

같은 고을에 사는 맹씨(孟氏)에게 딸이 있었는데 살이 찌고 모양새가 추하고 살결은 검었고 힘이 세서 돌절구를 들어올렸다. 이 여자도 상대를 고르느라 시집가지 못하고 나이가 30세나 되었다.

그녀의 부모가 그 까닭을 묻자 그녀가 대답했다.

"양백란(梁伯鸞) 같은 어진 이를 얻고자 합니다."

양홍이 이 소문을 듣고 그녀에게 장가들었다. 여자는 베옷과 삼신을 만들어 구하고 광주리와 길쌈할 도구를 갖추었다. 시집가는 날에 이르러서 처음으로 몸치장을 하였다.

맹씨가 시집으로 온 지 7일이 되었는데도 양홍이 찾아보지 않았다. 아내가 이에 책상 아래에 꿇어앉아 청하여 말했다.

"선생의 높은 의를 간절히 듣고 무수한 여자를 물리쳤다는 말도 들었습니다. 저 또한 여러 지아비될 사람들에게 교만하고 당당했습니다. 이제 선생을 선택하여 뵈옵고 감히 죄를 청합니다."

양홍이 말하기를

"나는 소박한 시골 사람으로 함께 깊은 산속에 숨어서 살 사람을 바랐습니다. 지금 그대의 비단옷과 분 바른 얼굴이 어찌 이 사람이 바라는 것이겠습니까?"

라고 하자, 아내가 말했다.

"선생의 뜻을 살폈으니, 저는 스스로 숨어서 살 수 있는 의복으로 갈아입겠습니다."

이에 상투머리에 베옷을 걸치고 기구를 가지고 앞에 나타났다.

양홍은 크게 기뻐하며 말하기를

"이 여인은 진짜 나의 아내이다. 능히 나를 봉양할 것이다."

하고는 '덕요(德曜)'라고 자(字)를 지어 주었다.

드디어 함께 산속에 숨어 살았는데 이것은 능히 처음부터 바로잡은 것이다. 부부 사이는 공경으로써 아름다움을 삼는 것이다.

扶風梁鴻 家貧而介潔[1] 勢家[2]慕其高節 多欲妻之 鴻竝絶不許 同縣孟氏有女 狀肥醜而黑 力擧石臼 擇對不嫁 行年三十 父母問其故 女曰 欲得賢如梁伯鸞[3]者 鴻聞而聘之 女求作布衣麻履 織作筐篋緝

績⁴⁾之具 及嫁 始以裝飾 入門七日而鴻不答 妻乃跪牀下 請曰 切聞
夫子高義 簡斥數婦 妾亦優蹇⁵⁾數夫矣 今而見擇 敢不請罪 鴻曰 吾
欲裘褐⁶⁾之人 可與俱隱深山者爾 今乃衣綺縞 傅粉墨 豈鴻所願哉
妻曰 以觀夫子之志爾 妾自有隱居之服 乃更椎髻着布衣操作具而
前 鴻大喜曰 此眞梁鴻之妻也 能奉我矣 字之曰德曜 遂與偕隱 是
皆能正其初者也 夫婦之際 以敬爲美

1) 介潔(개결) : 단단하고 깨끗하다.
2) 勢家(세가) : 세도 있는 집안. 대가(大家)집.
3) 梁伯鸞(양백란) : 백란은 양홍의 자(字).
4) 筐篚緝績(광비즙적) : 광주리와 길쌈할 도구.
5) 優蹇(언건) : 교만하고 잘난 체하다. 곧 도도하다.
6) 裘褐(구갈) : 천한 옷. 일반인들의 옷.

4. 부인을 손님같이 대한 극결(郤缺)

춘추 시대 진(晉)나라의 구계(臼季)가 사신이 되어서 기(冀)
라는 곳을 지나갈 때 기 땅의 극결(郤缺)이라는 사람이 밭에서
김을 매고 있었다. 이 때 그의 아내가 점심밥을 가져와 먹는데 서
로 공경하기를 손님 접대하듯이 하는 것을 보고 극결을 데리고 진
나라로 돌아왔다.

극결을 진(晉)나라 문공(文公)에게 보이며 아뢰었다.

"공경하는 태도는 덕이 모인 것입니다. 능히 공경한다면 반드
시 덕이 있습니다. 덕이 있으면 백성을 다스릴 수 있으니 군왕께
서는 등용하십시오"

진나라 문공이 천거를 받아들여 극결을 등용하였는데, 마침내
진나라에서 이름난 경(卿)이 되었다.

晉臼季¹⁾使過冀 見冀缺²⁾耨³⁾ 其妻饁⁴⁾之 敬相待如賓 與之歸 言諸
文公⁵⁾曰 敬德之聚也 能敬必有德 德以治民 君請用之 文公從之 卒
爲晉名卿

1) 臼季(구계) : 진(晉)나라 대부로 이름은 서신(胥臣).
2) 缺(결) : 극결(郤缺). 극은 성이고 결은 이름이다. 진나라의 유명한 대부.
3) 耨(누) : 싹이 잘 자라도록 김을 매는 것.
4) 饁(엽) : 들로 점심을 가지고 와서 먹는 것.
5) 文公(문공) : 춘추 시대 진(晉)나라의 문공(文公). 이름은 중이(重耳). 오패
   (五覇)의 한 사람.

5. 부인의 존경을 받아 집을 구한 양홍

한(漢)나라의 양홍(梁鴻)은 오나라 땅을 피하여 대가(大家)
집인 고백통(皐伯通)에게 의지해서 움막 아래에서 살았다.

남을 위하여 방아를 찧는 품팔이를 하였는데 매양 돌아오면 아
내와 함께 식사했지만 아내는 감히 양홍의 앞에서 우러러보지 못
하였다. 또 아내는 밥상을 들어올릴 때에는 눈썹 위까지 들어올
려 남편 섬기는 도리를 다하였다.

백통이 자세히 살펴보고 이상하게 여기며 말하기를
"저 사람은 비록 품팔이를 하지만 아내의 공경을 이와 같이 받
으니 보통 사람이 아니다."
하고는 집에 와서 살게 하였다.

漢梁鴻避地於吳 依大家皐伯通 居廡下¹⁾ 爲人賃春 每歸 妻爲具
食 不敢於鴻前仰視 擧案齊眉²⁾ 伯通察而異之 曰 彼傭能使其妻敬
之如此 非凡人也 方舍之於家
1) 廡下(무하) : 곁채의 집. 곧 움막집.
2) 擧案齊眉(거안제미) : 밥상을 눈높이까지 들어올리다. 곧 남편 섬기는 도리
   를 다 갖추어 행한다는 뜻.

6. 빈객을 접대하듯 한 부부

진(晉)나라의 태재(太宰) 하증(何曾)의 집안은 여자들이 정

숙하였다. 어려서부터 장성하기에 이르기까지 희희낙낙하거나 총애받는 즐거움이 없었다.

　나이가 들어 늙은 후에도 아내와 더불어 서로 볼 때에는 다 의관을 바로하고 서로 빈객을 접대하듯이 하였으며 자신이 남향하면 아내는 북면하고 재배(再拜)하여 술을 올리고 술잔을 주고받는 일이 끝나면 문득 나갔다.

　한 해에 이와 같이 하는 일은 2번 내지 3번에 지나지 않았다.

　이와 같은 것을 가히 공경한다고 할 수 있을 것이다.

　晉太宰何曾 閨門¹⁾整肅 自少及長 無聲樂嬖幸²⁾之好 年老之後 與妻相見 皆正衣冠 相待如賓 已南向 妻北面 再拜 上酒 酬酢³⁾旣畢 便出 一歲如此者不過再三焉 若此 可謂能敬矣

1) 閨門(규문) : 집안. 곧 여자들이 있는 집안을 뜻한다.
2) 聲樂嬖幸(성락폐행) : 즐거운 음악소리나 총애받는 일.
3) 酬酢(수작) : 술잔을 주고받는 일.

7. 아내가 죽자 물동이를 두드리고 노래한 장주(莊周)

　옛날에 장주(莊周)는 아내가 죽자 물동이를 두드리며 노래했다.

　한(漢)나라의 산양(山陽)태수 설근(薛勤)은 아내가 죽자 빈소에서 곡하지 않았다. 그러면서 말하기를 "다행히 일찍 죽지 않았으니 무슨 원한이 있으리오"라고 했다.

　태위(太尉)를 지낸 왕공(王龔)은 아내가 죽자 여러 아들들과 함께 지팡이를 짚고 복을 입었는데 당시 사람들이 풍자하였다.

　진(晉)나라 때의 태위 유실(劉實)은 아내를 잃고 여막에서 지팡이를 짚는 제도를 만들어 상을 마칠 때까지 고기를 먹지 않았다.

　그들은 너무 경박하다고 웃음을 샀다는데 실상은 의도한 바가 아니었다.

　저 장주나 설근은 의를 버리고 왕공이나 유실은 예를 따랐는데도 그의 얻고 잃음이 어찌 특이하지 아니한가? 어찌하여 웃음거리가 되었는가?

昔莊周[1]妻死 鼓盆而歌 漢山陽太守薛勤喪妻 不哭臨殯 曰 幸不
爲夭 夫何恨 太尉王龔妻亡 與諸子竝杖行服 時人兩譏之 晉太尉劉
實喪妻 爲廬杖之制 終喪不御肉 輕薄笑之 實不以爲意 彼莊薛棄義
而王劉循禮 其得失豈不殊哉 何譏笑焉

1) 莊周(장주) : 장자(莊子)를 가리킨다. 장자는 아내가 죽자 물동이를 두드리
   며 노래했다고 한다.

8. 사나운 아내는 육친(六親)을 상하게 한다

'주역' 항괘(恒卦)의 육오(六五)에 "그 덕을 오래하는 것이
다. 바르게 하나 부인은 길하고 남편은 흉한 것이다."라고 했고,
상(象)에는 이르기를 "부인은 바르면 길하니 한 지아비를 쫓아
일생을 마치기 때문이다. 남편은 의(義)로 제재해야 하는데 부인
을 따르니 흉할 것이다."라고 했다.
  대장부는 살아가면서 사방에 뜻을 두므로 위엄과 명령이 베풀
어지는 것이다. 그 뜻이 크면 천하를 탐하고 작으면 하나의 벼슬
을 탐하는데, 가까운 곳인 한 집안에서 조차 행동하지 못하고 한
사람의 부인에게 제재된다면 가히 부끄럽지 아니하랴!
  옛날에 진(晉)나라의 혜제(惠帝)는 가후(賈后)의 제재를 받
아서 양태후(楊太后)를 금용(金墉)에서 폐하고 음식을 끊게 하
여 죽도록 하였으며 민회태자(愍懷太子)를 허창(許昌)에 가두
고 얼마 안 되어 살해하였다.
  당(唐)나라 숙종(肅宗)은 장후(張后)의 제재를 받아서 상황
(上皇)을 서쪽 안으로 옮기고 근심으로 붕어하게 하였으며 영왕
(寧王) 담(倓)을 세워서 충효로써 죽음을 당하게 하였다.
  이러한 저 두 황제는 귀하기는 천자(天子)이면서도 사나운 아
내에게 억제되어서 위로는 그의 어버이를 보호하지 못하고 아래
로는 그의 아들을 비호하지 못하였는데, 하물며 신하나 일반 백

성에 있어서랴!

예로부터 오늘날에 이르기까지 사나운 아내 때문에 육친을 서로 갈라 놓고 그 가정을 혼란하게 만든 자는 그 수를 셀 수가 없다. 그러므로 사나운 아내의 피해는 크고 큰 것이다.

그러므로 아내를 취할 때에는 신중하지 않을 수 없는 것이다. 이미 장가를 들어서는 예로써 방지하되 처음부터 행하여야 한다.

혹 교만하고 방종하고 사납고 거스르더라도 가르치고 격려하고 금지시키고 약속받되, 끝까지 따르지 않으면 버려야 한다.

부부란 의로써 합하고 의가 끊기면 떠나는 것이다.

지금 사대부들이 아내를 내쫓는 자가 있으면 모든 이들이 잘못이라고 한다. 이는 행동준칙이 없으므로 사대부들이 어렵게 여기는 것이다.

'예기'를 살펴보면 7가지의 여자를 내쫓는 이유가 있는데, 생각해보면 내쫓는 것이 어떤 일에 적용되는가?

아내가 실제로 예의를 범했을 때 내쫓는 것이 의(義)이다.

옛날에 공자의 집안은 3대나 아내를 내쫓았으며 그 밖에 어진 선비의 집안에서도 의로써 아내를 내쫓은 자 많았다. 어찌 이러한 것이 행동을 망가뜨리는 것인가?

진실로 집안에 사나운 아내가 있는데도 내쫓지 않는다면 집안의 도(道)가 어느 날에 편안해지겠는가?

易 恒 六五 恒其德 貞 婦人吉 夫子凶 象曰 婦人貞吉 從一而終也 夫子制義 從婦凶也 丈夫生而有四方之志 威令所施 大者天下 小者一官 而近不行於室家 爲一婦人所制 不亦可羞哉 昔晉惠帝¹⁾爲賈后²⁾所制 廢武悼楊太后³⁾於金墉 絶膳而終 囚愍懷太子⁴⁾於許昌 尋殺之 唐肅宗⁵⁾爲張后⁶⁾所制 遷上皇於西內 以憂崩 建寧王⁷⁾倓以忠孝受誅 彼二君者 貴爲天子 制於悍妻 上不能保其親 下不能庇其子 況於臣民 自古及今 以悍妻而乖離六親⁸⁾敗亂其家者 可勝數哉 然則悍妻之爲害大也 故凡娶妻 不可不愼擇也 旣娶而防之以禮 不可不在其初也 其或驕縱悍戾 訓屬禁約而終不從 不可以不棄也 夫

婦以義合 義絶則離之 今士大夫有出妻者 衆則非之 以爲無行 故士
大夫難之 按 禮有七出[9] 顧所以出之 用何事耳 若妻實犯禮而出之
乃義也 昔孔氏[10]三世出其妻 其餘賢士以義出妻者衆矣 奚虧於行
哉 苟室有悍妻而不出 則家道何日而寧乎

1) 惠帝(혜제) : 진(晉)나라 2대 임금이며 무제의 아들.

2) 賈后(가후) : 혜제의 부인. 가황후.

3) 楊太后(양태후) : 무제의 부인.

4) 愍懷太子(민회태자) : 혜제의 아들.

5) 肅宗(숙종) : 당나라 제7대 임금. 현종의 아들인 영무(靈武).

6) 張后(장후) : 숙종의 부인.

7) 寧王(영왕) : 현종의 아들.

8) 六親(육친) : 부, 모, 형, 제, 처, 자를 육척(六戚) 또는 육친이라고 한다.

9) 七出(칠출) : 7가지의 아내를 쫓아내는 법. 곧 칠거지악(七去之惡).

10) 孔氏(공씨) : 공자(孔子)를 말한다.

제8권 가범(家範卷八)

제15장 아내·상[妻上]

1. 아내란 무엇인가?

한(漢)나라 사마천(司馬遷 : 太史公)이 말했다.

"하(夏)나라가 융성하게 된 까닭은 도산(塗山)이라는 덕 있는 여인이 있었기 때문이며, 걸(桀)왕이 쫓겨나게 된 원인은 말희(妺喜)가 음란했기 때문이다. 은(殷)나라가 융성하게 된 까닭은 유융(有娀)이라는 덕 있는 여인이 있었기 때문이며, 주(紂)왕이 살해된 원인은 달기(妲己)를 총애했기 때문이다. 주(周)나라가 융성하게 된 까닭은 강원(姜嫄)이나 태임(太任) 같은 덕 있는 여인들이 있었기 때문이며, 유왕(幽王)이 사로잡히게 된 원인은 포사(褒姒)가 음탕했기 때문이다."

그러므로 '주역'에서는 건(乾)과 곤(坤)을 기초로 하였고 '시경'에서는 관저(關雎)편으로 시작하였는데, 부부 사이는 인간의 큰 도리인 것이다.

예절을 쓰는 데는 오직 혼인에서부터 삼가고 두려워해야 하나니, 지아비가 두루 평안하게 하여야 네 계절이 화창하고 음과 양의 변화가 있어서 모든 만물이 통제되는 것이므로 가히 삼가지 않을 수 없는 것이다.

사람의 아내된 자에게는 6가지 덕이 있어야 한다.

첫째가 유순함이요, 둘째가 청결함이요, 셋째가 투기하지 않음이요, 넷째가 검약함이요, 다섯째가 공손하고 삼가는 것이요, 여섯째가 부지런하고 노력하는 것이다.

남편은 하늘이고, 아내는 땅이다.

남편은 태양이고, 아내는 달이다.

남편은 양(陽)이고, 아내는 음(陰)이다.

하늘은 높으므로 위에 있고, 땅은 낮으므로 아래에 있다. 태양은 날마다 쭈그러들었다 가득 찼다 하는 일이 없고 달은 둥글었다가 이지러졌다 하며, 양(陽)은 선창하여 만물을 태어나게 하고 음(陰)은 화답하여서 만물을 성장시키는 것이므로 부인은 오로지 유순(柔順)으로써 덕을 삼고 잘 변론하는 것으로써 아름다움을 삼지 않는 것이다.

한(漢)나라 때 조대가(曹大家 : 班昭)가 '여자의 훈계'를 지었는데 그 첫장에 말했다.

"옛날에 여자가 태어난 지 3일이 되면 침상 아래에 뉘어 놓아 그 낮고 약한 것을 밝혀 사람에 아래한다는 것을 주장하였다. 겸손하고 사양하고 공손하고 공경하여 남이 먼저하게 하고 자신은 뒤에 하며 착한 것은 있어도 명성은 없으며 나쁜 것은 있으나 변명은 없으며 굴욕을 참고 수치를 참으며 항상 두려워하는 듯해야 한다."

또 말했다.

"음(陰)과 양(陽)은 성품이 다르고 남자와 여자는 행동이 다르며 양(陽)은 굳센 것으로 덕을 삼고 음(陰)은 부드러운 것으로 쓰임새를 삼으며 남자는 강(强)한 것으로 귀함을 삼고 여자는 부드러운 것으로 아름다움을 삼는다.

그러므로 속담에 이르기를 '사내아이가 태어나면 이리와 같아야 하는데 오히려 약할까 두려워하고 여자아이가 태어나면 쥐와 같아야 하는데 오히려 호랑이를 닮을까 두려워한다.'고 했다.

이런 까닭에 몸을 닦는 데는 공경보다 나은 것이 없고 굳셈을 피하는 데는 유순함보다 나은 것이 없다. 그러므로 말하기를 '공경하고 순종하는 도는 부인의 가장 중대한 예절이다.'라고 했다."

또 말했다.

"부인이 지아비인 주인에게 뜻을 얻으려면 시아버지와 시어머니를 자신과 같이 사랑하는 일에서 말미암는다. 시아버지와 시어머니를 자신과 같이 사랑하는 일은 시누이와 시동생들을 자신과 같이 칭찬하는 데에서 말미암는다. 이러한 것으로 미루어 말하건대 나의 선과 악과 칭찬과 헐뜯음은 한결같이 다 시누이와 시동생에게서 말미암는 것으로, 시누이와 시동생의 마음을 잃지 않아야 하는 것이다. 시누이와 시동생의 마음을 잃지 않는 방법을 안다면 그 폐단을 친히 구제하여 능히 화목하지 않겠는가?

성인(聖人)이 아니므로 능히 허물이 없지 않으나 어진 여자의 행실이나 밝고 밝은 성품이라면 능히 갖출 수 있지 않겠는가?

그러므로 집안 사람들이 화목하면 헐뜯음이 가려지고 안과 밖이 분리되면 나쁜 모습만 드러나는 일은 필연(必然)의 법칙이다.

대저 시누이와 시동생은 몸체는 적대적이면서 이름만 높고 은혜는 성기면서 의(義)는 친한 것이다. 정숙하고 겸손한 사람이라면 능히 의에 의지하여 두텁게 좋아하고 은혜를 높이고 친함을 맺어서 아름답고 빛나게 하여 허물을 숨길 것이다. 시아버지와 시어머니가 즐겨하고 남편이 아름답게 여기면 명성과 칭찬이 고을이나 이웃에 빛나고 아름다움이 부모에게까지 이른다.

그러나 어리석은 사람들은 시동생에게 이름을 의탁하여 스스로 높이고, 총애받는다는 이유로 시누이에게는 교만에 가득 찬 태도로 대한다. 교만에 가득 차서 이미 베풀어지면 어떤 화목이 있으랴! 은혜와 의리가 이미 어그러졌는데 무슨 명예가 따르겠는가? 이에 아름다움은 숨겨지고 허물은 드러나서 시어머니는 분노하고 남편은 화를 내게 되어 헐뜯는 것이 안과 밖으로 퍼져서 치욕이 그 몸에 모아진다.

앞으로 나아가면 부모의 부끄러움이 더해지고 물러나서는 군자의 실수를 더하여 이로써 영화와 치욕의 근본이 나타나고 나타나지 않는 기본이 되는 것이다. 가히 삼가지 않을 것인가?

그렇다면 시누이와 시동생의 마음을 구하는 데도 진실로 겸손하고 순수한 것을 숭상하는 도리 밖에 없는 것이다.

겸손함은 덕의 자루이고 따르는 일은 부인의 행동이다. 이 겸손하고 따르는, 두 가지를 겸한다면 족히 화락할 것이다. 이와 같이 하면 가히 유순하다고 이를 수 있다.

아내는 가지런히 하는 것이다. 한결같이 더불어 가지런히 하여 몸이 마치도록 고치지 않는 것으로 충신은 두 임금을 섬기지 않고 바른 여인은 두 지아비를 섬기지 않는 것이다.

'주역' 곤괘(坤卦)의 단사(彖辭)에 '유순하고 이롭고 바르게 하는 것이 군자가 행하는 것이다.'라고 했고, 또 곤괘 문언(文言)에 '육을 쓴 것은 영원히 곧아야 이로울 것이다.'라고 말했다.

안자(晏子)는 말하기를 '아내는 유순하고 정직해야 한다.'고 했다. 부인이 주인에게 유순해야 바름을 잃지 않게 된다. 그러므로 왕후와 후비가 나라의 국경을 넘을 때에는 반드시 편안한 덮개 있는 여성용 수레를 타며 당(堂)에서 내릴 때에는 반드시 유모나 보모를 따라가며 나아가고 물러나는 데에는 고리모양의 울리는 옥을 차며 안으로 장식할 때에는 실로 꿰매고 동여매며 밖에서 휴식할 때에는 장막을 쳐서 가리며 마음을 바르게 하고 뜻을 한결같이 하여 스스로 제재하는 것이다.

'시경' 위풍(衛風)의 백혜(伯兮)편에 말했다.

'그 임이 동으로 가신 뒤 나부끼는 내 머리카락 쑥대머리네. 어찌 머리 감고 기름 바르지 못하랴만 누굴 위해 곱게 꾸미랴!' 그러므로 부인은 지아비가 집에 있지 않으면 화장하지 않는 것이 예의이다."

太史公[1]曰 夏之興也以塗山[2] 而桀之放也以妹喜[3] 殷之興也以有娀[4] 紂之殺也嬖妲己[5] 周之興也以姜嫄[6]及太任[7] 而幽王[8]之擒也淫於褒姒 故易基乾坤 詩始關雎[9] 夫婦之際 人道之大倫也 禮之用 唯婚姻 爲兢兢[10] 夫樂調而四時和 陰陽之變 萬物之統也 可不愼歟 爲人妻者 其德有六 一曰柔順 二曰淸潔 三曰不妬 四曰儉約 五曰恭謹 六曰勤勞 夫天也 妻地也 夫日也 妻月也 夫陽也 妻陰也 天尊而

處上 地卑而處下 日無盈虧 月有圓缺 陽唱而生物 陰和而成物 故
婦人專以柔順爲德 不以强辨爲美也 漢曹大家作女戒 其首章曰 古
者 生女三日 臥之牀下 明其卑弱 主下人也 謙讓恭敬 先人後己 有
善莫名 有惡莫辭 忍辱含垢 常若畏懼 又曰 陰陽殊性 男女異行 陽
以剛爲德 陰以柔爲用 男以强爲貴 女以柔爲美 故鄙諺[11]有云 生男
如狼 猶恐其尩 生女如鼠 猶恐其虎 然則脩身莫若敬 避强莫若順
故曰 敬順之道 婦人之大禮也 又曰 婦人之得意於夫主 由舅姑之愛
己也 舅姑之愛己 由叔妹[12]之譽己也 由此言之 我臧否譽毁 一由叔
妹 叔妹之心誠不可失也 皆知叔妹之不可失 而不能和之以求親其
蔽也哉 自非聖人 鮮能無過 雖以賢女之行 聰哲之性 其能備乎 是
故室人和則謗掩 外內離則惡揚 此必然之勢也 夫叔妹者 體敵而名
尊 恩疎而義親 若淑媛謙順之人 則能依義以篤好 崇恩以結援 使徽
美顯章而瑕過隱塞 舅姑矜善而夫主嘉美 聲譽曜于邑隣 休光延於
父母 若夫蠢愚之人 於叔則託名以自高 於妹則因寵以驕盈 驕盈旣
施 何和之有 恩義旣乖 何譽之臻 是以美隱而過宣 姑忿而夫慍 毁
誉布於中外 恥辱集於厥身 進增父母之羞 退益君子之累 斯乃榮辱
之本 而顯否之基也 可不愼哉 然則求叔妹之心 固莫尙於謙順矣 謙
則德之柄 順則婦之行 兼斯二者 足以和矣 若此 可謂能柔順矣 妻
者 齊也 一與之齊 終身不改 故忠臣不事二主 貞女不事二夫 易[13]曰
柔順利貞 君子攸行 又曰 用六 利永貞 晏子[14]曰 妻柔而正 言婦人
雖主于柔 而不可失正也 故后妃踰國 必乘安車輜軿[15] 下堂 必從傅
母保阿[16] 進退則鳴玉環珮 內飾則結紉綢繆[17] 野處則帷裳擁蔽 所
以正心一意 自斂制也 詩云[18] 自伯之東 首如飛蓬 豈無膏沐 誰適爲
容 故婦人 夫不在不爲容飾 禮也

1) 太史公(태사공) : 사마천(司馬遷)의 존칭.

2) 塗山(도산) : 하(夏)나라 우(禹)임금의 부인.

3) 妹喜(말희) : 하나라 걸(桀)왕의 부인.

4) 有娀(유융) : 은(殷)나라의 시조인 설(契)의 어머니.

5) 妲己(달기) : 은나라 주(紂)왕의 아내. 음란하고 포악하였다.

6) 姜嫄(강원) : 제곡(帝嚳)의 비(妃)이고 후직(后稷)의 어머니. 곧 주(周)나

라 시조의 어머니.

7) 太任(태임) : 주(周)나라 문왕(文王)의 어머니.

8) 幽王(유왕) : 주(周)나라를 망친 폭군.

9) 關雎(관저) : '시경' 국풍(國風)의 첫편.

10) 兢兢(긍긍) : 조심 조심.

11) 鄙諺(비언) : 시중의 속담.

12) 叔妹(숙매) : 시누이. 시숙과 시누이를 다 말한다.

13) 易(역) : '주역' 곤괘(坤卦) 문언(文言)편의 문장.

14) 晏子(안자) : 춘추 시대 제(齊)나라의 명신인 안영(晏嬰). 자는 평중(平仲).

15) 安車輜軿(안거치병) : 편안한 수레로, 덮개가 있는 부인용 수레.

16) 傅母保阿(부모보아) : 유모와 안내하는 사람.

17) 結紈綢繆(결닌주무) : 바늘에 실을 꿰고 동여서 얽어매다. 여자의 차림새.

18) 詩云(시운) : '시경' 위풍(衛風) 백혜(伯兮)편의 문장.

2. 개가하지 않겠다고 시를 지은 강씨(姜氏)

위(衛)나라의 세자(世子) 공백(共伯)이 일찍 죽었다.

그의 아내 강씨(姜氏)는 의리를 지켰는데 강씨의 부모가 의리를 빼앗고 다른 곳으로 시집보내려 하였다.

강씨는 맹세하여 허락하지 않고 '시경'에 있는 백주(栢舟)의 시를 지어서 시집가지 않겠다는 확실한 뜻을 부모에게 보였다.

衛世子[1]共伯早死 其妻姜氏守義 父母欲奪而嫁之 誓而不許 作栢舟[2]之詩以見志

1) 衛世子(위세자) : 춘추 시대 위후(衛侯)의 세자인 공백(共伯).

2) 栢舟(백주) : '시경' 패풍(邶風) 백주(栢舟)의 시.

3. 예법을 지키다 불에 타 죽은 백희(伯姬)

춘추 시대(春秋時代) 공공(共公)의 부인 백희(伯姬)는 노

(魯)나라 사람이다. 과부로 35년 간을 살았는데 경공(景公) 때,
어느 날 밤 백희의 궁(宮)에 불이 났다.

좌우의 사람들이 말하기를 "부인은 잠시 불을 피하십시오."하
자 백희가 말하기를 "부인의 의(義)는 유모와 안내자가 곁에 있
지 않으면 밤에 마루 아래로 내려가지 않는 것이다. 유모와 안내
자가 올 때까지 기다리겠다."라고 했다.

유모는 이르렀는데 안내하는 부인이 오지 않았다. 좌우 사람들
이 "부인은 잠시 불을 피하십시오."라고 했지만 백희는 따르지 않
고 드디어 불에 휩싸여서 죽었다.

宋共公夫人伯姬 魯人也 寡居三十五年 至景公時 伯姬之宮夜失
火 左右曰 夫人少避火 伯姬曰 婦人之義 保傅[1]不具 夜不下堂 待保
傅之來也 保母至矣 傅母未至也 左右又曰 夫人少避火 伯姬不從 遂
逮於火而死

1) 保傅(보부) : 보모(保母)와 부모(傅母). 유모와 인도하는 부인.

4. 신표가 없다고 응하지 않다 떠내려간 정강(貞姜)

초(楚)나라 소왕(昭王)의 부인(夫人) 정강(貞姜)은 제(齊)
나라 여인이었다.

소왕이 지방을 순시할 때 부인도 동행하였는데, 부인 정강을 점
대(漸臺) 위에 머물러 있게 하고 다른 곳으로 떠났다.

소왕이 가다가, 비가 많이 와서 강수(江水)가 범람한다는 소식
을 듣고 부인이 걱정되어 사자를 보내 부인을 맞이해 오라고 하
였다. 그런데 왕은 다급한 마음에 사자에게 왕의 신표를 주어 보
내야 하는 일을 잊었다.

사신이 정강에게 가서 빨리 그 곳을 떠나라고 요청하자 정강이
말했다.

"왕이 궁인(宮人)과 약속하기를 왕의 명령으로 나를 부르러 오
는 궁인은 반드시 신표를 가지고 올 것이라 했다. 지금 온 사신은

신표를 가지고 오지 않았으므로 나는 감히 따라갈 수가 없다."

사신이 말하기를

"지금 강물이 넘쳐서 이 곳에 이르고 있습니다. 돌아가서 신표를 가지고 오면 때가 늦을까 두렵습니다."

라고 해도 정강은 따르지 않았다.

이에 사신이 돌아가서 신표를 가지고 왔는데 아직 도착하지 못했을 때 강수가 범람하여 점대가 무너졌다.

정강은 물에 떠내려가 죽었다.

楚昭王夫人貞姜 齊女也 王出遊 留夫人漸臺之上而去 王聞江水¹⁾大至 使使者迎夫人 忘持其符²⁾ 使者至 請夫人出 夫人曰 王與宮人約令 召宮人必持符 今使者不持符 妾不敢從 使曰 今水方大至 還而取符 則恐後矣 夫人不從 於是使者反取符 未還 則水大至臺崩 夫人流而死

1) 江水(강수) : 장강(長江)의 물.
2) 符(부) : 신표. 부절(符節). 부신. 하나를 두 조각으로 쪼개 각자 가지고 있다
   가 서로 합쳐서 하나로 만들어 증거로 삼는 것.

5. 몹쓸 병에 걸린 남편을 버리지 않은 여인

채(蔡)나라 사람의 아내는 송(宋)나라 사람의 딸이었다.

이미 시집갔는데 남편이 몹쓸 병에 걸리자 그의 어머니가 다른 집으로 다시 시집보내려 하였다.

그 딸이 말하기를

"사람의 불행을 내 어찌 하고 떠나겠습니까? 사람에게 시집간 도는 한번 더불어 초례를 치렀으면 몸이 마치도록 고치지 않는 것입니다. 불행히도 몹쓸 병에 걸렸으나 남편에게 큰 연고가 없으며 또 저를 보내 주지도 않는데 무슨 연유로 떠나겠습니까?"

하고는 끝까지 듣지 않았다.

蔡人妻 宋人之女也 旣嫁 而夫有惡疾 其母將再嫁之 女曰 夫人之
不幸也 奈何去之 適人之道 一與之醮 終身不改 不幸遇惡疾[1] 彼無
大故[2] 又不遣妾 何以得去 終不聽

1) 惡疾(악질) : 사나운 병. 고질병. 몹쓸 병.
2) 無大故(무대고) : 큰 불행이 없다. 곧 죽지 않았다는 뜻.

6. 왕(王)의 청도 거절한 고행(高行)

남북조 시대 양(梁)나라에 과부 고행(高行)이 있었다. 그는 얼
굴이 빛나고 행동도 아름다웠다. 일찍이 과부가 되었는데도 개가
하지 않았다.

양나라의 귀인(貴人)들이 서로 다투어 장가들려 하였으나 다
뜻을 이루지 못했다.

양나라 왕이 이 소문을 듣고 재상을 보내 청혼하게 하자, 고행
(高行)이 말했다.

"저는 불행히도 지아비가 일찍 죽었습니다. 저는 그가 남긴 어
린것들을 보호하고 키워야 합니다. 양나라의 귀인들이 저에게 많
이 청혼하였으나 다행히 그것을 피할 수 있었습니다. 지금 왕께
서 또 거듭 청하시는데, 저는 듣기로 부인의 의리는 한번 시집가
면 개가하지 않는 것이며 곧고 믿음이 있는 절개로써 보존하는 것
이라고 합니다. 지금 귀한 것을 사모하고 천한 것을 잊으며 의를
버리고 이익을 따른다면 사람이라고 할 수 없습니다."

이에 거울을 앞에 놓고 칼을 가지고 자신의 코를 베어 버리고
다시 말했다.

"저는 이미 형을 받았습니다. 죽어야 마땅하나 죽지 못하는 이
유는 어리고 약한 것들이 다시 고아가 되는 일을 차마 보지 못해
서입니다. 왕께서 저를 원하시는 이유는 저의 아름다움 때문입니
다. 지금 저는 형벌을 받은 사람이니 저를 풀어 주실 수 있을 것
입니다."

재상이 돌아가 이 일을 왕에게 보고하자, 왕은 그 의를 크게 여

기고 그 행실을 높이 평가하여 이에 그 여인에게 죄가 없음을 밝히고 그의 이름을 높여서 '고행(高行)'이라고 일컫게 하였다.

梁寡婦高行 榮於色而美於行 早寡 不嫁 梁貴人多爭欲娶之者 不能得 梁王聞之 使相聘焉 高行曰 妾夫不幸早死 妾守養其幼孤 貴人多求妾者 幸而得免 今王又重之 妾聞婦人之義 一往而不改 以全貞信之節 今慕貴而忘賤 棄義而從利 無以爲人 乃援鏡持刀以割其鼻曰 妾已刑[1]矣 所以不死者 不忍幼弱之重孤也 王之求妾 以其色也 今刑餘之人 殆可釋矣 於是相以報王[2] 王大其義而高其行 乃復其身 尊其號曰高行

1) 刑(형) : 코를 베는 것은 오형(五刑)의 하나에 속한다는 뜻이다.
2) 報王(보왕) : 왕에게 알리다. 왕에게 보고하다.

7. 조세를 면제받은 진효부(陳孝婦)

한(漢)나라 시대에 진현(陳縣)에 사는 효부(孝婦)가 있었다.
나이 16세에 시집가서 아직 자식을 두지 못했을 때, 그 남편이 국경 수비병으로 복무하러 가게 되었다.
남편이 집을 떠나면서 효부에게 부탁하기를
"내가 이제 떠나면 살아서 돌아올지 죽어서 올지 알 수 없소. 나에게는 늙은 어머니께서 생존해 계시나 어머니를 모실 다른 형제가 없소. 혹 내가 살아서 돌아오지 못하더라도 당신이 즐거운 마음으로 어머니를 받들어 모실 수 있겠소?"
라고 하자, 그의 아내가 대답했다.
"말씀대로 하겠습니다."
과연 그의 남편은 죽어서 돌아오지 못했다.
며느리는 시어머니를 정성껏 모셨으며 시어머니도 며느리를 지극히 사랑하였다. 며느리가 시어머니를 공경하는 마음과 시어머니가 며느리를 사랑하는 마음은 변함없이 더욱 굳어졌다. 그들은 길쌈하고 베를 짜 생계를 이어갔으며 그렇게 지내는 동안에도 며느리는 끝내 다른 곳으로 시집가려는 마음을 갖지 않았다.

남편의 3년상을 마치자, 효부의 친정 부모가 어린 나이에 시집가 자식도 보지 못하고 남편마저 여의어 과부가 된 딸을 가련하게 여겨 데려다가 다른 곳으로 시집보내려 하였다.

이에 효부가 말하기를

"남편이 떠날 때 저에게 늙으신 어머니 봉양을 부탁하였으며 저는 그렇게 하겠다고 약속하였습니다. 남의 늙은 어머니를 섬기는 일도 다 마치지 못하고 또 그렇게 하겠다고 약속한 신의도 지키지 못한다면 장차 어떻게 이 세상에 얼굴을 들고 다니겠습니까?"라고 하고는 스스로 목숨을 끊으려 하였다.

이에 그 효부의 부모가 두려워서 감히 다른 곳으로 시집보내지 못하고 효부는 시어머니를 계속 정성으로 섬겼다.

어느덧 28년의 세월이 흘러 시어머니가 나이 80여 세로 천명을 다하고 세상을 떠났다. 며느리는 밭과 집을 팔아서 장사를 치르고 끝까지 제사를 받들어 모셨다.

회양태수(淮陽太守)가 이러한 사실을 효문황제(孝文皇帝)에게 알렸다. 황제는 사자를 보내 황금 40근을 하사하고 죽을 때까지 부역이나 기타의 모든 세금을 면제시키고 '효부(孝婦)'라고 부르게 하였다.

漢陳孝婦[1] 年十六而嫁 未有子 其夫當行戍[2] 夫且行時 屬孝婦曰 我生死未可知幸 有老母 無他兄弟備養 吾不還 汝肯養吾母乎 婦應曰 諾 夫果死不還 婦乃養姑不衰 慈愛愈周 紡績織紝 以爲家業 終無嫁意 居喪三年 父母哀其年少無子而早寡也 將取而嫁之 孝婦曰 夫行時 屬妾以其老母 妾旣許諾之 夫養人老母而不能卒 許人以諾而不能信 將何以立于世 欲自殺 其父母懼而不敢嫁也 遂使養其姑二十八年 姑八十餘 以天年終 盡賣其田宅財物以葬之 終奉祭祀 淮陽太守以聞孝文皇帝[3] 使使者賜黃金四十斤 復[4]之終身無所與 號曰孝婦

1) 漢陳孝婦(한진효부) : 동한(東漢) 시대 진현에 사는 효부라는 뜻. 효부는 나

라에서 내려진 칭호

2) 行成(행수) : 수자리 살러 가는 것. 국경의 수비병으로 복무하러 가는 것.

3) 孝文皇帝(효문황제) : 동한(東漢)의 제5대 임금이며 고조의 아들.

4) 復(복) : 부역을 면제하여 주다.

8. 도둑들이 장례를 치러 준 여영(呂榮)

삼국 시대(三國時代) 오(吳)나라 허승(許升)의 아내 여영(呂榮)은 군(郡)에서 도적을 만났다.

여영이 담장을 넘어 도망치자 도적이 칼을 들고 추격하였다.

도적이 말하기를

"나를 따라오면 살려 주고 나를 따르지 않으면 죽일 것이다."

라고 하자, 여영이 말했다.

"의(義)로 말하자면 자신이 도둑의 포로가 되어 욕보지 않아야 하는 것이 옳다."

드디어 도둑이 화가 나서 죽였다.

이 날 갑자기 거친 바람이 불고 폭우가 쏟아지며 천둥과 번개가 치고 어두컴컴해지자 도둑들이 두려워하여 머리를 땅에 대고 사죄하였으며 빈소를 마련하여 장사 지내 주었다.

吳[1]許升妻呂榮 郡遭寇賊 榮踰垣走 賊持刀迫之 賊曰 從我則生 不從我則死 榮曰 義不以身受辱寇虜也 遂殺之 是日 疾風暴雨 雷電晦冥 賊惶恐[2] 叩頭謝罪 乃殯葬之

1) 吳(오) : 손견(孫堅)이 세운 오나라.

2) 惶恐(황공) : 두려워하고 두려워하다.

9. 개가하지 않으려고 귀를 자른 여인

패(沛)나라 유장경(劉長卿)의 아내는 오경(五更)을 지낸 환영(桓榮)의 손녀였다.

사내아이를 낳은 지 5년 만에 유장경이 죽었다.

유장경의 아내는 자신을 시집보내려는 계획을 막기 위하여 즐겨 친정으로 돌아가지 않았다.

또 아이가 15세가 넘어갈 쯤 요절하였다.

아내는 이제 개가를 면할 수 없다고 생각하고 미리 자신의 귀를 자르고 스스로 맹세하였다.

종가집 며느리들이 서로 민망하게 여기며 함께 말하기를

"집에서 다른 뜻이 없고 가령 있다 하더라도 오히려 시어머니와 자매들에게 그 뜻을 표했는데 어찌 의를 귀하게 여기고 몸을 가벼이함이 이리 심한가?"

라고 하자, 장경의 아내가 말했다.

"옛날에 우리 아버지께서는 오경(五更)을 지냈으며 학문은 유학(儒學)을 으뜸으로 삼아서 높게는 황제의 스승이 되었습니다. 오경(五更)을 지내신 이후로 대를 내려오면서 바뀌지 않은 것이 있는데 남자는 충효로써 나타내고 여자는 정순(貞順)으로써 칭송되었습니다.

'시경'의 대아(大雅) 문왕(文王)편에 '그대의 조상을 잊지 말고 진실로 덕 닦기를 바라네.'라고 했습니다. 이로써 미리 스스로 형벌을 써서 나의 뜻을 밝힌 것입니다."

패나라 정승 왕길(王吉)이 왕에게 높은 행실을 아뢰자 그 집안을 표창하고 '행의환리(行義桓釐 : 의를 행한 굳센 홀어머니)'라고 호칭하게 하고 고을에 사당을 만들고 번육을 돌리라고 하였다.

沛劉長卿妻 五更[1]桓榮之孫也 生男五歲 而長卿卒 妻防達嫌疑 不肯歸寧 兒年十五 晚又夭歿 妻慮不免 乃豫刑其耳以自誓 宗婦相 與愍之 共謂曰 若家殊無他意 假令有之 猶可因姑姊妹以表其誠 何 貴義輕身之甚哉 對曰 昔我先君五更 學爲儒宗 尊爲帝師 五更以來 歷代不替 男以忠孝顯 女以貞順稱 詩云[2] 無忝爾祖 聿修厥德 是以 豫自刑剪以明我情 沛相王吉上奏高行 顯其門閭 號曰行義桓釐[3] 縣 邑有祀 必膰[4]爲

1) 五更(오경) : 경험을 많이 쌓고 학식이 많은 장로(長老)를 일컫는다. 곧 황제의 스승.
2) 詩云(시운) : '시경' 대아(大雅) 문왕(文王)편의 시구.
3) 桓釐(환리) : 굳센 과부. 억센 과부.
4) 膰(번) : 제사를 지내고 고기를 돌리는 것.

10. 동탁(董卓)에게 맞아 죽은 여인

한나라의 도요장군(度遼將軍) 황보규(皇甫規)가 죽었다.

이 때 황보규의 아내는 나이가 한창이어서 미모가 더욱더 아름다워졌다.

황규보가 죽은 한참 뒤에 동탁(董卓)이 나라의 정승이 되었는데 그 미모가 아름답다는 소리를 듣고 부인용 수레 1백 대와 말 40필과 노비와 돈과 비단으로 길을 메우고 맞아들이려 했다. 이에 황보규의 아내가 가벼운 옷차림으로 동탁의 대문 앞에 이르러 무릎을 꿇고 스스로 진정하여 말하였는데 그 말이 매우 서러웠다.

동탁이 가까이 부리는 사람을 시켜 칼을 뽑고 위협하게 하기를

"나의 위엄과 가르침은 온 천하에 다 알려졌거늘 어찌 한 여인을 마음대로 못 하겠느냐?"

라고 하자 황보규의 아내가 벗어나지 못할 것을 알고 이에 일어서서 동탁을 꾸짖었다.

"그대는 오랑캐 종족으로 천하를 해롭게 하는 데도 오히려 부족할 것이다. 나의 아버지는 맑은 덕으로 세상을 고치려 했고 황보씨는 문무가 뛰어나서 한나라의 충신이 되었었다. 그대는 몸소 개 같은 관리나 부리는 것이 취미가 아니더냐! 감히 예의가 아닌 행실로 너는 군부인(君夫人)에게 행동하고자 하는구나."

동탁이 이에 수레를 정원 안으로 끌어오게 하여 그녀의 머리를 수레의 멍에에 달아매고 허벅지를 채찍질하게 하였다. 그녀는 채찍이나 곤장을 치는 사람에게 말했다.

"어째서 세게 치지 않느냐! 빨리 죽도록 은혜를 베풀라."

드디어 수레 아래에서 죽었다. 뒤에 사람들이 그녀의 얼굴을 그려서 이름하여 '예종(禮宗 : 예의의 으뜸)'이라고 하였다.

度遼將軍皇甫規卒 時妻年猶盛而容色美 後董卓[1]爲相國 聞其名
聘以輧輜[2]百乘 馬四十匹 奴婢錢帛充路 妻乃輕服詣卓門 跪自陳請
辭甚酸愴[3] 卓使傅奴侍者悉拔刀圍之 而謂曰 孤[4]之威敎 欲令四海
風靡 何有不行於一婦人乎 妻知不免 乃立罵卓曰 君羌胡[5]之種 毒
害天下猶未足邪 妾之先人 淸德奕世 皇甫氏文武上才[6] 爲漢忠臣
君親非其趣使走吏[7]乎 敢欲行非禮於爾君夫人耶 卓乃引車庭中 以
其頭懸軛 鞭撲交下[8] 妻謂持杖者曰 何不重乎 速盡爲惠 遂死車下
後人圖畫 號曰禮宗云

1) 董卓(동탁) : 후한 때의 사람. 영제(靈帝) 때 전장군(前將軍)이 되고 그 뒤
   에 헌제(獻帝)를 세워서 흉악한 짓을 많이 하다가 여포(呂布), 왕충(王充)
   등에게 죽임을 당하였다.
2) 輧輜(병치) : 부인들이 타는 수레로, 포장한 수레.
3) 酸愴(산창) : 비통한 것. 서러움. 슬픔.
4) 孤(고) : 정승의 지위에 있는 자가 쓰는 자칭어.
5) 羌胡(강호) : 오랑캐의 무리. 미개인.
6) 上才(상재) : 뛰어나다.
7) 走吏(주리) : 개와 같은 관리.
8) 交下(교하) : 여자의 중요한 부분이 있는 곳. 곧 음부 부근.

11. 머리와 귀, 코를 잘라 버린 영녀(令女)
삼국 시대(三國時代) 위(魏)나라의 대장군 조상(曹爽)의 사촌아우가 되는 문숙(文叔)의 아내는, 초군(譙郡)에 사는 하후문녕(夏侯文寧)의 딸로서 이름은 영녀(令女)라고 했다.
남편 문숙(文叔)이 일찍 세상을 떠났다. 복상이 끝나자 영녀(令女)는, 자신이 젊고 자식이 없으므로 친정에서 반드시 자기를 재혼시키려 할 것이라는 생각이 들어 머리카락을 잘라 자신의 신

념을 나타내 보였다.

뒤에 과연 친정에서 재혼시키려 하였다. 영녀는 이 소리를 듣자 즉시 칼로 양쪽 귀를 자르고 그대로 조상(曹爽)의 집에 몸을 의탁하였다. 그러는 중에 조상이 죄에 연루되어 사형당하고 조씨 일족이 전멸되자, 영녀의 숙부가 조정에 상소하고 조씨와 인연을 끊게 하여 강제로 영녀를 하후씨의 집으로 데리고 왔다.

그 당시 영녀의 아버지 문녕(文寧)은 양주(梁州)의 관리로 있었다. 영녀가 젊은 나이로 절개를 지키는 것을 가엾게 여기고 또 조씨 가문에서 살아남은 자가 없으므로, 영녀의 굳은 뜻이 누그러지기를 바라는 마음에서 살며시 영녀를 타이르도록 사람을 보냈다.

영녀는 탄식하고 울면서 "나도 그 일을 생각하고 있습니다."라고 말하여 허락의 뜻을 표하였다.

친정에서는 그 말을 영녀의 본심이라 생각하고 감시를 늦추었다. 영녀가 이 틈을 타 가만히 자기 침실로 들어가 칼로 자기의 코를 베어 버리고 이불을 뒤집어 쓰고 누워 있었다.

어머니가 불렀으나 대답이 없어 이불을 들춰보니 피가 흘러서 이불을 적셨다. 집안 사람들이 당황하여 달려가서 보고는 슬퍼하며 눈물을 흘렸다.

어떤 사람이 영녀에게 말하기를

"사람이 이 세상에 살고 있다는 것은 마치 가벼운 먼지가 약하디 약한 풀에 앉은 것과 같은 것이오 어찌하여 당신은 괴롭게 절개를 지키며 고생합니까? 남편의 집안은 멸족당해 모두 죽었으므로 대가 끊어졌는데 누구를 위해 절개를 지키려 합니까?"

라고 하자, 영녀가 말했다.

"내가 들으니 어진 사람은 자기가 섬기는 상대의 흥하고 망하는 데에 따라서 절개를 바꾸는 일이 없으며, 의로운 자는 섬기는 상대의 있고 없음에 따라 마음을 바꾸는 일이 없다고 합니다. 내가 시집가 조씨 집안이 흥하던 당시에도 나는 문숙의 아내로서 절개를 지켰습니다. 하물며 지금 조씨가 망했다고 어찌 절개를 버릴 수 있겠습니까? 금수 같은 행실을 나는 할 수가 없습니다."
　위나라의 사마선왕(司馬宣王)이 영녀의 이야기를 듣고 아름답
게 여겨서 청하여 양자를 들여 키워서 조씨(曹氏)의 후사를 삼
게 하였다.

　魏大將軍曹爽[1]從弟文叔妻 譙郡[2]夏侯文寧[3]之女 名令女 文叔早
死 服闋 自以年少無子 恐家必嫁己 乃斷髮以爲信 其後家果欲嫁之
令女聞 卽復以刀截兩耳 居止嘗依爽 及爽被誅 曹氏盡死 令女叔父
上書 與曹氏絶婚 强迎令女歸 時文寧爲梁相[4] 憐其少執義 又曹氏
無遺類 冀其意阻 乃微使人諷之 令女嘆且泣 曰 吾亦悔之 許之是
也 家以爲信 防之少懈 令女於是竊入寢室 以刀斷鼻 蒙被而臥 其
母呼 與語不應 發被視之 流血滿牀席 擧家驚惶 奔往視之 莫不酸
鼻 或謂之曰 人生世間 如輕塵棲弱草耳 何至辛苦迺爾 且夫家夷滅
已盡 守此欲誰爲哉 令女曰 聞仁者不以盛衰改節 義者不以存亡易
心 曹氏前盛之時 尙欲保終 況今衰亡 何忍棄之 禽獸之行 吾豈爲
乎 司馬宣王[5]聞而嘉之 聽使乞子 養爲曹氏後

1) 曹爽(조상) : 자는 소백(昭伯). 조조(曹操)의 족자(族子)인 조진(曹眞)의
　아들. 위(魏)나라의 황족. 무안후(武安侯)에 봉해지고 대장군이 되었으나 반
　역죄로 삼족이 죽음을 당하였다.
2) 譙郡(초군) : 강소(江蘇) 북부의 땅.
3) 夏侯文寧(하후문녕) : 성이 하후, 문녕은 이름이다.
4) 梁相(양상) : 양주의 관리.
5) 司馬宣王(사마선왕) : 당시 위(魏)의 사마소(司馬昭)를 일컫는 것 같다. 곧
　진(晉)왕.

12. 자신의 귀를 잘라 버린 방씨(房氏)

　5호16국 시대 후위(後魏)의 거록(鉅鹿)에 사는 위부(魏溥)의
아내 방씨(房氏)가 있었다. 그는 모용수귀(慕容垂貴)의 향태수
(鄕太守)인 상산(常山)에 사는 방담(房湛)의 딸이었다.

어릴 때부터 매서운 지조가 있었다.

나이 16세에 위부가 병을 얻어서 마침내 죽었는데 위부가 죽으면서 방씨에게 말했다.

"내가 죽는 것은 한스럽지 않지만 다만 어머니는 늙으시고 집안은 가난하여 아무 것도 모르는 어린아이에게 뜨거운 화로를 맡겨 놓은 것 같아서 원통하오"

방씨가 울면서 대답했다.

"다행히 돌아가신 아버지의 교훈을 이어서 나아가 그대를 섬기는 의(義)는 해로하는 데 있지만 뜻이 있어도 따르지 못하는 것은 대개 운명입니다. 지금 부인(夫人)께서 집안에 계시고 어린 아들이 강보에 있으니 돌이켜보면 나는 조금이나마 위로가 됩니다. 길이 멀리 떠나가는 한을 풀으십시오"

조금 있다가 위부가 죽었다. 대렴을 마치자 방씨가 칼을 집어 왼쪽 귀를 베어서 관 속에 던지고 말했다.

"귀신이 알고 있으니 서로 저승에서 기약합니다."

피가 뚝뚝 떨어지자 상을 당한 사람들이 슬퍼하고 두려워했으며 시어머니 유씨(劉氏)가 계속 울면서 말하기를

"신부는 무엇 때문에 이렇게까지 하느냐?"

라고 하자 방씨가 대답했다.

"신부는 나이가 젊은데 불행히도 일찍 과부가 됐습니다. 실로 저의 부모님께서 지극한 정을 헤아리지 못하실 것을 생각하여 미리 넘겨다보지 못하도록 스스로 맹세하는 것입니다."

이러한 사실을 듣는 자들은 감동하여 눈물을 흘리지 않는 사람이 없었다. 이 때에 아들 즙(緝)은 태어난 지 100일이 못 되어서 뒷방에서 길렀으므로 아직 문밖을 나가지 못했는데 마침내 죽을 때까지 음악을 듣지 않았으며 좌석에도 관계하지 않았다.

아들 즙의 나이가 12세가 되었을 때 방씨 부모가 예전 그대로였으므로 친정 부모님을 뵈러 친정에 갔다. 부모가 여전히 시집 보내려는 의론이 있음을 즙이 몰래 엿들었다.

즙이 그 사실을 어머니에게 알리자 방씨는 수레에 타고 다른 곳

으로 간다고 거짓으로 말하고 그대로 시집으로 돌아갔다. 그의 집
에서는 알지 못했다. 수십 리를 달려간 뒤에 집안에서 깨닫고 형
제들이 달려왔으나 방씨는 슬피 탄식하면서 돌아가지 않았다. 그
의 고집이 이와 같았다.

後魏鉅鹿魏溥妻房氏者 慕容垂貴[1]鄕太守常山房湛女也 幼有烈
操 年十六而溥遇疾 且卒 顧謂之曰 死不足恨 但痛母老家貧 赤子
蒙眇抱怨於黃壚[2]耳 房垂泣而對曰 幸承先人餘訓 出事君子 義在偕
老[3] 有志不從 蓋其命也 今夫人在堂 弱子襁褓 顧當以身少相衛 永
釋長往之恨 俄而溥卒 及將大斂[4] 房氏操刀割七耳 投之棺中 仍曰
鬼神有知 相期泉壤[5] 流血滂然[6] 喪者哀懼 姑劉氏輟哭而謂曰 新婦
何至於此 對曰 新婦少年 不幸早寡 實慮父母未量至情 觀持此自誓
耳 聞知者莫不感愴 時子緝生未十旬 鞠育於後房之內 未曾出門 遂
終身不聽絲竹[7] 不預坐席 緝年十二 房父母仍存 於是歸寧 父兄尙
有異議[8] 緝竊聞之 以啓其母 房命駕 紿云他行 因而遂歸 其家弗知
之也 行數十里方覺 兄弟來追 房哀歎而不反 其執意如此

1) 慕容垂貴(모용수귀) : 모용은 오호십육국(五胡十六國) 시대에 연(燕)나라
   를 세운 선비(鮮卑)족의 성씨, 수귀는 이름.
2) 黃壚(황로) : 불이 많이 담겨 있는 화로.
3) 偕老(해로) : 함께 늙는 것.
4) 大斂(대렴) : 시신을 관에 넣을 마무리를 다한 것. 곧 염을 끝내다.
5) 泉壤(천양) : 저승. 황천.
6) 滂然(방연) : 뚝뚝 떨어지는 모양.
7) 絲竹(사죽) : 거문고와 피리로, 곧 음악을 말한다.
8) 異議(이의) : 다른 곳으로 시집보내려는 의론.

I3. 후사가 없는데도 개가하지 않은 유씨(劉氏)
형양(滎陽)에 사는 장홍기(張洪祁)의 아내는 유씨(劉氏)였
다. 나이 I7세에 지아비가 뱃속에 한 아이를 남기고 죽었다. 유복

자가 태어나 2세가 되었는데 그 아이도 또 죽었다.

그녀는 늙은 시아버지와 시어머니를 아침 저녁으로 봉양하며 받들었는데 한 번도 예절에 어긋남이 없었다. 그녀의 오라버니가 젊은 나이에 과부가 된 것을 불쌍하게 여겨 다른 곳으로 시집보 내려 하였다.

유씨는 스스로 맹세하고 허락하지 않았으며 몸을 마칠 때까지 시집가지 않았다.

榮陽張洪祁妻劉氏者 年十七夫亡 遺腹¹⁾生一子 二歲又沒 其舅姑 年老 朝夕養奉 率禮無違 兄矜其少寡 欲奪嫁之 劉自誓不許 以終 其身

1) 遺腹(유복) : 뱃속에 아이가 있을 때 남자가 죽은 것. 그 아이가 태어나면 유 복자라고 한다.

14. 16세 때부터 수절한 장씨(張氏)

진류(陳留) 땅에 사는 동경기(董景起)의 아내는 장씨(張氏) 였다. 경기가 일찍 죽었는데 이 때 장씨는 16세였다.

남편의 소상을 애통하게 치렀는데 슬퍼하는 정도가 예에 지나 쳤으며 거친 밥으로 오랫동안 재계하였다.

자식이 없었지만 홀로 정조를 지켰으며 상기를 마치고 관을 덮 었다. 시골 구석구석에서 그의 정조를 높이 여겼다.

마침내 특별히 다름을 나타내 보였다.

陳留¹⁾董景起妻張氏者 景起早亡 張時年十六 痛夫少喪 哀傷過禮 蔬食長齋²⁾ 又無兒息 獨守貞操 期以闔棺 鄕曲³⁾高之 終見標異⁴⁾

1) 陳留(진류) : 땅 이름인 것 같다.

2) 長齋(장재) : 오랫동안 재계하다.

3) 鄕曲(향곡) : 시골의 구석구석.

4) 標異(표이) : 특별히 다름을 나타내다. 곧 표창하다.

15. 20세에 과부가 된 정선과의 어머니

수(隋)나라 대리경(大理卿) 정선과(鄭善果)의 어머니는 최씨(崔氏)다. 주(周)의 말기에 선과의 아버지 성(誠)이 울지형(尉遲迥)의 난을 토벌하는데 있는 힘을 다하여 싸우다가 진(陳)에서 전사하였다.

이 때 최씨는 나이 20세에 과부가 되었다. 최씨의 아버지는 언목(彦睦)인데 딸을 다른 곳으로 시집보내려 하자 최씨는 아들 선과를 안고 말하기를

"부인(婦人)이 두 번 남자에게 가는 의(義)는 없습니다.

남편 정군(鄭君)은 비록 죽었지만 다행히 이 아이가 있습니다. 이 아이를 버리는 일은 인자하지 못한 처사이며, 지아비를 배신하는 일은 무례가 됩니다. 차라리 귀를 베고 머리를 깎아서 저의 본심을 밝힐지언정 예를 어기고 사랑을 멸하라는 명은 감히 받아들이지 못하겠습니다."

라고 하고 드디어 개가하지 않았다.

이후로 선과를 잘 가르쳐서 이름을 빛나게 하였다.

처음 과부가 되어서는 얼굴에 분칠하거나 머리에 기름을 바르지 않았으며 항상 크게 누빈 옷을 입었다. 성품이 또 절약하고 검소하였으며 제사를 지내거나 빈객을 접대하는 일이 아니면 술과 고기를 앞에 놓지 않았으며 조용한 집안에 단정히 앉아서 지내고 갑자기 문밖이나 안으로 들락거리지 않았다.

친인척의 혼사나 흉사가 있을 때에는 다만 두텁게 예물을 보내고 그 집안에는 가지 않았다.

隋大理卿鄭善果母崔氏 周末[1] 善果父誠討尉遲迥 力戰死於陳[2] 母年二十而寡 父彦睦欲奪其志 母抱善果曰 婦人無再適男子之義 且鄭君雖死 幸有此兒 棄兒爲不慈 背夫爲無禮 寧當割耳剪髮 以明素心 違禮滅慈 非敢聞命 遂不嫁 教養善果至於成名 自初寡便不御

脂粉 常服大練 性又節儉 非祭祀賓客之事 酒肉不妄陳其前 靜室端
居 未嘗輒出門閭內外 姻戚有吉凶事 但厚加贈遺 皆不詣其家

1) 周末(주말) : 5호16국(五胡十六國)의 북주(北周). 곧 우문선(宇文善)이 세
운 주나라 말기.

2) 陳(진) : 5호16국의, 진식(陳寔)이 세운 진(陳)나라.

※ 정선과의 어머니 최씨(崔氏)의 이야기는 '어머니편'에도 나온다.

16. 18세에 과부가 되어 수절한 우씨(于氏)

　한기(韓覬)의 아내는 우씨(于氏)였다. 그녀의 아버지는 우실
(于實)이었는데 북주(北周)에서 대좌보(大左輔)를 지냈다.

　우씨는 14세에 한기에게 시집갔는데 부유한 집안에서 태어나
자라고 가문은 바야흐로 귀해졌다. 움직일 때마다 예법을 따랐고
몸은 스스로 검약해서 종족들을 공경하였다.

　18세에 한기가 종군(從軍)하다 죽었는데 우씨는 너무 슬퍼하
고 애통해하여 뼈만 앙상하게 되었다. 그 서러워하는 것을 길 가
는 사람도 느낄 정도였다. 매일 아침 저녁으로 제사를 지냈는데
다 손수 두 손으로 받들어 모셨으며 탈상할 때까지 계속했다.

　그의 친정 아버지는 그녀가 어리고 젊으며 자식이 없으므로 다
른 곳으로 시집보내려 하였다.

　그러나 그녀는 시집가지 않기로 맹세하고 허락하지 않았다.

　남편의 서자(庶子)인 세웅(世隆)을 후사로 삼아서 자신이 친
히 길렀는데 자신이 낳은 아들처럼 사랑하여 길렀으며 법도가 있
게끔 교육하여 마침내 성공하게 되었다.

　홀어머니로 살아가면서부터는 오직 때마다 혹 친정에 가야 할
일이나 친척 집에 가는 일도 모두 끊고 왕래하지 않았다. 또 친정
부모의 문안을 전하러 오는 자가 있으면 만나 보았으나 그들을 문
밖까지 배웅하지는 않았다. 소박한 반찬에 무명옷 입고 음악을 듣
지 않았으며 이러한 상태로 몸을 마쳤다.

　수(隋)나라 문제(文帝)가 이러한 이야기를 듣고 아름답게 여

겨 조서를 내려서 아름다움을 들춰내 그의 집안에 정문을 세웠다.

장안(長安 : 서울)에서는 이름하여 '절부여(節婦閭)'라고 불렀다.

韓覬妻于氏 父實 周大左輔[1] 于氏年十四適於覬 雖生長膏腴 家門鼎貴 而動遵禮度 躬自儉約 宗黨[2]敬之 年十八 覬從軍沒 于氏哀毀骨立 慟感行路 每朝夕奠祭 皆手自捧持 及免喪 其父以其幼少無子 欲嫁之 誓不許 遂以夫孽子世隆爲嗣 身自撫育 愛同已生 訓導有方 卒能成立 自孀居以後 唯時或歸寧 至於親族之家 絶不往來 有尊親就省謁[3]者 送迎皆不出戶庭 蔬食布衣 不聽聲樂 以此終身 隋文帝聞而嘉歎 下詔褒美 表其門閭 長安中號爲節婦閭

1) 周大左輔(주대좌보) : 북주(北周)를 가리키고 대좌보는 벼슬 이름이다.

2) 宗黨(종당) : 친척들. 일가들.

3) 省謁(성알) : 안부를 전달하러 오가는 사람.

17. 외간 남자에게 잡힌 팔을 자른 이씨(李氏)

북주(北周)에서 괵주(虢州)의 사호(司戶)를 지낸 왕응(王凝)의 아내 이씨(李氏)는 청주(靑州)와 제주(齊州)의 사이에서 살았다.

왕응(王凝)이 벼슬살다 그 곳 관가에서 죽었는데 집안은 아주 가난하였다. 한 아들이 있었는데 아주 어렸다.

이씨는 아들을 이끌고 남편의 유해(遺骸 : 시신)를 짊어지고 고향으로 돌아갔다. 동쪽으로 개봉(開封) 땅을 지나다 한 여관에 들어 묵으려 했다. 여관 주인은 그녀가 어린아이를 이끌고 홀로 오는 것을 보고 의심스러워 여관에서 묵는 것을 허락하지 않았다.

이씨가 하늘을 보니 날도 이미 저물어서, 다른 데 갈 곳이 없음을 사정했으나 주인은 이씨의 팔을 잡고 내쫓았다.

이씨가 하늘을 우러러 통곡하면서 말하기를

"나는 여자가 되어 절개를 지키지 못하고 이 손을 외간 남자에게 잡히게 되었다. 이 한 손 때문에 내 몸 전체를 더럽힐 수 없다." 하고는, 곧 도끼를 가져다 팔뚝을 잘랐다.

지나가던 사람들이 이 광경을 보고 빙 둘러서서 탄식하였고 어떤 이는 눈물을 흘리기도 하였다.

개봉윤(開封尹)이 이 소식을 듣고 그러한 사연을 조정의 관리에게 아뢰자 약을 내려 상처를 치료하게 하였으며 이씨를 구제하고 그 여관집 주인은 태형을 가했다.

이와 같은 행동을 한 이씨(李氏)는 가히 '청결'한 사람이라고 이를 것이다.

周虢州司戶[1]王凝妻李氏 家青齊[2]之間 凝卒於官 家素貧 一子尙幼 李氏攜其子 負其遺骸以歸 東過開封 止旅舍 主人見其婦人獨攜一子而疑之 不許其宿 李氏顧天已暮 不肯去 主人牽其臂而出之 李氏仰天慟曰 我爲婦人 不能守節 而此手爲人執耶 不可以一手幷汚吾身 卽引斧自斷其臂 路人見者 環聚而嗟之 或爲之泣下 開封尹聞之 白其事於朝官[3] 爲賜藥封瘡 邮李氏而笞其主人 若此 可謂能淸潔矣

1) 司戶(사호) : 지방의 호적을 맡은 관리.
2) 靑齊(청제) : 청주(靑州)와 제주(齊州).
3) 朝官(조관) : 조정의 관리.

제9권 가범(家範卷九)

제16장 아내·하〔妻下〕

1. 일부일처(一夫一妻)제인 서민들

'예기'에 "천자로부터 명사(命士)에 이르기까지 다 잉첩(媵妾)이 몇 명씩 있고 오직 서인(庶人)에게는 없다."고 했다. 서인은 한 지아비에 한 지어미뿐이다.

그러므로 '시경' 관저(關雎)편에 아름다운 후비(后妃)로 맑고 정숙한 여인을 얻어 군자의 배필로 삼은 것을 즐거움으로 여기고 요조한 것을 사모하고 어진 재주를 흠모하여 음탕한 마음에 빠지지 않게 한 것이다.

'시경'의 규목(樛木)편이나 종사(螽斯)편이나 도요(桃夭)편이나 부이(芣苢)편이나 소성(小星)편은 다 투기하는 마음이 없는 것을 아름답게 여겼다.

문왕(文王)의 어머니는 10명의 아들을 두었으며 여러 첩들이 수백 명의 아들을 두었다. 이로 말미암아 주(周)나라가 흥성한 것이다. 또 이것을 시인(詩人)들이 아름답게 여겼다. 그러므로 부인의 아름다움이란 투기 없음을 제일로 여기는 것이다.

禮 自天子[1]至於命士[2] 媵妾皆有數 惟庶人[3]無之 謂之匹夫匹婦 是故關雎[4]美后妃 樂得淑女以配君子 慕窈窕 思賢才 而無傷淫之心 至於樛木螽斯桃夭芣苢小星[5] 皆美其無妬忌之行 文母[6]十子 衆妾

百斯男 此周之所以興也 詩人美之 然則婦人之美 無如不妬矣

1) 天子(천자) : 황제(皇帝)를 지칭한다.

2) 命士(명사) : 처음으로 관직에 나아가게 된 사람.

3) 庶人(서인) : 일반 백성. 곧 민중.

4) 關雎(관저) : '시경' 국풍(國風)의 편명.

5) 樛木螽斯桃夭茉苢小星(규목종사도요부이소성) : 규목, 종사, 도요, 부이, 소
   성은 모두 '시경'의 편명.

6) 文母(문모) : 주(周)나라 문왕(文王)의 어머니 태임(太任)을 말한다.

2. 전처를 맞아들여 형님으로 삼은 조희(趙姬)

춘추 시대(春秋時代) 진(晉)나라의 조사(趙衰)는 진나라 문
공(文公)을 따라서 적(狄)에 가 있었다.

조사는 적에서 숙외(叔隗)에게 장가들어 돈(盾)을 낳았다.

문공이 적에서 진(晉)나라로 돌아와서 즉위한 후 딸 조희(趙
姬)를 조사의 아내로 삼게 했다. 조희는 원동(原同), 병괄(屏括),
누영(樓嬰)의 세 아들을 낳았다.

어느 날 조희가 조사에게 청하여 돈(盾)과 숙외를 맞아들이라
고 하였다. 조사가 사양하고 데려오려 하지 않자, 조희가 말했다.

"옳지 않은 일입니다. 총애를 얻었다고 옛일을 잊는다면 의가 아
닙니다. 새것을 좋아하고 옛것에 게으르면 은혜가 없는 것입니다.
사람과 더불어 어려울 때는 함께 하다가 부귀해지면 돌아보지 않
으면 예의가 없는 것입니다. 이 세 가지를 버리는 자가 무엇으로
써 사람을 부릴 수 있겠습니까? 반드시 숙외를 맞아들이십시오"

이리하여 숙외와 돈을 맞아들였다. 돈이 집에 오자 조희는 돈의
재주를 인정하여 진실로 조사에게 청하여 적자(嫡子 : 장자)로
삼도록 하였고 자신의 세 아들로 하여금 그 밑에 하도록 하였으
며, 숙외를 본처로 삼게 하고 자신은 그 밑에 처신하였다.

晉趙衰[1]從晉文公在狄[2] 取狄女叔隗 生盾 文公返國 以女趙姬妻

衰 生原同屛括樓嬰 趙姬請逆³⁾盾與其母 衰辭而不敢 姬曰 不可 得
寵而忘舊 不義 好新而慢故 無恩 與人勤於隘阨 富貴而不顧 無禮
棄此三者 何以使人 必逆叔隗 及盾來 姬以盾爲才 固請于公 以爲
嫡子 而使其三子下之 以叔隗爲內子⁴⁾ 而已下之

1) 晉趙衰(진조사) : 춘추 시대 진(晉)나라 조사. 조사는 진문공(晉文公)의 신
   하. 문공을 따라서 도망하였다가 19년 만에 귀국하여 문공이 패업을 이루는
   데 크게 기여함.
2) 狄(적) : 땅 이름이며 조그마한 나라 이름.
3) 逆(역) : 맞아들이다. 곧 초청하여 맞아들이다.
4) 內子(내자) : 안방의 주인. 본부인.

3. 아홉 여인을 남편에게 바친 번희(樊姬)

춘추 시대 초나라 장왕(莊王)의 부인 번희(樊姬)가 말했다.
"저는 다행히도 11년 동안이나 부인의 업을 지탱하였는데, 일
찍이 의식이 덜어지는 일이 없었습니다. 사람을 정(鄭)나라와 위
(衛)나라에 보내 미인을 구해서 왕에게 진상하였습니다.
제가 진상한 여인은 아홉 사람인데, 지금 저보다 현명한 여인은
둘이고, 저와 같은 여인은 일곱입니다. 저는 이들이 저의 사랑을
방해하고 저의 귀함을 빼앗아가는 것도 압니다.
제가 어찌 왕의 사랑을 독차지하고 싶지 않고 왕의 총애를 회
복하고자 하지 않겠습니까? 다만 감히 사사로운 것으로써 공공
적인 것을 은폐시키지 않을 뿐입니다."

楚莊王¹⁾夫人樊姬曰 妾幸得備掃除²⁾十有一年矣 未嘗不捐衣食
遣人之鄭衛 求美人而進之於王也 妾所進者九人 今賢於妾者二人
與妾同列者七人 妾知妨妾之愛 奪妾之貴也 妾豈不欲擅王之愛 奪
王之寵哉 不敢以私蔽公也

1) 楚莊王(초장왕) : 춘추 시대 오패(五覇)의 한 사람.
2) 掃除(소제) : 쓸고 닦는 일. 곧 여자가 지켜야 할 본분.

4. 송(宋)나라 포소(鮑蘇)의 아내 여종(女宗)

춘추 시대 송(宋)나라의 여종(女宗)은 포소(鮑蘇)의 아내이다. 그녀는 시집와서 시어머니 봉양하기를 지극히 하였다.

그런데 포소가 위(衛)나라에 가 벼슬하면서 위나라 제후를 섬긴 지 3년 만에 그 곳에서 소실을 얻어 딴살림을 차렸다. 여종은 이런 사실을 알면서도 시어머니를 더욱 극진히 모시고 있었다.

이렇게 지내는 동안 위나라를 왕래하는 사람들이 포소가 지내는 형편을 전하는데, 포소는 따로 살림을 차린 소실의 비위를 맞추기 위해 많은 재물을 바친다고 했다.

이런 소문을 전해 들은 여종의 친정 언니가 여종에게 이르기를

"너는 그만 친정으로 돌아가자."

라고 권하자, 이 말을 들은 여종이 펄쩍 뛰면서 말했다.

"언니 그게 무슨 말씀이오"

언니가 말했다.

"남편이 이미 다른 여자를 얻어 즐기는데 너는 무엇을 바라고 이 집에 머물러 있겠다는 것이냐?"

이말을 들은 여종은

"부인이란 오로지 한결같은 것을 정절로 삼으며, 잘 순종하는 것을 순(順)이라 합니다. 정절과 순종은 부인의 보배입니다. 어찌 지아비의 사랑을 오로지 받는 것만 선이겠습니까? 만약 지아비가 좋아하는 것을 막는 것만으로 스스로 영화를 삼는다면 나는 아직 그것이 좋은 것인지 알지 못하겠습니다. '예기'에 보면 천자는 처와 첩이 12명이고 제후는 9명이고 대부는 3명이고 사(士)는 2명입니다. 지금 나의 지아비는 확실한 사(士)입니다. 2명이 있는 것이 또한 마땅한 일 아닙니까? 또 부인에게는 일곱 가지 쫓겨나는 법이 있습니다. 칠거지악(七去之惡)에서, 음탕한 마음이나 도둑질하는 버릇이나 수다스러움이나 거만하고 남을 업신여기는 태도나 자식을 낳지 못하는 일이나 고치지 못할 병을 가진

것 따위는 다 다음이고 투기가 제일 으뜸입니다. 언니는 나를 가
정의 도리로써 가르치지 않고 도리어 내가 버림받는 여자가 되도
록 가르치십니다. 장차 어디에 이러한 것을 쓸 수 있겠습니까?"
라고 하고는 언니의 말을 듣지 않았으며, 시어머니 봉양하기를 더
욱더 조심하였다.

이러한 사실을 송(宋)나라 군주가 듣고 아름답다고 칭찬하고
여종이 사는 마을에 정표를 세우고 그녀를 이름하여 '여종(女
宗)'이라고 부르도록 하였다.

宋女宗[1]者 鮑蘇之妻也 旣入 養姑甚謹 鮑蘇去而仕於衛 三年 而
娶外妻焉 女宗之養姑愈謹 因往來者請問鮑蘇不輟 賂遺[2]外妻甚厚
女宗之姒謂女宗曰 可以去矣 女宗曰 何故 姒曰 夫人旣有所好 子
何留乎 女宗曰 婦人以專一爲貞 以善從爲順 貞順者 婦人之所寶 豈
以專夫室[3]之愛爲善哉 若抗夫室之好 苟以自榮 則吾未知其善也 夫
禮 天子妻妾十二 諸侯九 大夫三 士二 今吾夫固士也 其有二不亦
宜乎 且婦人有七去 七去之道 妒正爲首 姒不敎吾以居室之禮 而反
使吾爲見棄之行 將安用此 遂不聽 事姑愈謹 宋公聞而美之 表其閭
號曰女宗

1) 女宗(여종) : 여자의 사표(師表). 곧 여자가 몸에 가져야 할 태도. 여기서는
   그의 칭호로 쓰였다.
2) 賂遺(뇌유) : 소실에게 비위를 맞추기 위하여 쓰는 돈의 뜻.
3) 夫室(부실) : 남편의 집. 곧 시가.

5. 일체 투기가 없는 마황후(馬皇后)

한(漢)나라 명덕마황후(明德馬皇后)는 복파장군(伏波將軍)
마원(馬援)의 딸이었다. 나이 13세에 태자빈(太子賓)으로 선발
되어서 남을 접대할 때는 동등하게 대했으며 항상 남을 먼저 하
게 하고 자신을 뒤에 하였다.

이러한 행동으로 태자의 총애를 받았다.

태자가 황제의 지위에 오르자 항상 황제의 후사를 걱정하여 매양 근심을 품고 좌우에서 여인을 천거하여 올리도록 하고 그것도 부족한 것같이 하여 후궁(後宮) 중에 총애받는 자가 있으면 매양 위로해 주고 또 자주 총애받는 자는 문득 융숭하게 대접했다. 얼마 있다가 황후가 되었다.

이것은 부인이 투기하지 않는 태도를 군자가 더욱 어질게 여기는 것을 알 수 있게 하는 일로 오로지 사사로운 총애에만 전념하면 총애는 더욱 멀어진다는 사실을 알 수 있다. 그 식견과 사려에 따라서 멀고 가까운 까닭이 있는 것이다.

漢明德馬皇后 伏波將軍援[1]之女也 年十三選入太子宮 接待同列[2] 先人後己 由此見寵 及帝卽位 常以皇嗣未廣[3] 每懷憂嘆 薦達左右 若恐不及 後宮有進見者 每加慰納 若數所寵引 輒增隆遇 未幾 立爲皇后 是知婦人不妬則益爲君子所賢 欲專寵自私則愈疎矣 由其識慮有遠近故也

1) 援(원) : 마원(馬援). 자는 문연(文淵 : 서기전 14~49). 무릉(茂陵) 사람으로 후한의 정치가 또는 무장(武將). 후한 광무제의 신하로 남방교지(南方交趾)에서 반란이 일어났을 때 복파(伏波)장군으로 임명되어 그 곳을 평정하고 신식후식읍(新息侯食邑) 3천 호를 봉함받았다. 뒤에 호남의 무릉에 진군하여 진중에서 전사하였다.

2) 接待同列(접대동렬) : 남을 접대할 때는 항상 똑같이 하다. 특별히 높은 체를 하지 않았다.

3) 皇嗣未廣(황사미광) : 황제의 후사를 비워둘 수 없다는 뜻. 곧 아들을 얻어야 한다는 말.

6. 후당(後唐) 태조(太祖)의 부인 유씨(劉氏)

후당(後唐) 태조(太祖)의 정실(正室)인 유씨(劉氏)는 대북(代北) 사람이었다. 그 다음 비(妃)는 조씨(曹氏)인데 태원(太原) 사람이었다.

태조가 진왕(晉王)으로 봉해졌을 때 유씨는 진국부인(秦國夫人)으로 봉해졌으나 자식이 없었다.

성품이 어질고 투기하는 마음이 없었는데 항상 태조에게 말하기를 "조씨가 귀한 아들을 낳을 상(相)입니다. 마땅히 잘 대우하십시오."라고 했다.

조씨 또한 스스로 겸손하고 양보하는 행동으로 서로 만나면 매우 기뻐하였다.

조씨가 진국(晉國)부인으로 봉해지고 뒤에 아들을 낳았는데 이 사람이 장종(莊宗)이 되었다. 그를 태조가 기특하게 여겼다.

장종은 즉위하자 조씨를 높이는 칙서를 내려 황태후(皇太后)로 삼았고 적모(嫡母)인 유씨는 황태비(皇太妃)로 삼았다.

황태비가 황태후에게 가서 사례했는데 황태후가 부끄러운 얼굴을 하자, 황태비가 말했다.

"우리 아이의 나라가 끝없이 발전하기를 원하고 또 우리들이 죽을 때까지 선군(先君 : 태조)을 따를 수 있다는 것이 다행입니다. 다른 것은 다시 말해 무엇합니까?"

장종이 후량(後梁)을 멸망시키고 낙양(洛陽)으로 들어가자 사람을 시켜 황태후를 맞이하여 낙양으로 오게 하여 장수궁(長壽宮)에서 살도록 하였다.

황태비가 능묘(陵廟)를 생각하고 홀로 진양(晉陽)에 머물렀는데 황태비와 황태후는 서로 매우 사랑하였다. 황태후가 낙양으로 떠날 때 황태비는 눈물을 흘리며 이별하고 돌아와서는 사모하다가 드디어 병을 얻었다.

황태후가 이 소식을 듣고 진양으로 달려가 문병하고, 황태비가 죽자 또 스스로 장례에 가고자 하였다. 장종이 울면서 간하고 모든 신하들이 교대로 가지 말 것을 청하자 이에 중지하였다.

황태후는 황태비가 죽은 뒤부터 슬퍼하며 음식도 먹지 않다가 한 달을 넘기고 또한 죽었다.

장종이 첩인 어머니를 적모(嫡母)에 올렸어도 유후(劉后)는 오히려 기분나빠하지 않았으니 하물며 첩이 여군(女君 : 황후)을 섬기는 일이 예가 아닐까?

　이와 같은 행동을 한 유후(劉后)는 가히 '투기하지 않았다.'고 말할 수 있다.

　　後唐[1]太祖[2]正室劉氏 代北人也 其次妃曹氏 太原人也 太祖封晉
王 劉氏封秦國夫人 無子 性賢不妬忌 常爲太祖言 曹氏相當生貴子
宜善待之 而曹氏亦自謙退 因相得甚歡 曹氏封晉國夫人 後生子 是
謂莊宗[3] 太祖奇之 及莊宗卽位 册尊曹氏爲皇太后 而以嫡母劉氏爲
皇太妃 太妃往謝太后 太后有慙色 太妃曰 願吾兒享國無窮 使吾曹
獲沒于地以從先君[4] 幸矣 他復何言 莊宗滅梁[5] 入洛 使人迎太后歸
洛 居長壽宮 太妃戀陵廟 獨留晉陽 太妃與太后甚相愛 其送太后往
洛 涕泣而別 歸而相思慕 遂成疾 太后聞之 欲馳至晉陽視疾 及其
卒也 又欲自往葬之 莊宗泣諫 群臣交章請留 乃止 而太后自太妃卒
悲哀不飮食 逾月亦崩 莊宗以妾母加於嫡母 劉后猶不愠 況以妾事
女君如禮者乎 若此 可謂能不妬矣

1) 後唐(후당): 이극용(李克用)의 아들 존욱(存勗)이 세운 나라. 후량(後梁)
　　을 존욱인 장종(莊宗)이 멸망시키고 후당이라고 했다.
2) 太祖(태조): 이극용(李克用)을 일컫는다.
3) 莊宗(장종): 이존욱(李存勗)을 말한다.
4) 先君(선군): 여기서는 태조(太祖)인 남편을 지칭함.
5) 梁(양): 후량(後梁), 곧 주전충(朱全忠)이 세운 나라.

7. 후비(后妃)의 근검절약을 미화시킨 시

　'시경'의 국풍(國風) 갈담(葛覃)편은 후비(后妃)의 공손하고 검소하고 절약하고 아껴쓰는 태도와 손수 깨끗하게 세탁하여 입는 행동을 아름답게 여겨서 지은 시이다.

　그런즉 부인(婦人)은 진실로 검약으로써 아름다움을 삼아야 하며, 사치를 아름다움으로 삼지 않아야 한다.

葛覃[1]美后妃[2]恭儉節用 服浣濯[3]之衣 然則婦人固以儉約爲美 不
以侈麗爲美也

1) 葛覃(갈담) : '시경' 국풍의 갈담(葛覃)편을 말한다.

2) 后妃(후비) : 왕후를 일컫는다.

3) 浣濯(완탁) : 세탁하다.

8. 검소한 한(漢)나라의 마황후(馬皇后)

한(漢)나라의 명덕마황후(明德馬皇后)는 항상 누인 명주옷을
입었고 치마에는 가선을 두르지 않았다.

모든 후궁들이 초하루나 보름날에 모여들어 황후에게 문안드
리기를 청하면 황후는 성기고 거친 윗옷을 입고 있었는데 바라보
면 도리어 무늬 있는 비단옷으로 삼았다. 후궁들이 나아가 보고
이에 웃으면 황후가 변명하여 말했다.

"이 옷은 특이하게 염색한 비단을 사용했다."

후궁들이 거처하는 곳을 보고는 탄식하지 않음이 없었다.

성품이 밖으로 나타나기를 좋아하지 않고 일찍부터 창문으로
밖을 보지도 않았다. 또 음악도 좋아하지 않았고 황제가 별장인
이궁(離宮)으로 갈 때 드물게 따라갔다.

저 천자의 황후가 이와 같이 하였는데 하물며 신하와 백성들의
아내에 있어서랴!

漢明德馬皇后常衣大練[1] 裙不加緣[2] 朔望 諸姬主朝請 望見后袍
衣[3]疎粗 反以爲綺縠 就視乃笑 后辭曰 此繒特宜染色 故用之耳 六
宮[4]莫不歎息 性不喜出入遊觀 未嘗臨御牕牖 又不好音樂 上時幸
苑囿離宮[5] 希嘗從行 彼天子之后猶如是 況臣民之妻乎

1) 大練(대련) : 거친 옷. 곧 세련되지 않은 옷.

2) 緣(연) : 가선을 두르다.

3) 袍衣(포의) : 윗옷.

4) 六宮(육궁) : 후궁이 거처하는 궁전.

5) 苑囿離宮(원유이궁) : 황제가 휴식을 취하는 별장. 곧 별궁(別宮).

9. 한(漢)나라 포선(鮑宣)의 아내 환씨(桓氏)

한(漢)나라 포선(鮑宣)의 아내 환씨(桓氏)는 시집으로 돌아
갈 때 시녀와 호화로운 의복을 돌려보내고 검소한 옷을 걸치고 작
은 수레를 타고 갔다.

漢鮑宣妻桓氏 歸侍御服飾 著短布裳 挽鹿車[1]

1) 鹿車(녹거) : 아주 작은 수레. 사슴 한 마리가 끌 수 있는 수레.

※ 앞의 '지아비' 의 장에 자세한 기록이 나와 있다.

10. 부풍(扶風) 양홍의 아내

부풍(扶風)에 살던 양홍(梁鴻)의 아내는 비단옷을 물리치고
검소한 옷을 걸치고 삼신을 신고 길쌈하는 기구를 잡았다.

梁鴻妻屛[1]綺縞 著布衣麻履 操[2]緝績之具

1) 屛(병) : 물리치다.

2) 操(조) : 가지다. 잡다.

※ 이상의 내용도 '지아비' 의 장에 자세한 기록이 나와 있다.

11. 황제가 내린 노비를 반납한 기양공주(岐陽公主)

당(唐)나라 기양공주(岐陽公主)는 전중소감(殿中少監) 두종
(杜悰)에게 시집갔다.

두종과 상의하여 말하기를

"황제께서 내리는 노비나 하인들은 궁색하고 고통스러운 것을
좋지 않게 여깁니다."

라고 아뢰어서 반납하였다. 황제도 아름답게 여겨서 허락하고 그

에 상응하는 것들을 주었는데 다 가난한 사람들이 가질 수 있는 것들이었다. 이후로부터 문을 닫고 낙연(落然)히 사람의 소리를 듣지 아니하였다.

두종이 풍주(灃州)자사가 되어 부임할 때 두종이 앞에 하고 공주가 뒤에 따랐다.

군(郡)이나 현(縣)에서는 공주가 온다는 소리를 듣고 소와 양과 개와 말을 잡고 수백 사람이 음식을 장만하여 공주가 도착하기를 기다렸다. 이 때 공주가 도착했는데 따르는 사람은 20명에 지나지 않았고 노비들은 6, 7명 정도였다. 그리고 꾀죄죄한 당나귀에 허름한 옷을 입고 수레를 타고 있었는데 약속된 장소에 이르러서도 육식을 하지 않았다.

역의 관리가 문밖에 서 있는데도 음식을 돌려보내고 수일 간 경사(京師)에 들리지 않도록 하였다. 모든 사람이 떠들썩하게 말하기를 괴이한 일로 삼았다.

두종은 풍주자사로 3년 동안 있었는데 공주는 처음 들어온 후 3년 동안 자사의 관청이 어디에 있는지 알려고 하지 않았다.

공주는 황제의 딸인데도 오히려 이와 같이 하였으니 하물며 미천한 집안에서랴! 이와 같은 공주의 행동은 가히 '절검(節儉)했다.'고 이를 수 있다.

唐岐陽公主[1]適殿中少監[2]杜悰 謀曰[3] 上所賜奴婢 卒不肯窮屈[4] 奏請納之 上嘉歎 許可 因錫其直[5] 悉自市寒賤可制指者 自是閉門 落然[6]不聞人聲 悰爲灃州刺史 主後悰行 郡縣聞主且至 殺牛羊犬馬 數百人供具 主至 從者不過二十人 六七婢 乘驢闒茸[7] 約所至不得 肉食 驛吏立門外 卽飯食以返 不數日間聞於京師 衆譁說以爲異事 悰在灃州三年 主自始入後三年間 不識刺史廳屛 彼天子之女猶如 是 況寒族[8]乎 若此 可謂能節儉矣

1) 唐岐陽公主(당기양공주) : 당나라 공주. 당(唐)나라 헌종(憲宗)의 딸.

2) 殿中少監(전중소감) : 궁중 안을 담당하는 직책 이름.

3) 謀曰(모왈) : 꾀하다. 묻다. 곧 공주가 남편에게 묻다.

4) 窮屈(궁굴) : 궁색하고 막히다.

5) 直(직) : 값어치. 치(値)와 같다.

6) 落然(낙연) : 떨어진 모양. 동떨어지다의 뜻.

7) 闒茸(탑용) : 용렬한 것. 또는 허름하다.

8) 寒族(한족) : 미천한 집안.

12. 지아비를 공경한 옛날의 어진 아내들

옛날의 어진 아내들은 그 지아비를 공경하지 않은 자가 없었다. 조대가(曹大家)의 여계(女戒)에 말했다.

"한 사람에게 뜻을 얻으면 '영원히 함께 마치다' 라고 이르고, 한 사람에게 뜻을 잃으면 '영원히 끝나다' 라고 한다.

이러한 말에 따르면 지아비의 마음을 구하지 않을 수 없는 것이다. 그러나 구하는 것은 아첨하고 현혹시켜서 구차하게 친하게 하는 일을 이른 것이 아니다.

진실로 마음을 오로지 하고 얼굴빛을 바르게 하고 예의를 정결하게 하는 일보다 나은 것이 없다.

귀로는 길 가는 사람들의 말을 듣지 않고 눈으로는 사특한 것을 보지 않고 밖으로 나갈 때에는 음란하게 화장하지 않고 집안에 들어와서는 치장하지 않음이 없으며 무리지어 모여들지 않고 문밖을 내다보지 않는다. 이러한 태도를 마음을 오로지 하고 얼굴빛을 바르게 한다고 한다.

기거동작이 가벼워 예에서 벗어나고 보고 듣는 것이 협소하고 들어와서는 산발하고 괴이한 형상을 하고 밖에 나갈 때는 요조숙녀처럼 모양을 가꾸며 말은 도리에 어긋나고 보는 것이 도리에 어긋나는 이러한 태도를 능히 마음을 오로지 하지 못하고 얼굴빛도 바르게 하지 못한다고 이른다.

이로써 기결(冀缺)의 아내가 지아비에게 들밥을 내가는데 서로 상대하기를 손님같이 하고, 양홍(梁鴻)의 아내가 지아비에게 음식을 올리는데 밥상을 눈썹과 가지런하게 올렸던 것이다.

이와 같이 하여야 능히 '공순하고 삼간다'고 이를 것이다.

古之賢婦未有不恭其夫者也 曹大家女戒曰 得意一人[1] 是謂永
畢[2] 失意一人 是謂永訖[3] 由斯言之 夫不可不求其心 然所求者 亦
非謂佞媚苟親也 固莫若專心正色 禮義貞潔耳 耳無塗聽[4] 目無邪
視 出無冶容[5] 入無廢飾 無聚群輩 無看視門戶 此則謂專心正色矣
若夫動靜輕脫 視聽陜輸[6] 入則亂髮壞形 出則窈窕作態 說所不當
道 觀所不當視 此謂不能專心正色矣 是以冀缺之妻饁其夫 相待如
賓 梁鴻之妻饋其夫 擧案齊眉 若此 可謂能恭謹矣

1) 一人(일인) : 남편인 지아비.
2) 永畢(영필) : 영원히 함께 하다.
3) 永訖(영글) : 영원히 끝장나다. 곧 생이별하다.
4) 塗聽(도청) : 도청도설(塗聽塗說). 길거리의 시비거리.
5) 冶容(야용) : 음탕하게 화장한 것.
6) 陜輸(협수) : 좁고 빠지다. 곧 한쪽으로 치우치다.

13. 후비(后妃)들이 근검절약하는데 서민들이야

'주역'가인(家人)괘의 육이(六二) 효(爻)사에 '이루는 것이
없다. 집안에 있어 살림을 꾸려 나가는 것이다.'라고 했다.

'시경'의 갈담(葛覃)편은 후비를 미화한 것이 부모에게 있고
가정의 뜻은 여자의 공적에 있는데 곱고 거친 베로 옷을 만드는
수고로움을 일로 삼은 것이다.

또 '시경'의 채빈(采蘋)편이나 채번(采蘩)편은 부인이 능히
제사를 잘 받드는 것을 아름답게 여겼다.

저들 후비나 부인(夫人)들이 오히려 이와 같이 하는데 하물며
신하나 일반 백성의 아내에 있어서랴! 가히 단정히 종일토록 앉
아서 스스로 편안할 수 있겠는가?

易[1] 家人 六二 無攸遂 在中饋 詩葛覃美后妃 在父母家志在女功

爲絺綌²⁾服勞辱之事 采蘋采蘩³⁾美夫人能奉祭祀 彼后夫人猶如是
況臣民之妻 可以端居終日自安逸乎
1) 易(역) : '주역' 풍화가인(風火家人)패의 육이(六二)효사.
2) 絺綌(치격) : 고운 것은 치, 거친 것은 격. 곱고 거친 베.
3) 采蘋采蘩(채빈채번) : '시경' 국풍(國風)의 편명.

14. 자식을 훈계한 공보문백의 어머니

노(魯)나라 대부(大夫) 공보문백(公父文伯)이 조정(朝政)에
서 물러나와 어머니를 뵐 때 그의 어머니는 길쌈하고 있었다.

공보문백이 말하기를

"촉(歜)의 집안에서 더군다나 어머니께서 길쌈을 하십니까?
계손(季孫)씨가 성낼까 두렵습니다. 제가 어머님을 섬기는 일이
능하지 못합니까?"

라고 하자, 그의 어머니가 탄식하여 말했다.

"노(魯)나라가 망하겠구나! 철모르는 아이로 하여금 벼슬 자
리를 채우게 하고 아직도 바른 도리를 듣지 못하게 하였구나! 왕
후(王后)는 친히 관의 앞뒤에 드리우는 검은 술을 짜시고, 공후
(公侯)의 부인은 굉(紘)과 연(綖)을 더 만든다. 경(卿)의 아내
는 큰띠를 만들고 명부(命婦)는 제복을 만들고 열사(列士)의 아
내는 조복을 만들고 서사(庶士)로부터 그 아래의 지위에 있는 자
는 모두 그 남편을 입힐 옷을 만든다.

사제(社祭)를 지내는 날에 남녀에게 각기 일을 맡기며 증제(烝
祭)를 지내는 날에는 공적을 바쳐 남자와 여자가 모두 그 공을 평
가받아 허물이 있으면 벌을 받는 것이 옛날의 법이다. 지금 나는
과부이고 너 또한 아래 직책에 있다. 아침 저녁으로 일을 처리하
면서 오히려 선인(先人 : 아버지)의 업을 잊을까 두려웠는데 하
물며 게으름까지 있으니 그 무엇으로 죄를 피할 것인가? 나는 네
가 아침저녁으로 나를 경계하여 말하기를 '반드시 선인(先人)의
업을 폐지하지 마십시오.' 라고 하기를 바랐다. 그런데 너는 지금

말하기를 '어찌 스스로 편안하지 않으십니까?' 라고 하는구나. 네가 그런 생각으로 군주를 받드는 자리에 있다면 나는 목백(穆伯)의 후손이 끊어질까 두렵구나."

魯大夫公父文伯退朝 朝其母 其母方績¹⁾ 文伯曰 以歜²⁾之家而主³⁾猶績乎 懼干季孫之怒也 其以歜爲不能事主乎 母歎曰 魯其亡乎 使僮子備官而未之聞耶 王后親織玄紞⁴⁾ 公侯之夫人加之以紘⁵⁾綖 卿之內子爲大帶 命婦⁶⁾成祭服 列士⁷⁾之妻加之以朝衣 自庶士⁸⁾以下 皆衣其夫 社⁹⁾而賦事 烝¹⁰⁾而獻功 男女效績 愆則有辟¹¹⁾ 古之制也 今我寡也 爾又在下位 朝夕處事 猶恐忘先人¹²⁾之業 況有怠惰 其何以避辟 吾冀而朝夕脩我曰 必無廢先人爾 今日胡不自安 以是承君之官 余懼穆伯之絶嗣也

1) 方績(방적) : 바야흐로 길쌈하다.
2) 歜(촉) : 공보문백의 이름.
3) 主(주) : 주인. 곧 어머니를 뜻한다.
4) 紞(담) : 관(冠)의 앞뒤에 드리우는 술.
5) 紘(굉) : 관끈으로, 늘어뜨림이 없는 것.
6) 命婦(명부) : 대부(大夫)의 아내.
7) 列士(열사) : 원사(元士), 상사(上士).
8) 庶士(서사) : 하사(下士).
9) 社(사) : 봄에 지내는 제사. 사제(社祭).
10) 烝(증) : 겨울에 지내는 제사. 증제(烝祭).
11) 辟(벽) : 죄. 형벌.
12) 先人(선인) : 공보문백의 아버지를 지칭함.

15. 손이 갈라지도록 일을 한 마황후(馬皇后)

한(漢)나라 명덕마황후(明德馬皇后)는 스스로 윗옷을 만들었고 손이 다 갈라지도록 일을 했다. 황후가 오히려 이와 같은데 하물며 다른 사람에 있어서랴!

조대가(曹大家)의 여계(女戒)에 말했다.

"늦게 자고 일찍 일어나며 일찍부터 밤늦게까지를 꺼리지 마라. 사사로운 일을 직접 힘쓰고 어렵고 쉬운 일을 사양하지 마라. 시작한 일은 반드시 성취하고 손수 정리하는 이것을 '부지런한 것'이라고 한다."

이와 같이 한다면 가히 '부지런하다'라고 말할 수 있는 것이다.

漢明德馬皇后自爲衣袿[1] 手皆瘃裂[2] 皇后猶爾 況他人乎 曹大家
女戒曰 晚寢早作 勿憚夙夜 執務私事 不辭劇易 所作必成 手迹整
理 是謂勤也 若此 可謂能勤勞矣

1) 衣袿(의규) : 윗옷.
2) 瘃裂(촉렬) : 손이 갈라지다. 일을 많이 하여 손이 갈라지다.

16. 스스로 죄를 청한 선왕(宣王)의 강후(姜后)

사람의 아내된 자는 무턱대고 6가지 덕만 갖추는 것이 아니라 마땅히 군자를 보좌하고 그 어진 이름을 성취하도록 도와야 한다.

그러므로 '시경'의 권이(卷耳)편은 어진 이를 구하고 관리를 찾는 일을 말했고, '시경'의 은기뢰(殷其雷)편은 의(義)로써 권했으며, 여분(汝墳)편은 바른 것으로써 힘쓰게 했고, 계명(雞鳴)편은 경계해서 서로 성취하는 것을 말했다. 이들은 다 내조(內助)의 공덕이다.

도산(塗山)으로부터 태임(太任)과 태사(太姒)에 이르기까지 그 아름다운 풍속이 경전에 나타나 있어 더 더할 것이 없다.

주(周)나라 선왕(宣王)의 강후(姜后)는 제나라 여인이었다.

일찍이 선왕(宣王)이 늦게 일어나는 버릇이 있었다.

어느날 강후가 비녀와 귀걸이를 빼놓고 궁중의 영항(永巷)에서 대기하며 죄를 청했다. 부모(傅母)를 시켜 그 사실을 왕에게 통고하고 아뢰게 했다.

"첩이 음란한 마음을 나타내어 군왕께서 예를 잃고 늦게 조회하시게 하였습니다. 이로써 군왕께서 여색을 즐기고 덕을 잃으신다는 말을 듣게 하였습니다. 감히 저의 죄를 청합니다."

왕이 말하기를

"과인이 부덕하여 진실로 스스로 허물을 낳았으니 후비의 죄가 아니다."

하고는 드디어 강후를 돌아오게 하였다.

이후로 아침 일찍이 조회하고 저녁 늦게 퇴청하며 정사를 부지런히 살펴 마침내 중흥의 군주라는 이름을 얻었다.

그러므로 닭이 울어 북을 두드려 아침을 고하면 후부인(后夫人)이 반드시 울리는 옥을 차고 임금의 처소에 가서 예를 올렸다.

爲人妻者 非徒備此六德[1]而已 又當輔佐君子 成其令名 是以卷耳[2]求賢審官 殷其雷[3]勸以義 汝墳[4]勉之以正 雞鳴[5]警戒相成 此皆內助之功也 自塗山至於太姒[6] 其徽風著於經典 無以尙之 周宣王[7]姜后 齊女也 宣王嘗晏起 后脫簪珥[8] 待罪永巷[9] 使其傅母通言於王曰 妾之淫心見矣 至使君王失禮而晏朝 以見君王樂色而忘德也 敢請婢子[10]之罪 王曰 寡人不德 實自生過 非后之罪也 遂復姜后而勤於政事 早朝晏退 卒成中興之名 故雞鳴樂擊鼓以告旦 后夫人必鳴珮而去君所 禮也

1) 六德(육덕) : 부인이 지켜야 할 6가지 덕. 앞의 주석 참조.
2) 卷耳(권이) : '시경'의 국풍에 있는 시의 편명.
3) 殷其雷(은기뢰) : '시경' 소남(召南)에 있는 시의 편명.
4) 汝墳(여분) : '시경' 주남(周南)에 있는 시의 편명.
5) 雞鳴(계명) : '시경' 제풍(齊風)에 있는 시의 편명.
6) 太姒(태사) : 주(周)나라 왕계(王季)의 부인 태임(太任)과 문왕(文王)의 아내 태사(太姒).
7) 宣王(선왕) : 주(周)나라 11대 황제.
8) 簪珥(잠이) : 비녀와 귀걸이.
9) 永巷(영항) : 궁중 안에 있는 궁녀들의 옥.
10) 婢子(비자) : 여인이 자신을 겸손하게 칭하는 말.

17. 음란한 음악을 듣지 않은 위희(衛姬)

춘추 시대 제(齊)나라 환공(桓公)이 음란한 음악을 좋아하였
는데도 위희(衛姬)는 그 음악을 듣지 않았다.

齊桓公好淫樂[1] 衛姬爲之不聽

1) 淫樂(음악) : 음란한 음악.

18. 장왕의 마음을 돌린 번희(樊姬)

춘추 시대 초(楚)나라 장왕(莊王)이 처음 즉위했을 때는 사냥
을 즐겨, 새를 잡고 짐승을 잡는 일만 즐겼다.

번희(樊姬)가 여러 번 간했는데도 중지하지 않았다. 이에 번희
는 새나 짐승의 고기를 먹지 않았다. 3년이 지나서 장왕은 정사에
온 정열을 쏟았다.

楚莊王初卽位 狩獵畢弋[1] 樊姬諫不止 乃不食鳥獸之肉 三年 王
勤於政事不倦

1) 畢弋(필익) : 그물질하고 주살하다. 곧 그물을 쳐서 잡고 주살로 잡는다는 뜻.

19. 남편을 술에 취하게 만들어 이별한 강씨(姜氏)

춘추 시대 진(晉)나라의 문공(文公)이 공자(公子)로 있을 때
여희(驪姬)의 난을 피하여 제(齊)나라에 갔었다. 제나라 환공
(桓公)이 장가를 보내주고 말 20승(乘)을 주며 공자(公子)를 편
안하게 해 주었다.

문공을 따르는 사람들이 옳지 않다고 했으며 장차 떠나야 한다
고 했는데 떠날 것을 뽕나무 아래에서 모의했다.

누에치는 여인이 그 위에 있다가 그들의 모의를 듣고 그러한 상

황을 강씨(姜氏)에게 고했다.

강씨는 그 여인을 죽이고 공자(公子 : 문공)에게 말했다.

"당신은 사방에 뜻이 있습니다. 그것을 엿들은 자는 제가 죽였습니다."

공자가 말하기를

"아무 것도 없소"

라고 하자, 강씨가 말했다.

"떠나십시오 함께 편안하기를 원하는 것은 이름을 무너뜨리는 일입니다."

공자가 불가하다고 하자 강씨는 자범(子犯 : 구범)과 공모하여 문왕을 취하게 만들어서 떠나보냈다.

문왕은 마침내 패업(覇業)을 성취하였다.

晉文公避驪姬[1]之難適齊 齊桓公妻之 有馬二十乘 公子安之 從者以爲不可 將行 謀於桑下 蠶妾在其上 以告姜氏[2] 姜氏殺之而謂公子曰 子有四方之志 其聞之者吾殺之矣 公子曰 無之 姜曰 行也 懷與安實敗名 公子不可 姜與子犯[3]謀醉而遣之 卒成覇功

1) 驪姬(여희) : 여융(驪戎)의 계집. 진(晉)나라 헌공(獻公)의 비(妃)로 태자(太子) 신생(申生)을 참혹하게 죽였다. 이 난을 여희의 난이라고 한다.

2) 姜氏(강씨) : 제(齊)나라는 성이 강씨다. 제환공이 장가들게 해 준 여인.

3) 子犯(자범) : 진문공의 외삼촌인 구범(舅犯). 이름은 호언(弧偃). 진문공을 도와서 패자가 되게 한 사람.

20. 재산만 불린 지아비를 떠난 여인

도(陶)의 대부(大夫)인 답자(答子)가 도를 다스리는데 명예는 날리지 못하고 집안의 부는 3배나 축적하였다.

그의 아내가 자주 간하였으나 답자는 받아들이지 않았다.

대부로 있은 지 5년이 지나서 수레 백승(百乘)이나 따르게 하고 휴(休)로 돌아갔다.

친척들은 소를 잡아서 축하했으나 그의 아내는 홀로 아이를 안고 울고 있었다. 시어머니가 화내며 책망하여 말하기를

"우리 아들이 도(陶)를 다스린 지 5년이 되어 수레 1백 대를 이끌고 휴로 돌아왔으며 모든 종족들이 소를 잡아서 환영하는데 며느리는 홀로 어린것을 안고 울고 있으니 왜 이리 상서롭지 못한 행동을 하느냐?"

라고 하자, 며느리가 대답했다.

"남편은 재능이 없는데도 직위가 높으니 이것은 어린아이를 해치게 될 일이고, 공로가 없는데도 집안이 번창했으니 이것은 재앙을 쌓는 일입니다. 옛날에 초(楚)나라의 영윤(令尹)인 자문(子文)이 나라를 다스릴 때에는 집안은 가난해지고 나라는 부유해졌는데 임금이 공경하였고 백성이 추대하였습니다. 그러므로 복을 자손에게 남겨 주었고 이름을 후세에 전했습니다. 지금의 남편은 그렇지 못합니다. 부를 탐하는 일에 크게 힘쓰면서 뒤에 닥칠 해로움을 돌아보지 않았습니다. 재앙이 반드시 있을 것입니다. 원컨대 이 어린것과 함께 나가게 해 주십시오"

시어머니가 화가 나서 드디어 나가서 살게 하였다.

1년이 되자 답자(答子)의 집안이 과연, 도둑질했다는 죄명으로 죽음을 당하였다.

오직 그의 어머니는 늙었다는 이유로 죽음을 면하였다.

이 소식을 들은 부인이 어린아이를 데리고 돌아와 시어머니를 봉양하여 편안히 천수를 다하게 하였다.

陶[1]大夫答子治陶 名譽不興 家富三倍 妻數諫之 答子不用 居五年 從車百乘[2]歸休 宗人擊牛而賀之 其妻獨抱兒而泣 姑怒而數之[3]曰 吾子治陶五年 從車百乘歸休 宗人擊牛而賀之 婦獨抱兒泣 何其不祥也 婦曰 夫人能薄而官大 是謂嬰害 無功而家昌 是謂積殃 昔令尹子文[4]之治國也 家貧而國富 君敬之 民戴之 故福結於子孫 名垂於後世 今夫子則不然 貪富務大 不顧後害 逢禍必矣 願與少子俱脫 姑怒 遂棄之處 期年 答子之家果以盜誅 唯其母以老免 婦乃與

少子歸 養姑終卒天年[5]

1) 陶(도) : 아주 작은 봉읍(封邑) 지역. 곧 영지.

2) 百乘(백승) : 수레 1백 대. 당시에는 아주 큰 재산이다.

3) 數之(수지) : 꾸중하다의 뜻.

4) 令尹子文(영윤자문) : 초(楚)나라 재상인 자문. 영윤은 초나라의 재상이다.

5) 天年(천년) : 하늘이 준 수명.

21. 부인의 충고로 재상 자리를 물리친 자종(子終)

초(楚)나라 왕은 어릉자(於陵子) 자종(子終)이 현명하다는 소리를 듣고 재상으로 삼고자 하였다. 이에 사신에게 황금 2천 냥을 가지고 가서 자종을 맞아들이게 하였다.

이에 자종이 들어와 그의 아내에게 말하기를

"초나라 왕이 나를 재상으로 삼고자 하오 내가 오늘 재상이 되면 내일부터는 말 네 마리가 끄는 좋은 수레를 타고 기마병의 호위를 받으며 음식은 앞에 한 평이나 되는 상에 가득 놓이게 되는데 당신의 뜻은 좋습니까?"

라고 하자, 아내가 말했다.

"당신은 신을 짜서 의식을 해결하는데, 본업이 고통스러워도 걱정하지 않는 이유는 무엇입니까? 밖으로 누구의 다스림도 받지 않기 때문 아닙니까! 왼손에는 거문고를 쥐고 오른손에는 책을 들면 즐거움이 그 속에 있는 것입니다. 대저 말 네 마리가 끄는 수레를 타고 기마병의 호위를 받는 편안한 일은 무릎을 편안히 하는데 지나지 않고, 한 평이나 되는 식탁에 많은 음식이 놓여진다 해도 배를 채우는 데는 고기 한 점이면 족합니다. 한낱 무릎을 편안하게 하고 한 점의 고기맛에 빠져서 초나라의 근심을 품는 일을 옳다고 생각하십니까? 난세에는 해로움이 많습니다. 나는 당신께서 생명을 온전히 보존하지 못할까 두렵습니다."

이에 자종이 나가서 사신에게 사양하고 허락하지 않았다.

그런 뒤 함께 먼 곳으로 도망하여, 백성들과 함께 농사를 지었다.

楚王聞於陵子終[1]賢 欲以爲相 使使者持金百鎰[2]往聘迎之 於陵
子終入謂其妻曰 楚王欲以我爲相 我今日爲相 明日結駟連騎[3] 食方
丈[4]於前 子意可乎 妻曰 夫子織屨以爲食 業本辱而無憂者 何也 非
與物無治乎 左琴右書 樂在其中矣 夫結駟連騎 所安不過容膝 食方
丈於前 所飽不過一肉[5] 以容膝之安一肉之味而懷楚國之憂 其可乎
亂世多害 吾恐先生之不保命也 於是子終出謝使者而不許也 遂相
與逃而爲人灌園[6]

1) 於陵子終(어릉자종) : 전국 시대 제나라의 진중자(陳仲子)를 달리 이르는 말.
  이름은 자종(子終). 어릉(於陵)이라는 곳에 은거하였으므로 어릉자라 한다.
2) 百鎰(백일) : 1일은 20냥, 100일은 2천 냥.
3) 結駟連騎(결사연기) : 네 마리 말이 끄는 수레와 기마병이 호위하는 것.
4) 方丈(방장) : 사방 한 평. 거대한 식탁. 호화로운 식탁.
5) 一肉(일육) : 한 점의 고기.
6) 灌園(관원) : 밭에 물을 주는 일. 농사짓다.

22. 정사를 황후에게 물은 명제(明帝)

한(漢)나라의 명덕마황후(明德馬皇后)는 자주 명제(明帝)에
게 바르게 간하였는데 말의 뜻이 정스러움을 갖추었다.

당시에 죄지은 사람을 매질하여 죄를 묻는 옥사가 해마다 끊이
지 않았다. 죄수들이 서로 증거를 들어 남을 끌어들임으로써 죄
에 연루된 자가 매우 많았다.

마황후는 너무 많이 넘쳐나는 것을 걱정하여 틈을 보아 언급했
다. 명제는 측연히 느껴 깨닫고 밤에 일어나 방황하며 생각한 내
용을 받아들여 마침내 많이 용서해 주었다.

어느 때는 여러 장수들이 아뢰는 일이나 공경(公卿)들이 서로
의논하여 평하기 어려운 일들을 황제가 자주 황후에게 시험 삼아
물었다. 황후는 문득 잘 분석하여 이치에 맞게 풀어 각각 그 정에
합당하도록 하였다.

매양 황제를 모시고 있을 때에는 문득 정사에 대하여 언급하고

많은 도움을 주었는데 일찍부터 집안의 사사로운 일에는 간여하
지 않았다.

漢明德馬皇后數規諫[1]明帝 辭意款備 時楚獄[2]連年不斷 囚相證
引[3] 坐繫者甚衆 后慮其多濫 乘間言及 帝惻然感悟 夜起彷徨 爲思
所納 卒多有降宥 時諸將奏事及公卿較議難平者 帝數以試后 后輒
分解趣理 各得其情 每於侍執之際 輒言及政事 多所毗補 而未嘗以
家私干欲

1) 規諫(규간) : 바르게 간하다.

2) 楚獄(초옥) : 매질하여 죄를 묻는 옥사.

3) 證引(증인) : 증거를 대어 남을 끌어들이는 일.

23. 주워 온 금을 버리도록 한 악양자의 부인

하남(河南)에 사는 악양자(樂羊子)는, 일찍이 길을 가다가 떡
같이 생긴 금 한 덩어리를 주워서 가지고 집으로 돌아와 아내에
게 주었다.

그러자 그의 아내가 말했다.

"저는 듣건대 지사(志士 : 뜻있는 선비)는 도천(盜泉)의 물을
마시지 않고 청렴한 자는 무례하게 주는 음식은 받지 않는다고 하
였습니다. 하물며 떨어진 것을 주워서 이익을 얻는다면 그 행동
을 더립히지 않겠습니까?"

악양자는 부인의 말에 크게 부끄러움을 느끼고 주워 온 금을 들
에 버리고 멀리 스승을 찾아서 배우러 갔다가 1년 만에 집으로 돌
아왔다.

아내가 남편 앞에 무릎을 꿇고 1년 만에 돌아온 까닭을 물으니,
악양자가 대답했다.

"오랫동안 돌아다니며 생각해 보았으나 특별한 것이 없었소"

이에 아내가 칼을 들고 베틀에 나아가서 말했다.

"이 베를 짜는 실은 누에고치에서 나왔습니다. 이 북에서 이뤄

지는데 하나의 실이 쌓여서 한 촌에 이르고 한 촌이 쌓여서 그치
지 않으면 드디어 수십 장(丈)을 이루고 한 필로 이루어집니다.
지금 만약 짜던 베를 끊는다면 손해만 있고 성공은 없습니다. 머
물고 중지하는 일이 지금이라면 당신이 지금까지 쌓아 온 학문은
그 날로 쓸모가 없게 됩니다. 아름다운 덕으로 나아가다가 중도에
돌아와 버린다면 짜던 베를 자르는 것과 무엇이 다르겠습니까?"
　악양자가 그 말에 감동되어 학업을 마치러 다시 돌아갔다. 드디
어 7년이 되었는데도 돌아오지 않았다.
　아내는 항상 몸소 부지런히 시어머니를 봉양하고 또 멀리 악양
자에게도 숙식비를 보냈다.

　河南樂羊子[1] 嘗行路 得遺金一餠[2] 還以與妻 妻曰 妾聞志士不飮
盜泉[3]之水 廉者不受嗟來[4]之食 況拾遺求利 不汚其行乎 羊子大慙
乃捐金於野而遠尋師學 一年來歸 妻跪問其故 羊子曰 久行懷思 無
它異也 妻乃引刀趣機而言曰 此織生自蠶繭 成於機杼[5] 一絲而累
以至於寸 累寸不已 遂成丈匹 今若斷斯織也 則捐失成功 稽廢時月
夫子積學 當日知其所亡 以就懿德 若中道而歸 何異斷斯織乎 羊子
感其言 復還終業 遂七年不反 妻常躬勤養姑 又遠饋羊子

1) 樂羊子(악양자) : 한(漢)나라 때 사람.
2) 一餠(일병) : 떡같이 생긴 하나의 금덩어리.
3) 盜泉(도천) : 이름이 도둑놈의 샘이라는 지명. 공자가 도천에서 나는 물을 먹
　　지 않았다.
4) 嗟來(차래) : 음식을 줄 때 아주 기분 나쁘게 주는 것. 혀를 차며 주다.
5) 機杼(기저) : 베틀의 북.

24. 노름꾼을 감화시킨 여영(呂榮)

　삼국 시대 오(吳)나라의 허승(許升)은 젊은 나이에 노름꾼이
되었으며 몸을 추스리는 행동을 하지 않았다. 그의 아내 여영(呂
榮)은 항상 부지런히 노력하여 집안 일에 힘썼으며 시어머니를

극진히 봉양하였다.

자주 허승에게 학문을 닦도록 권했는데도 매양 나쁜 짓만 하여 문득 여영이 눈물을 흘리면서 그의 행실을 바로잡으려 했다.

장인은 분노가 쌓여서 허승을 지극히 미워하여, 여영을 불러서 다른 곳으로 시집보내려 하였다.

이에 여영이 탄식하여 말하기를

"운명으로 만난 것이며 의(義)에 배반하는 일은 없습니다."

라고 하며 끝까지 시집가기를 즐겨 하지 않았다.

허승이 이로 인하여 감격하고 스스로 힘썼다. 스승을 찾아서 멀리 떠나 배워서 드디어 이름을 날렸다.

吳許升[1]少爲博徒[2] 不治操行[3] 妻呂榮嘗躬勤家業 以奉養其姑 數勸升脩學 每有不善 輒流涕進規 榮父積忿疾升 乃呼榮 欲改嫁之 榮歎曰 命之所遭 義無離二[4] 終不肯歸 升感激自勵 乃尋師遠學 遂以成名

1) 許升(허승) : 어느 때인지 자세하지 않다. 다만 삼국 시대(三國時代) 오(吳)
   나라 사람인 것 같다.
2) 博徒(박도) : 노름꾼.
3) 操行(조행) : 행실을 고치지 않다. 나쁜 행동을 고치지 않다.
4) 離二(이이) : 이이(離貳)로 배반하다의 뜻.

25. 바른 간언을 잘한 장손황후(長孫皇后)

당(唐)나라의 문덕장손황후(文德長孫皇后)가 붕어(崩御)하였다.

태종이 근신(近臣)에게 말했다.

"황후가 궁중(宮中)에 있을 때 매양 바르게 간하였다. 지금은 다시 좋은 말을 들을 수가 없다. 안으로 한 사람의 좋은 보좌관을 잃었다. 이로써 사람들이 모두 슬퍼한다."

이런 결과는 다 도(道)로써 군자(君子)를 보좌했기 때문이다.

唐文德長孫皇后[1]崩 太宗謂近臣曰 后在宮中 每能規諫 今不復聞
善言 內失一良佐[2] 以此令人哀耳 此皆以道輔佐君子者也

1) 文德長孫皇后(문덕장손황후) : 당(唐)나라 태종의 부인으로 장손무기(長
孫無忌)의 누이.
2) 良佐(양좌) : 좋은 보좌관.

26. 자신이 대신 죽어 남편을 살린 부인

한(漢)나라 장안(長安)에 대창(大昌) 마을 사람의 아내가 있
었다. 그 여인의 남편에게 원한을 가진 사람이 있었다.

원수를 맺은 사람은 그녀의 남편에게 원수를 갚고자 했는데 뾰
족한 방법이 없었다. 그러다 원수의 아내가 효녀이면서 의리가 있
다는 말을 들었다. 그 아내의 아버지를 위협하여, 그녀를 불러 중
간 역할을 하여 그 남편의 동정을 살피게 하라고 하였다.

그녀의 아버지는 거짓말로 딸을 불러들여서 그 사실을 알렸다.

그녀는 아버지의 이야기를 듣고 그의 계략을 꿰뚫어보건대, 듣
지 않으면 아버지가 죽게 되어 불효가 되고 그의 요구를 들어주
면 남편이 죽게 되어 불의(不義)에 빠지게 될 것 같았다.

불효하고 의롭지 못하면 비록 산다고 하더라도 세상에 행세할
수가 없을 것 같아서 자신이 감당하기로 마음먹었다.

이에 남편에게 원한을 가진 사람을 돕겠다고 허락하고 말했다.

"내일 아침에 다락에서 새로 감은 머리를 풀어 헤치고 머리를
동쪽으로 두고 누워 있는 사람이, 남편일 것이다. 나는 문을 열어
놓고 기다리겠다."

집으로 돌아와 남편에게는 거짓말을 꾸며서 다른 곳으로 가 있
게 하였다. 그녀는 스스로 머리를 감고 풀어 헤친 뒤 다락 위로 올
라가 동쪽으로 머리를 두고 문을 열어 놓고 누웠다.

밤이 깊어지자 원한을 가진 사람이 과연 이르렀다.

한칼에 목을 쳐서 머리를 담아 가지고 갔는데 날이 밝은 다음
에 보니 원수가 아닌 그 아내의 머리였다.

원한을 가졌던 사람이 애통해하고, 그녀의 의로움에 감동되어
드디어 원한을 풀고 그녀의 남편을 죽이려 하지 않았다.

漢長安大昌里人妻 其夫有讎人¹⁾ 欲報其夫而無道徑²⁾ 聞其妻之
孝有義 乃劫其妻之父 使要其女爲中³⁾ 譎父呼其女告之 女計念 不
聽之則殺父 不孝 聽之則殺夫 不義 不孝不義 雖生不可以行於世 欲
以身當之 乃且許諾曰 旦日⁴⁾在樓新沐 東首臥則是矣 妾請開牖戶
待之 還其家 乃譎其夫 使臥他所 因自沐居樓上東首 開牖戶而臥 夜
半 讎家果至 斷頭持去 明而視之 乃其妻首也 讎人哀痛之 以爲有
義 遂釋 不殺其夫

1) 讎人(수인) : 원수진 사람. 원한을 품은 사람.

2) 道徑(도경) : 쉬운 방법. 곧 원수를 갚는 쉬운 방법.

3) 中(중) : 중간을 삼다. 곧 양쪽의 다리 역할.

4) 旦日(단일) : 내일. 밝은 날.

27. 자신을 팔아서 그 돈을 남편에게 준 여인

당(唐)나라 희종(僖宗)의 광계(光啓) 연중에 양행밀(楊行
密)이 진언필(秦彦畢)의 군사를 탁(鐸)에서 포위하였다.

이 때 양주(揚州)의 성 안에서는 식량이 다 떨어져 사람들이
서로를 잡아먹었다.

군사들도 사람들을 노략질해다가 그 고기를 판매하고 있었다.

홍주(洪州)의 장사꾼인 주적(周迪)이 있었는데 부부가 함께
이 성(城) 안에 있었다. 주적 부부도 굶주렸는데 너무 굶주려서
죽을 지경에 이르렀다.

주적의 아내가 말했다.

"지금 굶주림이 너무 심합니다. 지금 상태로는 두 사람 다 살기
어렵습니다. 당신은 늙은 어머니가 계시니 집으로 돌아가지 않을
수 없습니다. 원컨대 저를 푸줏간에 팔아서 당신이 길을 갈 수 있
는 노자를 마련하십시오."

마침내 푸줏간에 가서 스스로를 팔아서 백금(白金) 10냥을 받아 주적에게 주고는 통곡하면서 이별하였다.

주적이 성문에 도착하여 성문을 지키는 자에게 절반을 뇌물로 바치며 떠날 수 있게 해달라고 애원하였다. 성문을 지키는 자가 돈의 출처를 캐묻자 주적은 사실대로 대답하였다. 성문을 지키는 자가 믿지 않자 주적은 함께 푸줏간으로 가서 확인시켜 주었다.

그 아내의 머리가 이미 푸줏간의 탁자 위에 있었다. 여러 사람이 모여서 보았는데 탄식하지 않는 사람이 없었으며 돈과 비단을 보내 주었다. 주적은 그 남은 뼈들을 거두어 짊어지고 고향으로 돌아왔다.

옛날의 절개 있는 부인은 죽음으로써 남편을 따르는 자가 있었는데 하물며 감히 보통의 여인이 그 남편을 위함에 있어서랴!

光啓[1]中 楊行密圍秦彦畢師鐸 揚州城中食盡 人相食 軍士掠人而賣其肉 有洪州商人周迪 夫婦同在城中 迪餒且死 其妻曰 今饑窮 勢不兩全 君有老母 不可以不歸 願鬻妾於屠肆[2] 以濟君行道之資 遂詣屠肆自鬻 得白金十兩以授迪 號泣而別 迪至城門 以其半賂守者求去 守者詰之[3] 迪以實對 守者不之信 與共詣屠肆驗之 見其首已在案上 衆聚觀 莫不嘆息 竟以金帛遺之 迪收其餘骸[4] 負之而歸 古之節婦有以死徇其夫者 況敢庸奴其夫乎

1) 光啓(광계) : 당(唐)나라 희종(僖宗)의 연호.

2) 屠肆(도사) : 푸줏간.

3) 詰之(힐지) : 돈의 출처를 캐묻는 것. 꾸짖다.

4) 餘骸(여해) : 나머지의 뼈다귀.

제10권 가범(家範卷十)

제17장 외삼촌과 생질〔舅甥〕

1. 외숙을 보내며 위양시를 지은 강공
춘추 시대 진(秦)나라 강공(康公)의 어머니는 진(晉)나라 헌공(獻公)의 딸이었다.

진(晉)나라 문공(文公)이 여희(驪姬)의 난을 만나 망명하면서 아직 진나라로 돌아가지 못하고 있었을 때, 강공의 어머니 진희(秦姬)가 죽었다.

진목공(秦穆公)이 문공(文公)을 받아들였을 때, 강공(康公)은 태자가 되어 있었다.

문공을 위수(渭水) 북쪽에서 선물을 주며 송별하는데, 다시는 뵙지 못할 어머니를 생각하며 말했다.

"내 외삼촌을 보니 어머니가 살아계신 것 같습니다."

이로 인하여 '시경' 진풍(秦風) 위양(渭陽)편의 시를 지었다.

秦康公之母 晉獻公之女 文公遭驪姬之難 未反而秦姬[1]卒 穆公納文公 康公時爲太子 贈送文公于渭之陽 念母之不見也 曰 我見舅氏[2] 如母存焉 故作渭陽之詩[3]

1) 秦姬(진희) : 진강공(秦康公)의 어머니이며, 진헌공(晉獻公)의 딸이며, 나중에 문공이 된 공자 중이의 누이.
2) 舅氏(구씨) : 외삼촌. 진(秦)나라 강공(康公)의 외삼촌은 나중에 진문공(晉

文公)이 되는 공자 중이(重耳)이다. 이 때의 중이는 진(晉)나라에서 쫓겨나 목공(穆公)이 불러서 와 있었다. 강공(康公)은 당시 태자였었다.

3) 渭陽之詩(위양지시) : '시경' 진풍(秦風) 위양편의 시.

2. 외숙의 죄없음을 탄원한 곽서(霍諝)

한(漢)나라 위군(魏郡)에 곽서(霍諝)라는 사람이 있었다.

곽서의 외삼촌은 송광(宋光)인데 어떤 사람이 대장군 양상(梁商)에게 무고하였다.

'망령되게 문장을 발간하였다.'는 내용으로, 이 일에 연루되어 낙양(洛陽)의 감옥에서 취조받게 되었는데 매질과 고문이 지극히 매서웠다.

곽서는 이 때 나이가 15세였는데 양상에게 사실을 적어 올렸다. 외삼촌 송광의 옥사는 원통하다는 그 내용은 사리가 명백하고 지극히 간절하였다.

양상이 곽서의 재주와 뜻을 높이 사서 곧 조정에 아뢰어, 송광은 무죄로 석방되었다.

이로 말미암아 이름이 드러나게 되었다.

漢魏郡霍諝 有人誣諝舅宋光於大將軍梁商者 以爲妄刊文章 坐繫洛陽詔獄 掠考[1]困極 諝時年十五 奏記[2]於商 爲光訟寃 辭理明切 商高諝才志 卽爲奏 原光罪 由是顯名

1) 掠考(약고) : 매질하고 매우 치다.
2) 奏記(주기) : 사실을 적어 올리는 것.

3. 외숙의 도움으로 죽음을 면한 주익(周翼)

진(晉)나라의 사공(司空)을 지낸 극감은, 흉년일 때 양쪽 볼 안에 밥을 물어다가 생질인 주익(周翼)을 살렸다.[이 내용은 큰아버지와 작은아버지의 부분에 나와 있다]

극감이 죽자 주익은 염(剡) 고을의 현령을 사직하고 집으로 돌아와 거적자리를 깔고 마음으로 3년상을 입었다.

이상과 같은 일들은 외숙과 생질이 서로 은혜가 있었던 일이다.

晉司空郗鑒 頰邊貯飯以活外甥周翼 鑒薨 翼爲剡令 解職而歸 席苫 心喪[1]三年 此皆舅甥之有恩者也

1) 心喪(심상) : 상복을 입지 않고 마음속으로 3년상을 입는 것.

제18장 시아버지와 시어머니〔舅姑〕

1. 시어머니는 인자하고 며느리는 순종해야 한다
안자(晏子)가 말했다.

"시어머니는 인자하여 따르게 하고, 며느리는 듣고 고분고분 따르는 것이 예절의 좋은 일들이다."

晏子稱 姑慈而從 婦聽而婉[1] 禮之善物也

1) 婉(완) : 따르다. 고분고분하다.

2. 아들이나 며느리는 가르쳐야 한다
'예기' 내칙(內則)편에 말했다.

"아들이나 며느리가 힘든 일을 할 때에는 비록 매우 가엾게 여길지라도 잠시 일을 늦추어 주고 차라리 자주 쉬게 하면서 일을 끝내게 한다.

아들이나 며느리가 효도하지 않고 공경하는 마음이 부족하더라도 미워하거나 원망하지 말고 잠시 가르쳐야 한다. 만약 가르쳐도 안 될 때에는 꾸짖는다. 꾸짖어도 안 될 때에는 아들이면 내쫓고 며느리이면 친정으로 쫓아보낸다. 이 때 아들이나 며느리의 잘못을 외부에 공표하지는 않는다."

禮[1] 子婦有勤勞之事 雖甚愛之 姑縱之[2]而寧數[3]休之 子婦未孝未敬 勿庸疾怨 姑敎之 若不可敎 而后怒之 不可怒子放婦出而不表禮[4]焉

1) 禮(예) : '예기' 내칙(內則)편의 문장.

2) 姑縱之(고종지) : 고는 잠깐의 뜻. 종지는 쉬게 하다.

3) 數(삭) : 자주의 뜻.

4) 表禮(표례) : 표는 명(明)과 같다. 잘못을 들춰내 밝히는 것.

3. 저를 가르칠 말이 있습니까?

계강자(季康子)가 공보문백(公父文伯)의 어머니에게 묻기를 "주모(主母)님께서는 비(肥)를 가르칠 일이 있으십니까?" 라고 하자, 공보문백의 어머니가 대답했다.

"나는 돌아가신 시어머니께 들었는데 '군자는 힘써 일하여 후손들이 이어받게 한다.'라고 하셨다."

자하(子夏)가 듣고 말했다.

"좋은 말이다. 상(商)이 들으니 '옛날에 시집간 사람은 시아버지와 시어머니에게 미치지 못하면 불행하다고 말하였다.'라고 한다. 부부란 시아버지와 시어머니에게 배우는 것이 예이다."

季康子[1]問於公父文伯之母曰 主[2]亦有以語肥[3]也 對曰 吾聞之先姑[4]曰 君子能勞 後世有繼 子夏[5]聞之 曰 善哉 商聞之 曰 古之嫁者不及舅姑 謂之不幸 夫婦學於舅姑者 禮也

1) 季康子(계강자) : 춘추 시대 노(魯)나라의 경(卿)으로 이름은 비(肥).

2) 主(주) : 주모(主母). 곧 집안의 어른.

3) 肥(비) : 계강자의 이름. 스스로를 지칭하는 것. 저. 나.

4) 先姑(선고) : 돌아가신 시어머니.

5) 子夏(자하) : 공자의 제자. 이름은 상(商)이고 성은 복(卜)이며 자하는 자(字)이다. 위(衛)나라 사람이며 위공(魏公)에 봉해졌다.

4. 공주의 하례를 받은 왕규(王珪)

당(唐)나라의 예부상서(禮部尙書)인 왕규(王珪)의 아들 경직(敬直)이 당태종의 딸 남평공주(南平公主)에게 장가들었다.

'예기'에 보면 며느리가 시아버지와 시어머니를 뵙는 예절이 있는데, 근대에 이르러 공주(公主)가 민가에 시집가면 이 예절을 다 지키지 않았다.

왕규가 말하기를

"지금의 성상(聖上)께서는 몸을 삼가고 이치에 밝으며 거동이 법도를 따르신다. 나는 공주의 알현을 받겠다. 어찌 내 한 몸의 영광을 위한 일이겠는가. 국가의 아름다운 예를 성취하는 일이다." 라고 하고는 드디어 그의 아내와 함께 자리에 나아가 앉았다.

공주로 하여금 비녀를 잡고 세숫물과 음식을 올리는 도리를 행하게 하고, 예가 끝나자 물러났다.

이 일이 있은 이후부터는 공주가 민가로 시집갈 때, 시아버지와 시어머니가 있는 집안에서는 다 며느리로서의 예를 갖추어 시행하게 하였다. 이 법은 왕규가 시행한 데에서 비롯된 것이다.

唐禮部尙書[1] 王珪[2] 子敬直尙南平公主 禮有婦見舅姑之儀 自近代公主出降[3] 此禮皆廢 珪曰 今主上欽明[4] 動循法制 吾受公主謁見 豈爲身榮 所以成國家之美耳 遂與其妻就席而坐 令公主親執笲行盥饋之道 禮成而退 是後公主下降 有舅姑者 皆備婦禮 自珪始也

1) 禮部尙書(예부상서) : 육부(六部)의 하나로 예의나 제사 등의 일을 맡은 최고의 직책.
2) 王珪(왕규) : 당(唐)나라 태종(太宗)의 신하.
3) 出降(출강) : 공주가 민가에 시집가는 것을 뜻한다.
4) 欽明(흠명) : 몸을 삼가고 이치에 밝다.

제19장 며느리〔婦〕

1. 시아버지와 시어머니 섬기는 일은 아들과 같다

'예기' 내칙(內則)편에 말했다.

"며느리가 시아버지와 시어머니를 섬기는 일은 아들이 부모(父母)를 섬기는 일과 대략 동일하다."

內則[1] 婦事舅姑 與子事父母略同

1) 內則(내칙) : '예기' 내칙편의 문장.

※ 제4권, 아들 부분에 자세히 기록되어 있다.

2. 맏며느리와 동등하게 행동하지 못한다

'예기' 내칙(內則)편에 말했다.

"시아버지가 돌아가시면 시어머니는 집안 일을 며느리에게 물려준다. 맏며느리는 제사 지내고 손님 접대하는 등의 모든 일을 반드시 시어머니에게 여쭈어 처리하고, 다른 작은며느리들은 맏며느리에게 물어서 한다.

시부모가 맏며느리에게 일을 시키면 맏며느리는 게을리 하지 않아야 하며, 작은며느리에게 무례하게 대하지 않아야 한다.

시부모가 만약 작은며느리에게 일을 시키더라도 감히 작은며느리는 맏며느리와 대등하게 행동하지 않는다. 또 감히 어깨를 나란히 하고 다니지 못하며, 감히 나란히 서서 시부모의 명령을 받지 못하며, 감히 나란히 앉지 못하는 것이다."

舅沒則姑老 冢婦[1]所祭祀賓客 每事必請於姑 介婦[2]請於冢婦 舅

姑使冢婦 毋怠 不友³⁾無禮於介婦 舅姑若使介婦 無敢敵耦於冢婦
不敢並行 不敢並命 不敢並坐

1) 冢婦(총부) : 맏며느리를 말한다.
2) 介婦(개부) : 작은며느리. 맏며느리 이외의 며느리들.
3) 友(우) : 감히. 감(敢)과 같다.

3. 남에게 받은 선물은 허락받고 쓴다

'예기' 내칙편에 말했다.

"무릇 며느리들은 자기 방으로 가도 좋다는 시부모의 명령이
없으면 감히 물러나지 못한다. 또한 며느리는 장차 일이 있으면
큰 일이거나 작은 일이거나 모든 일을 반드시 시부모께 말씀드리
고 명령을 청한다.

아들과 며느리는 사사로이 재물을 갖지 않으며 사사로이 저축
하지 않으며 사사로이 자신의 기물을 두지 않는다. 또 감히 사사
로이 남에게 빌리지 않으며 또한 사사로이 남에게 주지도 않는다.

며느리가 혹시 음식이나 의복, 삼베, 비단, 노리개 같은 몸에 차
는 물건, 수건, 천궁이나 난초 등을 받으면 그것을 시부모께 바친다.
시부모가 받으시면 기뻐하기를 새로운 것을 주고받는 듯이 한다.

만약 시부모가 도로 주면 사양하며, 끝내 사양이 허락되지 않으
면 마치 다시 주는 것을 받는 듯이 하여 잘 간수하였다가 시부모
가 필요로 하실 때를 기다린다.

며느리에게 만약 친정 부모나 형제가 있어서 장차 주고자 한다
면 반드시 전에 간수하고 있던 물건을 다시 시부모께 받으시기를
청하고 시부모가 도로 주시면 받아서 준다."

凡婦不命適私室不敢退 婦將有事 大小必請於舅姑 子婦無私貨
無私蓄 無私器 不敢私假¹⁾ 不敢私與 婦或賜之飮食衣服布帛佩帨茝
蘭 則受而獻諸舅姑 舅姑受之則喜 如新受賜 若反賜之 則辭 不得
命 如更受賜 藏以待乏 婦若有私親兄弟 將與之 則必復請其故賜而

后與之

1) 私假(사가) : 부모 모르게 남에게 물건을 빌리는 일.

4. 시부모의 명령은 무조건 따른다

조대가(曹大家)의 여계(女戒)에 말했다.

"시부모의 뜻을 어찌 가히 잃을 것인가? 진실로 임시변통으로 따르는 것 만한 일이 없다. 시어머니가 이르기를 '너가 아니면 옳다'고 하셔도 진실로 명을 따르고, 시어머니가 이르기를 '너는 그르다'고 하셔도 오히려 마땅히 명을 따른다. 옳고 그름을 어기지 말고 굽고 곧음을 나누어 다투지 마라. 이러한 것을 이른바 '임시변통으로 따르는 것'이라고 한다. 그러므로 여헌(女憲 : 여자의 법규)에 이르기를 '며느리는 그림자나 메아리와 같다.'고 했다. 가히 칭찬할 수 있는 말이다."

曹大家女戒曰 舅姑之意 豈可失哉 固莫尙於曲從¹⁾矣 姑云不爾而是 固宜從命²⁾ 姑云爾而非 猶宜順命 勿得違戾³⁾是非 爭分曲直 此則所謂曲從矣 故女憲⁴⁾曰 婦如影響⁵⁾焉 不可賞⁶⁾

1) 曲從(곡종) : 임시방편으로 따라 하다. 맹목적으로 따르는 일을 말한다.

2) 從命(종명) : 명령을 따르다.

3) 違戾(위려) : 거슬리고 거역하다.

4) 女憲(여헌) : 여자가 지켜야 할 계율.

5) 影響(영향) : 그림자와 메아리.

6) 賞(상) : 칭찬하다의 뜻.

5. 물을 길러 갔다가 쫓겨난 부인

한(漢)나라의 광한(廣漢)에 사는 강시(姜詩)의 아내는 같은 군에 사는 방성(龐盛)의 딸이었다.

강시가 어머니를 섬기는 데 지극히 효성스러웠으며, 그의 아내는 받들어 따르는 일이 더욱 두터웠다.

강시의 어머니는 강수(江水 : 양자강) 마시기를 좋아했는데 집에서 강수까지는 6, 7십여 리나 되었다.

아내는 일찍이 흐르는 물을 거슬러 올라가 물을 길어 왔는데, 어느 날 오다가 바람을 만나 때를 맞추어 돌아오지 못해 강시의 어머니가 목이 마르다고 하였다. 아내가 뒤늦게 도착하자 강시는 꾸짖고는 내쫓았다.

쫓겨난 강시의 아내는 이웃 동네의 어떤 집에 살면서 밤낮으로 길쌈하여 그것을 팔아 시장에서 맛있는 반찬을 사서, 이웃 아주머니를 시켜서 그분이 보낸다고 말하게 하고 시어머니에게 보냈다.

이렇게 하기를 오래도록 계속하자 시어머니가 이상하게 여겨 물었다. 이웃 아주머니가 사실대로 이야기하자 시어머니는 부끄럽게 여기고 불러들였다. 그 후로 시어머니를 더욱 부지런히 받들었다.

뒤에 강시가 멀리 물을 길러 갔다가 물에 빠져 죽었다. 그의 아내는 시어머니가 슬퍼할까 봐 감히 말하지 못하고 공부하러 멀리 가서 집에 있지 않다고 하였다.

漢廣漢姜詩妻 同郡龐盛之女也 詩事母至孝 妻奉順尤篤 母好飮江水[1] 去舍六七里 妻嘗泝[2]流而汲 後値風 不時得還 母渴 詩責而遣之 妻乃寄止隣舍 晝夜紡績 市珍羞[3] 使隣母以意自遺其姑 如是者久之 姑怪問 隣母具對 姑感慙 呼還 恩養愈謹 其子後因遠汲溺死 妻恐姑哀傷 不敢言 而託以行學不在

1) 江水(강수) : 지금의 양자강(揚子江)을 말한다.
2) 泝(소) : 물을 거슬러 올라가다.
3) 珍羞(진수) : 맛있는 반찬.

6. 시어머니의 잘못을 깨닫게 한 며느리

하남(河南)의 악양자는 학문하러 간 지 7년이 되어도 돌아오지 않았으나 그의 아내는 항상 부지런히 시어머니를 잘 봉양하였다.

어느 날 남의 집 닭이 잘못하여 뜰 안으로 들어왔는데 시어머니가 몰래 잡아서 음식을 마련했다.

며느리는 닭을 대하자 먹지 않으면서 울었다. 시어머니가 이상하게 여겨 그 까닭을 물으니, 며느리가 대답했다.

"가난하게 사는 것도 서러운 일인데 다른 집의 고기를 먹게 되어서 그렇습니다."

시어머니가 마침내 그 고기를 버렸다.

이러한 것을 보더라도 시부모에게 잘못이 있을 때에는 며느리가 또한 간하는 것이 옳은 일이다.

河南樂羊子 從學七年不反 妻常躬勤養姑 嘗有它舍雞謬入園中 姑盜殺而食之 妻對雞不餐而泣 姑怪 問其故 妻曰 自傷[1]居貧 使食它肉 姑竟棄之 然則舅姑有過 婦亦可幾諫也

1) 傷(상) : 불쌍히 여기다. 곧 서럽다의 뜻.

7. 시어머니를 위해 법을 어기며 술을 빚은 장씨

후위(後魏)의 악부랑(樂部郎)을 지낸 호장명(胡長命)의 아내는 장씨(張氏)였다.

그는 시어머니 왕씨(王氏)를 매우 삼가 섬겼다.

후위 문성제(文成帝)의 태안(太安) 연중에 경사(京師 : 서울)에 금주령이 내려졌다. 장씨는 시어머니가 늙고 또 병이 들어서 사사로이 술을 빚었는데 규찰하던 관리에게 발각되었다.

시어머니 왕씨(王氏)가 관청에 나아가 자수하기를 자기 때문에 사사로이 술을 빚었다고 하였다.

그러자 장씨가 말했다.

"시어머니는 늙고 병환까지 있으셔서 모든 집안 일은 제가 주관하므로, 시어머니는 술 빚은 일을 알지 못하십니다."

일을 처리하는 관리가 누구를 처벌해야 할지 알지를 못했다.

이 때 평원왕(平原王) 육려(陸麗)가 장계를 올려서 아뢰자 문성제(文成帝)가 의롭게 여겨서 사면하였다.

　後魏樂部郎[1]胡長命妻張氏 事姑王氏甚謹 太安[2]中 京師禁酒 張
以姑老且患 私爲醞之 爲有司所糺 王氏詣曹自首 由己私釀 張氏曰
姑老抱患 張主家事 姑不知釀 主司不知所處 平原王陸麗以狀奏 文
成義而赦之

1) 樂部郎(악부랑) : 궁중에서 음악을 담당하던 관리.
2) 太安(태안) : 후위(後魏) 문성제(文成帝)의 연호.

8. 이제야 우리 며느리의 마음을 알았다

　당(唐)나라 정의종(鄭義宗)의 아내는 노씨(盧氏)였는데 어느
정도 서책(書冊)을 섭렵하였다. 그녀는 매우 부도(婦道)를 다하
여 시부모를 섬겼다.

　어느 날 밤 강도 수십 명이 몽둥이를 들고 북을 치며 고함을 지
르면서 담을 넘어 집안으로 들어왔다. 집안 사람들이 다 도망가
거나 숨었는데 오직 시어머니만 홀로 방안에 있었다. 노씨는 시
퍼런 칼날의 위협을 무릅쓰고 달려가서 시어머니를 지켰다. 도둑
들이 몽둥이로 수없이 내리쳐서 거의 죽을 지경에 이르렀다.

　도둑들이 다 떠난 후에 집안 사람들이 돌아와 묻기를

　"어찌 홀로 두려워하지 않았는가?"

라고 하자, 노씨가 대답했다.

　"사람이 새나 짐승과 다른 점은 인과 의가 있다는 것이다. 이웃
마을에 급한 일이 있어도 오히려 서로 달려가 구제하는데 하물며
시어머니가 위기에 처해 있는데도 버리고 도망할 수 있겠는가. 만
일 일이 생긴다면 어찌 홀로 살 수 있으랴!"

　그의 시어머니는 언제나 말했다.

　"옛 사람이 이르기를 '해마다 날씨가 추워진 뒤에야 소나무와
잣나무가 늦게까지 푸르다는 것을 알 수 있다.'고 했는데 나는 지
금에야 내 며느리의 마음을 알았다."

이와 같은 노씨야말로 가히 '의(義)를 안다'고 이를 것이다.

唐鄭義宗妻盧氏 略涉書史[1] 事舅姑甚得婦道 嘗夜有强盜數十人
持杖鼓譟 踰垣而入 家人悉奔竄 唯有姑獨在堂 盧昌白刃往至姑側
爲賊捶擊 幾至於死 賊去後 家人問 何獨不懼 盧氏曰 人所以異禽
獸者 以其有仁義也 隣里有急尙相赴救 況在於姑而可委棄 若萬一
危禍 豈宜獨生 其姑每云 古人稱[2] 歲寒然後知松柏之後凋也 吾今
乃知盧新婦之心矣 若盧氏者 可謂能知義矣

1) 書史(서사) : 서책(書冊). 글을 읽었다는 뜻.

2) 古人稱(고인칭) : 옛 사람의 말. 공자가 한 말이다.

9. 공주의 아름다움을 칭찬한 '시경'의 한 편

'시경'의 소남(召南) 하피농의(何彼穠矣)편은 왕녀(王女)를
미화한 것이다.

비록 왕의 딸이었으나 제후의 집안으로 시집가면서 수레와 의
복이 그 지아비에 얽매이지 않았으니 일등 집안인 왕후에 아래하
였다. 이것은 부도(婦道)를 가지고 삼가고 유화하는 덕을 성취한
것과 같다.

詩[1] 何彼穠矣[2] 美王姬也 雖則王姬亦下嫁於諸侯 車服不繫其夫
下王后一等 猶執婦道以成肅雍之德

1) 詩(시) : '시경'.

2) 何彼穠矣(하피농의) : '시경' 소남(召南)의 편명. 내용은 공주의 덕을 찬미
   한 것이다.

10. 순임금의 아내는 요임금의 두 딸이었다

순(舜)임금의 아내는 요(堯)임금의 두 딸이었다. 부도(婦道)
를 우씨(虞氏 : 순임금)에게 잘 시행하였다.

舜[1]妻 堯[2]之二女[3] 行婦道於虞氏

1) 舜(순) : 순임금.

2) 堯(요) : 요임금.

3) 二女(이녀) : 요임금의 두 딸. 곧 아황과 여영.

11. 대가족을 직접 돌본 기양공주

당(唐)나라 기양공주(岐陽公主)는 헌종(憲宗)의 맏딸이었으
며 목종(穆宗)과 어머니가 같은 여동생이었다.

그의 어머니는 의안곽황후(懿安郭皇后)이며 상보자의(尙父
子儀)의 손녀였다.

기양공주가 공부상서(工部尙書)인 두종(杜悰)에게 시집갔는
데 시부모를 섬기는 일을 손수했다. 본래 두씨(杜氏) 집안은 대
가족인데, 기양공주는 며느리로서의 예를 마땅히 다하였고 수천
명이나 되는 친척들에게 자신을 뽐내지 않았다.

공주는 낮게 처신하고 기뻐하고 순종하여 위를 잘 받들고 아래
를 잘 무마하였다. 하루 종일 조심스럽게 행동하고 숨죽이고 일
어나서 한 집안 사람들의 법도를 가지런히 하였다.

이렇게 20여년 동안 집안을 꾸려 나갔는데 조금도 손가질받거
나 귀하다고 교만한 체하는 일이 없었다.

대가족을 잘 받들어서 때마다 음식을 올리고, 길하고 흉한 일에
보조하는 것은 반드시 자신의 손을 거치게 했다.

시어머니 양국태부인(凉國太夫人)이 병으로 자리에 누웠을 때
부터 상을 당하여 장사를 치를 때까지 공주는 친히 봉양하며 아
침 저녁으로 띠를 풀지 않았고, 몸소 약을 맛보고, 죽이나 밥은 자
신의 손을 거치지 않으면 올리지 않았다. 상을 당해 곡할 때는 슬
피 울부짖어서 다른 사람들을 감동시켰다.

저 공주는 천자의 딸인데도 오히려 부도(婦道)를 잃지 않았는
데 어찌 신하나 백성의 여인들이 자신의 부귀만 믿고 그의 시부
모에게 교만하겠는가?

부인이 만약 시부모에게 교만하면 남편된 자는 마땅히 버려야
한다. 또 담당 관리들은 마땅히 그 죄를 다스려야 옳은 것이다.

唐岐陽公主 憲宗[1]之嫡女[2] 穆宗[3]之母妹[4] 母懿安郭皇后 尙父子
儀之孫也 適工部尙書杜悰 逮事舅姑 杜氏大族 其他宜爲婦禮者 不
翅數千人 主卑委怡順 奉上撫下 終日惕惕[5] 屛息[6]拜起 一同家人禮
度 二十餘年 人未嘗以絲髮間[7]指爲貴驕 承奉大族 時歲獻饋 吉凶
贈助 必親經手 姑凉國太夫人寢疾[8] 比喪及葬 主奉養 蚤夜不解帶
親自嘗藥 粥飯不經心手一不以進 旣而哭泣哀號 感動它人 彼天子
之女猶不敢失婦道 奈何臣民之女 乃敢恃其貴富以驕其舅姑 爲婦
若此 爲夫者宜棄之 爲有司者 治其罪可也

1) 憲宗(헌종) : 당(唐)나라 제11대 황제.
2) 嫡女(적녀) : 맏딸. 큰딸.
3) 穆宗(목종) : 당나라 제12대 황제이며 헌종의 아들.
4) 母妹(모매) : 어머니가 같은 여동생.
5) 惕惕(척척) : 조심조심 하는 모양. 매우 조심하는 모양.
6) 屛息(병식) : 겁이 나서 숨을 죽이다. 곧 조심하는 모양.
7) 絲髮間(사발간) : 털끝만큼의 사이.
8) 寢疾(침질) : 병이 들어 자리에 눕다.

제20장 첩〔妾〕

1. 첩이나 하인도 의복이나 음식은 어른의 뒤에 한다

'예기' 내칙편에 보면, 비록 노비나 첩이라도 옷을 입고 음식을 먹는 일은 반드시 어른이 행하고 난 뒤에 시작한다고 했다.〔사람은 귀하거나 천하거나 다 예의가 있어야 한다.〕

內則 雖婢妾 衣服飲食必後長者[1]

1) 後長者(후장자) : 어른이 하고 난 뒤에 밑에 사람이 한다는 뜻.

2. 첩이 총애를 앞세워서는 안 된다

첩(妾)이 본처(本妻)를 섬기는 일은 신하가 임금을 섬기는 것과 같다.

높고 낮음이 특별히 뛰어나고 예절이 마땅히 밝아서, 이로써 '시경'에서 '녹색 저고리에 황색 치마로다.'라고 시인(詩人)이 풍자하였다.

한(漢)나라 때 신부인(愼夫人)이 두후(竇后)와 더불어 자리를 함께 하자, 원앙(袁盎)이 이것을 이유로 간했다.

동굉(董宏)이 정부(丁傅)를 초청하여 높이자 사단(師丹)이 그 죄를 탄핵하여 아뢰었다.

이것들은 다 미세한 일을 방지하고 점점 물드는 것을 막아서 재앙이나 난리의 근원을 억제한 것이다.

어떤 이는 본처로서 자신을 낮추어도 오히려 폄하되고 또 쫓겨나 그 분수를 조심하여 지키는데, 하물며 감히 첩이 남편이나 자식의 위세를 앞세워서 본처를 능멸함에 있어서랴!

妾事女君[1] 猶臣事君也 尊卑殊絶 禮節宜明 是以綠衣黃裳[2] 詩人
所刺 慎夫人[3]與竇后[4]同席 袁盎[5]引而却之 董宏請尊丁傅 師丹劾奏
其罪 皆所以防微杜漸 抑禍亂之原也 或者主母[6]屈己以下之 猶當貶
抑退避 謹守其分 況敢挾其主父[7]與子之勢 陵慢其女君乎

1) 女君(여군) : 황후. 또는 본처(本妻).
2) 綠衣黃裳(녹의황상) : '시경' 패풍(邶風) 녹의편의 문장.
3) 慎夫人(신부인) : 한(漢)나라 때 사람인데 누구인지 기록이 없다.
4) 竇后(두후) : 한나라의 두태후를 말한다.
5) 袁盎(원앙) : 한나라 문제(文帝) 때 중랑장(中郎將)이 되어 직언하고 지극
   히 간하였다.
6) 主母(주모) : 곧 본처(本妻).
7) 主父(주부) : 한 집안의 어른. 곧 가장.

3. 본처를 잘 섬긴 여인

위종(衛宗)의 이순(二順)이라 함은, 위(衛)나라 종실의 영왕
(靈王)의 부인과 그의 시중드는 첩을 말한다.

진(秦)나라에서 위(衛)나라 임금을 없애고 영왕(靈王)을 종
가로 봉하여 그들로 하여금 그 제사를 받들도록 하였다.

영왕이 죽자, 부인(夫人)은 아들이 없이 과부로서 수절하였고,
시중들던 첩에게 아들이 있어서 뒤를 이었다.

시중들던 첩이 부인을 8년 동안 섬겼는데 그동안 조금도 게으
르지 않았고 오히려 더욱 조심스럽게 공양하였다.

어느 날 부인이 시중들던 첩에게 이르기를

"그대는 나를 매우 조심하여 돌보는데 아들이 제사를 받들고
첩이 나를 섬기는 일을 나는 원하지 않는다. 내 들으니 왕의 어머
니는 첩이라도 사람을 섬기지 않는다고 했다. 이제 나는 아들이
없는데 '예기'에 아들이 없으면 쫓겨난다고 했다. 그런데도 머물
러 있음을 얻어서 절개를 다하고 있으니 이는 나의 행운이다. 이
제 그대를 번거롭게 하면서 옛날의 절개를 고치지 못하여 나는 매

우 부끄러울 따름이다. 나는 원컨대 밖으로 나가 살고자 한다. 필요하면 서로 상면하면 되니, 그것이 내가 매우 편할 것 같다."
라고 하자, 모시고 있던 첩이 울면서 대답했다.

"부인(夫人)께서는 영씨(靈氏 : 영왕)에게 3가지 상서롭지 못한 일을 당하게 하려 하십니까? 영왕께서 불행히 일찍 돌아가신 것이 첫 번째 상서롭지 못한 일이고, 부인께서 자식이 없고 저는 자식이 있는 것이 두 번째 상서롭지 못한 일이고, 부인께서는 밖에 살고자 하고 저는 안에서 살라고 하시는 것이 세 번째 상서롭지 못한 일입니다. 제가 듣기로는 충신은 임금을 섬기는데 아무 때고 게으름이 없고 효자가 어버이를 봉양함에는 봉양할 수 있는 날짜가 모자람을 걱정한다고 했습니다. 제가 어찌 감히 조금 귀해졌다고 해서 저의 절개를 바꾸겠습니까? 받들어 모시는 일이 진실로 저의 직책입니다. 부인은 또 무엇을 힘쓰려 하십니까?"

부인이 말했다.

"자식이 없는 사람이 임금의 어머니를 욕되게 하는 일이네. 비록 그대가 가까이 하고자 하나 모든 사람들이 나에게 예의를 알지 못한다고 이를 것이네. 나는 마침내 밖에 살기를 원하네."

모시고 있던 첩이 물러나와 그의 아들에게 이르기를

"나는 들으니 군자(君子)는 순리를 따라서 위와 아래의 거동을 받들고 선조의 예를 닦는데 이것을 '도리를 따른다'고 하는 것이다. 지금 부인이 나를 어렵게 여기고 장차 밖에서 살고자 하시니 내가 안에서 사는 것은 잘못된 일이다. 잘못된 곳에 살면서 살아간다면 어찌 순리를 지키고 죽는 것만 같으랴!"
하고는 드디어 스스로 죽으려 하자, 그의 아들이 울면서 말렸으나 듣지 않았다. 부인이 듣고 두려워하여, 드디어 모시던 첩의 머무르라는 청을 허락하였다.

모시던 첩은 죽을 때까지 모시는 도리를 게을리 하지 않았다.

衛宗[1]二順者 衛宗室靈王之夫人及其傅妾[2]也 秦滅衛君 乃封靈
王世家 使奉其祀 靈王死 夫人無子而守寡 傅妾有子代後 傅妾事夫

人八年不衰 供養愈謹 夫人謂傅妾曰 孺子[3]養我甚謹 子奉祀而妾事
我 我不願也 且吾聞 主君[4]之母 不妾事人 今我無子 於禮斥絀之人
也 而得留以盡節 是我幸也 今又煩孺子不改故節 我甚內慙 吾願出
居外 以時相見 我甚便之 傅妾泣而對曰 夫人欲使靈氏受三不祥耶
公不幸早終 是一不祥也 夫人無子而婢妾有子 是二不祥也 夫人欲
居外 使婢妾居內 是三不祥也 妾聞 忠臣事君 無時懈倦 孝子養親
患無日也 妾豈敢以少貴之故變妾之節哉 供養固妾之職也 夫人又
何勤乎 夫人曰 無子之人而辱主君之母 雖子欲爾 衆人謂我不知禮
也 吾終願居外而已 傅妾退而謂其子曰 吾聞 君子處順 奉上下之儀
脩先古[5]之禮 此順道也 今夫人難我 將欲居外 使我處內逆也 處逆
而生 豈若守順而死哉 遂欲自殺 其子泣而守之 不聽 夫人聞之懼 遂
許傅妾留 終年供養不衰

1) 衛宗(위종) : 위나라의 으뜸.

2) 傅妾(부첩) : 시중들던 여인. 곧 첩이나 시녀로 왕의 총애를 입은 사람.

3) 孺子(유자) : 어린아이의 뜻으로 천한 사람을 지칭함.

4) 主君(주군) : 군주(君主).

5) 先古(선고) : 선조(先祖). 또는 조상.

4. 첩과 본처를 구별 못한 장종(莊宗)

5호 16국시대 후당(後唐)의 장종(莊宗)은 예를 알지 못하여,
자신을 낳아 준 사람을 높여서 태후(太后)로 삼고 적모(嫡母)를
태비(太妃)로 삼았다.

적모(큰어머니)인 태비가 성내지 않고 태후(太后)가 감히 스스
로 높은 체하지 않아서 두 사람이 서로 좋아하여 처음과 끝이 조
금도 달라지지 않았다. 이것 또한 근세(近世)에 들어서 지극히
어려운 일이었다.〔자세한 내용은 처(妻) 부분에 기록되어 있다.〕

後唐莊宗不知禮 尊其所生爲太后 而以嫡母爲太妃 太妃不以慍
太后不敢自尊 二人相好 終始不衰 是亦近世所難

제21장 유모(乳母), 보모(保母)

1. 어린아이는 특별한 방을 정하여 길렀다

'예기' 내칙편에 말했다.

"특별히 어린아이를 위하여 궁중에 집을 마련하고, 여러 어머니 중에서 함께 해도 좋을 여인을 선택하되 반드시 마음이 너그럽고 인자하며 온화하고 공경하며 신중하고 말이 적은 여인을 구하여 아이의 스승으로 삼는다.

그 다음에는 자모(慈母)가 있고 그 다음에는 보모(保母)가 있다. 이들은 모두 아이의 방에서 산다.

다른 사람은 일이 없으면 가지 않는다."

內則 異爲孺子室於宮中[1] 擇於諸母[2]與可者 必求其寬裕慈惠溫
良恭敬愼而寡言者 使爲子師 其次爲慈母[3] 其次爲保母[4] 皆居子室
他人無事不往

1) 宮中(궁중) : 어느 한 곳. 특별히 지정한 곳.
2) 諸母(제모) : 서모(庶母)들을 말한다. 과거 중국에서는 일부다처(一夫多妻)를 인정했기 때문에 한 남자에게 많은 첩이 있었다.
3) 慈母(자모) : 인자한 어머니. 곧 친어머니가 아닌 자신을 친자식처럼 키워주는 어머니.
4) 保母(보모) : 어린아이를 위험한 곳에 못 가도록 잘 돌봐 주는 어머니.

2. 자신의 아들을 대신 죽게 한 의보(義保)

노(魯)나라 효공(孝公)의 의보(義保)는 장씨(臧氏)였다.

처음에 효공의 아버지 무공(武公)이, 두 아들인 장자(長子) 괄

(括)과 중자(中子) 희(戲)를 데리고 주(周)나라의 선왕(宣王)
에게 조회갔다.

이 때 주나라 선왕이 희(戲)를 세워서 노나라의 태자(太子)로
삼았다. 그 후 무공이 죽자 희가 뒤를 이었는데 이 사람이 의공
(懿公)이다.

효공은 이 때 공자(公子) 칭(稱)이라고 불렸는데 가장 어렸다.
의보가 그의 아들을 데리고 궁으로 들어가 공자 칭을 길렀다.

그런데 괄(括)의 아들 백어(伯御)가 노나라 사람들과 더불어
난을 일으켜서 의공을 공격하여 죽이고 스스로 서서, 궁중으로 들
어가 공자 칭을 찾아서 죽이려 하였다.

의보는 백어가 장차 공자 칭을 죽이려 한다는 소문을 듣고, 자
신의 아들과 공자 칭의 옷을 바꿔 입혀서 자기 아들을 공자 칭의
처소에 눕혔는데 백어가 죽였다.

의보는 공자 칭을 안고 도망하다가 공자 칭의 외삼촌인 노나라
대부를 밖에서 만났다.

칭의 외삼촌이 묻기를

"공자 칭이 죽었느냐."

라고 하자, 의보가 말했다.

"죽지 않았습니다. 여기에 있습니다."

외삼촌이 말하기를

"어떻게 화를 면하였느냐."

라고 하자, 의보가 말했다.

"나의 아들로 대신하였습니다."

의보가 드디어 안고 도망다녔는데 11년이나 도망다녔다.

이 때 노나라 대부들이 다 공자 칭을 의보가 보호하고 있다는
것을 알았다.

이에 주(周)나라 천자에게 청하여 백어를 죽이고 칭(稱)을 세
우니, 이 사람이 효공(孝公)이다.

魯孝公義保[1]臧氏 初 孝公父武公與其二子長子括中子戲朝周宣

王 宣王立戲爲魯太子 武公薨 戲立 是爲懿公 孝公時號公子稱 最
少 義保與其子俱入宮 養公子稱 括之子曰伯御[2] 與魯人作亂 攻殺
懿公而自立 求公子稱於宮中 入殺之 義保聞伯御將殺稱 衣其子以
稱之衣 臥於稱之處 伯御殺之 義保遂抱稱以出 遇稱之舅魯大夫於
外 舅問 稱死乎 義保曰 不死 在此 舅曰 何以得免 義保曰 以吾子代
之 義保遂抱以逃十一年 魯大夫皆知稱之在保[3] 於是請周天子殺伯
御 立稱爲孝公

1) 義保(의보) : 의로운 보모(保母)의 칭호
2) 伯御(백어) : 무공의 장자인 괄(括)의 아들.
3) 稱之在保(칭지재보) : 공자 칭이 보모에게 보호되고 있다.

3. 화살을 몸으로 막다가 같이 죽은 유모

진(秦)나라가 위(魏)나라를 공격하여 격파하였다. 이 때 위왕
(魏王)을 잡아죽이고 모든 공자(公子)들까지 죽였는데 단 한 사
람의 공자만 죽이지 못했다.

그리하여 위국에 영을 내렸다.

"공자를 잡아오는 자에게는 황금 2만 냥을 주겠으나, 그를 숨
기는 자에게는 그 벌로 전 가족을 멸하겠다."

이 때 공자의 유모가 공자와 함께 도망하였는데 위나라의 옛 신
하가 유모를 발견하고 아는 체하며 말하기를

"유모는 별고 없는가?"

라고 하니, 유모가 대답했다.

"슬프다. 나는 어찌하고 공자는 어찌 할고?"

"지금 공자는 어디에 있는가? 내 들으니 진(秦)나라가 명령하
기를 '공자를 잡아들인 자는 황금 2만 냥을 주고 숨기는 자는 그
죄가 가족을 전멸시키는 데 이른다.'고 했다. 유모가 만일 공자가
숨은 곳을 알려 주면 천 냥의 금을 얻을 것이지만 알고도 말하지
않으면 형제들이 씨가 마를 것이다."

"아아. 나는 공자가 있는 곳을 모릅니다."

"내 들으니 공자와 유모가 함께 도망했다고 하더군."

"내가 비록 안다고 하더라도 끝까지 말하지 않을 것입니다."

"지금 위나라는 이미 망했다. 또 종족들도 이미 다 죽었다. 이런 지경에 누구를 위하여 공자를 숨겨 주는가."

"슬프다. 이익을 보고 윗사람을 배반하는 일은 반역이며, 죽음을 두려워하여 의리를 저버리는 일은 어지러움입니다. 이제 반역하고 어지러우면서 이익을 구하는 일을 나는 하지 않을 것입니다. 무릇 사람이 되어서 자식을 기르는 자는, 살리는 일에 힘써야 하며 죽게 하는 일은 잘못입니다. 어찌 상받는 이로움을 생각하고 죽음을 두려워하여 정의를 폐하고 반역적인 절개를 행하겠습니까? 제가 살아 있는 한 공자를 사로잡히게 하지 않을 것입니다."

유모는 기어이 공자를 안고 깊은 연못 있는 곳으로 도망했다.

옛 신하가 진나라 군사에게 알리자 추격하여 발견하고는 다투어 활을 쏘았다. 유모가 몸으로 공자를 가렸다. 몸에 꽂힌 화살이 수십 개나 되었다. 공자와 더불어 유모가 함께 죽었다.

진나라 임금이 이 소식을 듣고 충성을 지키고 의리에 죽은 유모의 절개를 귀하게 여겨, 경례(卿禮 : 경을 장사 지내는 예)로 장사 지내게 하고 사당을 지어서 태뢰(太牢)를 쓰게 하였다. 그리고 그의 오빠를 아껴 오대부(五大夫)로 삼고 황금 2천 냥을 하사하였다.

秦攻魏 破之 殺魏王 誅諸公子 而一公子不得 令魏國曰 得公子者賜金千鎰[1] 匿之者 罪至夷[2] 公子乳母與公子俱逃 魏之故臣[3]見乳母識之曰 乳母固無恙[4]乎 乳母曰 嗟乎 吾奈公子何 故臣曰 今公子安在 吾聞秦令曰 有能得公子者 賜金千鎰 匿之者 罪至夷 乳母儻知其處乎而言之 則可以得千金 知而不言 則昆弟無類[5]矣 乳母曰 吁我不知公子之處 故臣曰 我聞公子與乳母俱逃 曰 吾雖知之亦終不可以言 故臣曰 今魏國已破亡 族已滅矣 子匿之尙誰爲乎 母曰 吁夫見利而反上者逆 畏死而棄義者亂也 今持逆亂而以求利 吾不爲也 且夫凡爲人養子者 務生之 非爲殺之也 豈可以利賞畏誅之故 廢

正義而行逆節哉 妾不能生而令公子禽⁶⁾矣 乳母遂抱公子逃於深澤
之中 故臣以告秦軍 追見 爭射之 乳母以身爲公子蔽矢 矢著身者數
十 與公子俱死 秦君聞之 貴其能守忠死義 乃以卿禮⁷⁾葬之 祠以太
牢⁸⁾ 寵其兄爲五大夫⁹⁾ 賜金百鎰

1) 千鎰(천일) : 2만 냥의 황금. 많은 황금.
2) 夷(이) : 전 가족을 몰살하는 형벌.
3) 故臣(고신) : 위나라가 망하기 전의 신하.
4) 無恙(무양) : 별고가 없느냐. 곧 안부를 묻는 것.
5) 無類(무류) : 씨를 말린다. 종족을 없앤다.
6) 禽(금) : 사로잡히다의 뜻.
7) 卿禮(경례) : 경(卿)으로 예우한 것.
8) 太牢(태뢰) : 소, 양, 돼지의 세 가지 희생을 갖춘 제수.
9) 五大夫(오대부) : 작위의 하나. 진(秦)나라 때 공 있는 자에게 주었다.

4. 형벌을 자청하여 사인(師仁)을 구한 유모

당나라 초에 왕세충(王世充)의 신하 독고무도(獨孤武都)가 모반하고 당나라에 돌아왔는데, 일이 발각되어서 죽음을 당하였다.

이 때 아들 사인(師仁)은 겨우 3살이었는데 왕세충이 그 어린 것을 불쌍하게 여겨 죽이지 않고 궁중에서 맡아 키우게 했다.

그의 유모 왕난영(王蘭英)이 스스로 머리를 깎고 목에 족쇄를 차고는 궁중으로 들어와 사인을 키우겠다고 하자, 왕세충이 허락하였다.

난영은 사인을 정성을 다하여 키웠다. 이 때에는 세상이 어지러웠고 흉년까지 들어서 사람들이 많이 굶어 죽었다. 난영은 걸인으로 나서서 길거리에서 무엇이든 주워 모아서 매양 먹을 것을 구하여 돌아와서는 사인에게 먹였는데 자신은 흙을 씹고 물을 삼켰을 따름이었다.

여러 해를 넘기고 나서 거짓으로 먹을 것을 줍는다고 속이고는 사인을 안고 장안으로 달아나 당나라에 이르렀다.

당의 고조(高祖)가 그 의리를 아름답게 여기고 조서를 내려서 말했다.

"사인의 유모 왕씨는 자애하다는 소문이 있고, 사인을 키우는 데도 정성을 다해 게으름 없이 업어 주고 안아 주어 어린아이를 길렀다. 역적을 배반하고 우리 조정으로 돌아왔으니 마땅히 융성한 포상이 있을 것이다. 이에 그의 이름을 내리고 수영군군(壽永郡君)으로 봉하노라."

唐初 王世充[1]之臣獨孤武都謀叛歸唐 事覺 誅死 子師仁始三歲 世充憐其幼 不殺 命禁掌之 其乳母王蘭英求自髠鉗[2] 入保養師仁 世充許之 蘭英鞠育備至 時喪亂凶饑 人多餓死 蘭英乞丐捃拾[3] 每有所得 輒歸哺師仁 自惟啖土飮水而已 久之 詐爲捃拾 竊抱師仁奔長安 高祖[4]嘉其義 下詔曰 師仁乳母王氏 慈惠有聞 撫育無倦 提携遺幼 背逆歸朝 宜有褒隆 以錫其號 可封壽永郡君[5]

1) 王世充(왕세충) : 자는 행만(行滿)이다. 본래 서역(西域) 사람이고 성은 지 (支)씨다. 어려서 어머니가 왕씨(王氏)에게 시집갔는데 따라가서 왕(王)씨 가 되었다. 수(隋)나라에 벼슬하여 민부시랑(民部侍朗)이 되고 몰래 호걸들 과 교제하여 태위(太尉)가 되었다.

2) 髠鉗(곤겸) : 머리를 깎고 목에 항쇄(칼)를 채우다. 죄인의 모습.

3) 捃拾(군습) : 주워 모으다. 습득하다.

4) 高祖(고조) : 당(唐)나라 시조인 고조 이연(李淵).

5) 壽永郡君(수영군군) : 수영 고을의 임금으로 봉하다.

5. 자신의 아들을 대신 죽여 연광을 살린 유모

오대(五代) 후한(後漢)의 봉상절도사(鳳翔節度使) 후익(後益)이 조회를 들어왔다. 이 때 우위대장군(右衛大將軍) 왕경숭(王景崇)이 봉상에서 반란을 일으켰는데 후익에게 원한이 있어서 그의 가족 70여 명을 몰살하였다.

후익의 손자 연광(延廣)은 강보에 싸여 있었는데 유모 유씨(劉

氏)가 자신의 아들과 바꾸어 화를 면하게 하고 연광을 안고 도망
했다. 길에서 걸인 행세를 하면서 대량(大梁)에 이르러 후익의
집으로 돌아갔다.

　슬프다. 사람이 귀하고 천한 것이 없이 그 선한 일을 행한 사례
를 돌아보면 어떠한가?

　이것으로 보더라도, 유모나 보모가 자신을 잊고 의리를 따라서
사람을 사랑하여 외로움을 겪고 그 이름을 후세에 남겼다. 비록
옛날의 열사(烈士)라도 무엇이 이보다 지나칠 것인가?

　五代¹⁾漢²⁾鳳翔節度使後益入朝 右衛大將軍王景崇叛於鳳翔 有怨
於益 盡殺其家屬七十餘人 益孫延廣尙襁褓 乳母劉氏以己子易之
抱延廣而逃 乞食於路 以達大梁 歸於益家 嗚呼 人無貴賤 顧其爲
善何如耳 觀此乳保忘身徇義 字人³⁾之孤 名流後世 雖古烈士 何以
過哉

1) 五代(오대) : 후량(後梁), 후당(後唐), 후진(後晉), 후한(後漢), 후주(後
　　周)을 말한다. 오계(五季).
2) 漢(한) : 오대 때의 후한(後漢)으로 유지원(劉知遠)이 세운 나라.
3) 字人(자인) : 사람을 사랑하다.

제22장 총론(總論)

1. 여자가 바르게 하는 것이 이롭다

'주역(周易)'의 가인괘(家人卦 : ☲☴, 風火家人)는 이괘(離卦 : ☲)가 아래에 있고 손괘(巽卦 : ☴)가 위에 있다.

가인괘는 여자가 바르게 하는 것이 이로운 것이다.

그 단(象)에 말했다.

"가인괘는, 여자는 집 안에서 자리를 바르게 하고 남자는 집 밖에서 자리를 바르게 하는 것이다. 남자와 여자가 바르게 하는 것이 하늘과 땅의 큰 의(義)이다.

'가인(家人)'에는 엄격한 임금이 있으니 아버지와 어머니를 말한다.

아버지는 아버지답고 아들은 아들답고 형은 형답고 동생은 동생답고 남편은 남편답고 아내는 아내다워야 집안의 도(道)가 바르다. 집안을 바르게 하는 것이 천하를 안정시키는 일이다."

그 상(象)에 말했다.

"바람이 불에서 나오는 것이 가인(家人)이다. 군자는 이러한 것을 응용하여 말에 실제가 있고 행동에 떳떳함이 있다."

▨ 이상은 '주역' '풍화가인(風火家人)' 괘의, 문왕(文王)이 지은 단사(象辭)와 공자가 지은 단전(象傳)과 상전(象傳)을 나열한 것이다.

'여자는 집 안에서 자리를 바르게 한다'라는 말은 '주역' 가인괘의 육이(六二)효사를 말한 것이고 '남자는 집 밖에서 자리를 바르게 한다'라는 말은 가인괘의 구오(九五)효를 뜻한 것이다.

'가인(家人)'은 한 가정의 인륜도덕을 설명한 괘로, 가인괘는 집안을 근본으로 한 것이기 때문에 먼저 여자를 말했다. 구오(九五)의 외괘와 육이(六二)의 내괘(內卦)가 각각 그 올바름을 얻어서 '가인괘'가 되었다.

이는 집 밖에 있는 남자와 집 안에 있는 여자가 제각기 바른 길을 가는 상(象)이다.

한 집안의 여자가 올바르면 밖의 남자 또한 올바르지 않을 수 없고 집안의 번영을 누릴 수 있다는 괘이다.

周易¹⁾ ䷤ 巽上 家人²⁾ 利女貞
離下

彖³⁾曰 家人 女正位乎內 男正位乎外 男女正 天地之大義也 家人
有嚴君焉 父母之謂也 父父 子子 兄兄 弟弟 夫夫 婦婦 而家道正 正
家而天下定矣

象⁴⁾曰 風自火出 家人 君子以言有物而 行有恒

1) 周易(주역) : 유가(儒家) 경전의 하나. 중국 상고 시대의 복희씨(伏羲氏)가
   괘를 만들고 주(周)나라 문왕(文王)이 단사(彖辭)를 쓰고 공자(孔子)가 단
   전(彖傳)과 상전(象傳)을 지었다고 하는데 중국 최고의 철학서이며 미래의
   예측서이기도 하다. 64괘로 이루어져 있다.

2) 家人(가인) : '주역'의 37번째 괘. 아래는 이괘(☲ : 火)이고 위는 손괘
   (☴ : 風)가 합쳐져 가인괘를 이루었다. 한 가정을 형상하는 괘이다.

3) 彖(단) : 공자가 지었다는 단전(彖傳)을 뜻한다.

4) 象(상) : 공자가 지었다는 상전(象傳)을 뜻한다. 괘사를 해석한 것을 대상
   (大象)이라 하고 효사(爻辭)를 해석한 것을 소상(小象)이라고 한다.

2. 집안을 화평하게 하는 것이다

초구(初九)는 집안에 있으면서 어지러움을 막는 것이다. 후회하는 일이 없다.

상(象)에 이르기를 '집안에 있으면서 어지러움을 막는 것이다'라고 한 말은 뜻이 변하지 않은 것이다.

육이(六二)는 이뤄지는 것이 없다. 집안에만 있으면서 집안 살림을 꾸려 가는 것이다. 바른 것이라 길할 것이다.

상(象)에 이르기를 '이뤄지는 것이 없다. 집안에만 있으면서 집안 살림을 꾸려 가는 것이다. 바른 것이며 길한 것이다.' 라고 한

말은 집안에서 순종하고 겸손하기 때문이다.

구삼(九三)은 가인(家人)이 엄격한 것이다. 위태하여 뉘우치지만 길하다. 부녀자가 히히덕거리면 마침내 부끄러움이 있을 것이다.

상(象)에 이르기를 '가인이 엄격한 것이다' 라고 한 말은 법도를 잃은 것이 아니요, '부녀자가 히히덕거린다' 라고 한 말은 집안의 법도를 잃은 것이다.

육사(六四)는 집안을 부자가 되게 하는 것이다. 크게 길할 것이다.

상(象)에 이르기를 '집안을 부자가 되게 하는 것이니 크게 길할 것이다' 라고 한 말은 순종하여 자리에 있기 때문이다.

구오(九五)는 왕(王)이 그 집에 이른 것이다. 근심하지 않아야 길할 것이다.

상(象)에 이르기를 '왕이 그 집에 이르른다' 고 한 말은 서로서로 사랑하는 것이다.

상구(上九)는 믿음이 있고 위엄이 있는 듯하면 마침내 길할 것이다.

상(象)에 이르기를 '위엄이 있는 듯하면 길하다' 고 한 말은 자신을 반성하는 것을 이른 것이다.

▨ '주역' 가인괘의 효사(爻辭)와 단사(彖辭)를 모두 인용하였다.

제일 밑에 있는 첫 번째 효[初九]는 남자가 집안에 있어서 집안의 질서가 무너지는 일이 없음을 말했다.

두 번째 효[六二]는 여자를 말하며 여자가 유순하고 중정(中正 : 중용)의 도를 가져 여자로서 집안의 바른 도를 얻었으므로 부인이 되어 덕망 있는 살림꾼으로 집안을 잘 가꾸어 나가는 것을 말했다.

세 번째 효[九三]는 가장이 굳센 힘으로 굳센 위치에 있으면서 중정하지 못하나 그것을 알고 후회하면 길하고, 여자가 남자의 굳센 힘 앞에서 너무 히히덕거리면 집안의 법도를 잃어서 마침내 부끄러움만 남는다는 말이다.

네 번째 효[六四]는 여자의 위치로, 여자로서 제 위치를 얻었으니 집안을 부유하게 만들어 크게 길하다고 하였다.

다섯 번째 효[九五]는 강건하고 중정의 위치를 얻은 남자가 제 위치를 차지하고 있으니 집안에 근심과 걱정이 없고 오직 남편은 아내를 사랑하고 부인은 남편을 사랑하고 잘 받들어서 집안이 태평해진다는 말이다.

마지막 제일 위에 있는 효〔上九〕는 굳센 것으로 상왕의 지위에 있으므로 가장을 뜻한다. 그러므로 가장으로서 가정을 바르게 하는 장구한 도를 보이는 것이다. 먼저 가정을 다스릴 때 믿음이 있고 위엄이 있어야 가족들이 감동되어 따르게 된다. 늘 그 위엄을 가지고 자신을 반성할 줄 알면 모든 사람이 감동하는 것이다.

'가범'에 제일 먼저 '주역' 가인쾌(家人卦)를 놓은 것은 가정의 기본 법칙을 깨우칠 수 있도록 사마온공(司馬溫公)이 특별히 배려한 것 같다.

初九 閑¹⁾有家 悔亡 象曰 閑有家 志未變也
六二 無攸遂 在中饋²⁾ 貞吉 象曰 六二之吉 順以巽也
九三 家人嗃嗃³⁾ 悔厲 吉 婦子嘻嘻⁴⁾ 終吝 象曰 家人嗃嗃 未失也 婦子嘻嘻 失家節也
六四 富家 大吉 象曰 富家大吉 順在位也
九五 王假有家⁵⁾ 勿恤 吉 象曰 王假有家 交相愛也
上九 有孚 威如 終吉 象曰 威如之吉 反身之謂也

1) 閑(한) : 방(防)과 뜻이 같다. 막다.
2) 饋(궤) : 먹이다. 집안에서 살림하다.
3) 嗃嗃(학학) : 엄격한 모양. 위엄이 있는 상.
4) 嘻嘻(희희) : 여자가 깔깔대고 소리내어 웃는 모양. 학학의 반대.
5) 假有家(격유가) : 격은 격(格)과 같다. 이르다. 유가는 유국(有國)과 같다.

3. 천하를 태평하게 하려면
'대학'에 말했다.

"옛날에 자신이 갈고 닦은 밝은 덕을 만천하에 펼쳐 보고자 하는 사람은 먼저 자신의 나라를 잘 다스렸다. 또 자신의 나라를 잘 다스리고자 하는 사람은 먼저 자신의 가정을 잘 살펴 화목하고 평화롭게 하였다.

그 가정을 화목하고 평화롭게 하고자 하는 사람은 먼저 자신의 몸부터 잘 갈고 닦았다. 자신의 몸을 수양하고자 하는 사람은 먼저 내면의 마음부터 바르게 가졌다.

마음을 바르게 가지려고 하는 사람은 먼저 마음속의 뜻을 진실되고 성실하게 하였다. 마음속의 뜻을 진실되고 성실하게 하고자 하는 사람은 먼저 모든 이치를 추구하여 알았다. 이 모든 이치를 미루어 아는 것은 모든 일을 몸소 체험하는 데 있는 것이다.

모든 일을 몸소 체험한 다음이라야 올바른 지식을 얻을 수 있다. 올바른 지식을 가져야 자신의 뜻을 진실되게 할 수 있다.

자신의 뜻을 진실되게 한 후라야 비로소 자신의 마음을 바르게 할 수 있다. 마음을 바르게 가져야 자신의 수양을 완성할 수 있다.

자신의 수양을 완성시켜야만 집안의 평화를 가져올 수 있다. 집안이 평화로워야 나아가 국가를 잘 다스릴 수 있다. 국가를 잘 다스리게 되면 세계 평화는 자연히 이뤄지는 것이다.

최고 통치자(統治者)에서 일반 국민에 이르기까지 하나같이, 자신의 몸 닦기를 기본으로 삼는다.

그 근본이 문란하면서 그 끝 마무리를 잘 할 수 있는 사람은 없다. 또 그 후하게 할 곳에는 박정하게 하고 박정하게 할 곳에는 후하게 대접하는 사람도 있지 않다. 이것을 일러 모든 것의 근본을 안다고 하며 이것을 일러 앎에 이르는 것이라고 한다.

앞에서 한 국가를 다스리려면 먼저 가정의 평화가 이뤄져야 한다고 했는데 자신의 집안 사람도 교육시키지 못하면서 다른 집안의 사람을 교육시킬 수 있는 자는 없기 때문이다.

그러므로 군자는 집 밖으로 나가지 않아도 그의 가르침이 나라 안에 퍼져서 백성들을 교화시키는 것이다.

효자는 효도하는 마음으로 임금을 섬기고, 형에게 공손한 자는 공손한 마음으로 어른들을 섬기며, 가정에서 인자한 사람은 그 인자한 마음으로 민중을 부린다.

'시경' 주남(周南) 도요지편(桃夭之篇)에 이르기를

'복숭아 나무의 여리고 싱싱한 고움이여,

그 잎새 아름답고 무성하게 어울렸구나.

젊고 고운 덕을 갖춘 저 아가씨의 시집감이여,

그 집안 사람들과 잘 어울려 화목하게 지내리라.'

라고 했는데, 자신의 집안 식구들을 화목하게 잘 지내게 한 후라

야 능히 나라의 민중들을 교화시킬 수 있는 것이다.

'시경' 소아(小雅) 육소(蓼蕭)편에 이르기를

'형과 우애하고 아우와 우애하도다.'

라고 했는데, 형과 우애하고 아우와 우애하여 집안이 바로잡힌 뒤

라야 나라의 민중들을 가르쳐서 변화시킬 수 있는 것이다.

'시경' 조풍(曹風) 시구(鳲鳩)편에 이르기를

'그의 위의(儀宜)나 행동이 조금도 법도에 어긋나지 않도다.

이것으로 사방의 국가를 감화시켜서 바르게 한다.'

라고 했는데, 그의 아버지는 자애롭고 아들은 효도하며 형은 아

우를 사랑하고 아우는 형을 공경하여 집안이 잘 다스려져서 본보

기가 되어야만 그 민중이 본받는 것이다.

이것이 이른바 '나라를 다스리는 일은 그 가정을 화평하게 잘

다스리는 데에 있다.' 라는 것이다."

大學¹⁾曰 古之欲明²⁾明德於天下者 先治其國 欲治其國者 先齊其
家 欲齊其家者 先修其身 欲修其身者 先正其心³⁾ 欲正其心者 先誠
其意⁴⁾ 欲誠其意者 先致其知 致知⁵⁾在格物⁶⁾ 物格而后知至⁷⁾ 知至而
后意誠 意誠而后心正 心正而后身修 身修而后家齊 家齊而后國治
國治而后天下平 自天子⁸⁾以至於庶人⁹⁾ 壹是¹⁰⁾皆以修身爲本 其本亂
而末治者否矣 其所厚者薄 而其所薄者厚 未之有也 此謂知本 此謂
知之至也 所謂治國必先齊其家者 其家不可敎而能敎人者 無之 故
君子不出家而成敎於國¹¹⁾ 孝者所以事君也 弟者¹²⁾所以事長也 慈者
所以使衆也 詩云 桃之夭夭¹³⁾ 其葉蓁蓁¹⁴⁾ 之子于歸¹⁵⁾ 宜其家人 宜
其家人而后可以敎國人 詩云 宜兄宜弟¹⁶⁾ 宜兄宜弟而后可以敎國人
詩云 其儀不忒¹⁷⁾ 正是四國 其爲父子兄弟足法 而后民法之也 此謂
治國在齊其家

1) 大學(대학) : 공자의 제자 증자(曾子)가 지은 저서 이름.

2) 明(명) : 밝히다. 널리 밝히다.

3) 心(심) : 몸의 주인이 되는 곳. 자신의 정지한 상태에 있는 마음.

4) 意(의) : 마음이 발동한 것. 마음이 충동되어 움직인 상태.

5) 致知(치지) : 지극한 앎에 이르다. 꿰뚫다. 치(致)는 미루어 지극한 곳에 이르다. 지(知)는 알다.

6) 格物(격물) : 사물의 이치를 다한 곳. 사물의 진리.

7) 知至(지지) : 마음속으로 모르는 것이 없는 상태. 무불통지(無不通知)하다.

8) 天子(천자) : 황제(皇帝)를 뜻한다. 임금.

9) 庶人(서인) : 일반 백성. 민중.

10) 壹是(일시) : 일체(一切)의 뜻. 한결같이. 모두.

11) 成敎於國(성교어국) : 가르침이 나라에서 이뤄지다. 나라 사람들이 교화되다.

12) 弟者(제자) : 형에게 공손한 것. 제(悌)와 같다.

13) 夭夭(요요) : 여리고 싱싱해서 어여쁜 모양.

14) 蓁蓁(진진) : 아름답고 무성한 모습.

15) 之子于歸(지자우귀) : 지자는 이 처자, 이 아가씨. 귀는 여자가 시집가는 것.

16) 宜兄宜弟(의형의제) : 형과 우애하고 아우와 우애하는 것을 말한다. 또는 그 형에 그 아우의 뜻. 형제가 서로 우애 있는 모습.

17) 忒(특) : 어긋나다. 그르치다.

4. 집안에서도 예의가 있어야 한다

'효경'에 말했다.

"가정의 틀 안에서도 예의가 갖추어져야 한다. 집안에 엄격한 아버지와 엄격한 형이 있게 되면 아내와 자식이나 부리는 사람이나 가사를 돌보는 여자들은, 나라의 백성이나 공무에 종사하는 사람들과 같은 것이다."

'서경'에 이야기가 있다.

"옛날에 사악(四岳)이 순(舜)임금을 요(堯)임금에게 추천하며 이르기를 '고수(瞽瞍)의 아들인데 아버지는 어리석고 어머니는 간악하며 동생 상(象)은 오만하건만, 그는 효성으로써 가정의

화목을 유지하고 지극한 정성으로써 집안을 다스려 간악한 집안
사람들을 모두 크게 감화시켰다고 합니다.' 라고 하니, 요임금이
말하기를 '내가 그를 시험해 보리라.' 하고 두 딸을 그에게 시집
보내 그들을 통해 살펴보았다. 이어 두 딸을 규예(嬀汭)의 물가
로 보내 우씨(虞氏)집 며느리가 되게 하고 요임금께서는 '잘 받
들어라.' 라고 하였다."

'시경' 대아(大雅) 사제(思齊)편에 주(周)나라 문왕(文王)
의 덕을 칭송하여 말했다.

"과처(寡妻)를 본보기로 삼아 형제에게 이르러

집안과 나라를 다스렸기 때문일세."

이것들은 다 성인(聖人)이 집안을 바르게 하고 천하를 바르게
한 내용이다. 이러한 관례가 후세까지 파급되어 경이나 대부에서
일반 백성에 이르기까지, 또한 집안에서 행동이 융성하고 아름다
워 사람의 모범이 되는 사람이 있다.

이제 이러한 내용들을 채집하여 '가범(家範)'으로 삼는다.

孝經[1]曰 閨門之內[2] 具禮[3]矣乎 嚴父嚴兄[4] 妻子臣妾 猶百姓徒
役[5]也

昔四岳[6]薦舜[7]於堯[8] 曰 瞽子 父頑 母嚚 象[9]傲 克諧以孝 烝烝
乂[10] 不格姦[11] 帝曰 我其試哉 女于時[12] 觀厥刑于二女[13] 釐降[14]二女
于嬀汭[15] 嬪于虞[16] 帝曰 欽哉

詩稱文王之德曰 刑于寡妻[17] 至于兄弟 以御于家邦 此皆聖人正
家以正天下者也 降及後世 爰自卿士[18] 以至匹夫 亦有家行隆美 可
爲人法者 今采集以爲家範

1) 孝經(효경) : 공자의 제자 증삼(曾參)이 지은 효도에 관한 책. 총 19장으로
   이뤄져 있다.
2) 閨門之內(규문지내) : 여자가 거처하는 침실. 여기서는 집안을 뜻한다.
3) 具禮(구례) : 가정에는 법도가 있어야 한다. 곧 예절이 갖추어져야 한다는 뜻.
4) 嚴父嚴兄(엄부엄형) : 엄격한 아버지, 엄격한 형. 곧 가정에서 존경받는 아버
   지와 형.

5) 徒役(도역) : 국가의 공사에 징발된 사람. 부역하는 사람.

6) 四岳(사악) : 제후를 관장하는 관직의 이름.

7) 舜(순) : 중국의 성군. 순임금. 유우씨(有虞氏).

8) 堯(요) : 중국의 성군. 요임금. 도당(陶唐)씨.

9) 象(상) : 순임금의 이복동생.

10) 烝烝乂(증증예) : 지극한 정성으로 집안을 다스리다.

11) 不格姦(불격간) : 간악한 사람들이 크게 감동하다.

12) 女于時(여우시) : 여기서는 시집보내다의 뜻으로 가(嫁)와 같다. 우시(于
時)는 그리하여의 뜻.

13) 厥刑于二女(궐형우이녀) : 두 딸을 순임금에게 시집보내다. 두 딸은 요임금
의 딸 아황(娥皇)과 여영(女英). 형(刑)은 행동하다의 뜻.

14) 釐降(이강) : 계급이 아래인 사람에게 시집보내다.

15) 嬀汭(규예) : 규수(嬀水)의 물굽이. 규수는 지금의 산서성(山西省) 영제현
(永濟縣) 남쪽으로 흐르는 물.

16) 嬪于虞(빈우우) : 유우씨(有虞氏)의 집안 며느리가 되다.

17) 刑于寡妻(형우과처) : 형은 의법(義法)이다. 과처는 과소군(寡小君)의 뜻.

18) 卿士(경사) : 경(卿)과 대부(大夫)와 사(士).

시간과 공간을 초월하여
영원한 고전으로 남아질 수 있는 —

자유문고의 책들

1. 정관정요
최형주 해역 ●620쪽/18,000원

당나라 이후 중국의 역대왕실이 모든 제왕의 통치철학으로 삼아 오던 이 저서는 일본으로 건너가「도꾸가와 이에야스(德川家康)」가 일본 통일의 기틀을 마련하는데 큰 힘이 되었다. 〈완역〉

2. 식경
남상해 해역 ●325쪽/12,000원

어떤 음식을 어떻게 섭취하면 몸에 좋은가? 어떻게 하면 건강하게 무병장수 할 수 있는가 등등. 옛 중국인들의 음식물 조리와 저장방법 등 예방의학적 관점에서 그 해답을 얻을 수 있다. 〈완역〉

3. 십팔사략
증선지 지음 ●254쪽/6,000원

고대 중국의 3 황 5 제에서부터 송나라 말기까지 유구한 역사의 노정에서 격랑에 휘말린 인물과 사건을 시대별로 나눈 5 천년 중국사를 한눈에 볼 수 있는 역사서.

4. 소학
조형남 해역 ●338쪽/8,000원

자녀들의 인격 완성을 위하여 성인이 되기 전 한번쯤 읽어야 하는 고전. 아름다운 말, 착한 행동, 교육의 기초 등, 인간이 지켜야 할 예절과 우리 선조들의 예의범절을 되돌아 볼 수 있다. 〈완역〉

5. 대학
정우영 해역 ●156쪽/5,000원

사회생활에서 지도자가 되거나 조직의 일원이 될 때 행동과 처세, 자신의 수양, 상하의 관계 등에 도움은 물론, 훌륭한 지도자로 성장할 수 있도록하는 조직관리의 길잡이다. 〈완역〉

6. 중용
조강환 해역 ●192쪽/6,000원

인간의 성(性)・도(道)・교(教)의 구체적인 사항을 제시하였다. 도(道)와 중화(中和)는 항상 성(誠)을 가지고 살아가야 한다는 것과 귀신에 대한 문제 등이 심도있게 논의됐다. 〈완역〉

7. 신음어
여곤 지음 ●256쪽/6,000원

한 국가를 경영하는 요체로써 인간의 마음, 인간의 도리, 도를 논하는 방법, 국가공복의 의무, 세상의 운세 그리고 성인과 현인, 국가를 경영하는 요체 등을 주제로 한 공직자의 필독서이다.

8. 논어
김상배 해역 ●376쪽/10,000원

공자와 제자들의 사랑방 대화록. 공자(孔子)의 '배우고 때로 익히면 즐겁지 아니한가.'로 시작되는 논어를 통해 공문 제자의 교육법을 알 수 있다. 〈완역〉

9. 맹자
전일환 해역 ●464쪽/10,000원

난세를 다스리는 정치철학. 백성이란 생활을 유지할 생업이 있어야 변함없는 마음을 가질 수 있고, 생업이 없으면 변함없는 마음을 가질 수 없다. 〈완역〉

10. 시경
이상진・황송문 역 ●576쪽/12,000원

공자는 시(詩) 3 백편을 한마디로 대변한다면 '사무사(思無邪)'라고 했다. 옛 성인들은 시경을 인간의 마음을 정화시키는 중요한 교육서로 삼았다. 각 시에 관련된 그림도 수록되어 있다. 〈완역-자구 색인〉

11. 서경
이상진・강명관 역 ●444쪽/6,000원

요순(堯舜)시대부터 서주(西周)시대까지의 정사(政事)에 관한 모든 문서(文書)를 공자(孔子)가 수집하여 편찬한 책이다. 유학의 정치에 치중한 경전의 하나. 〈완역〉

12. 주역
양학형・이준영 역 ●496쪽/15,000원

주역은 신성한 경전도 신비한 기서(奇書)도 아니다. 보는 자의 관점에 따라 판단을 내리도록 하는 것이 역의 기본이치이다. 주역은 하나의 암시로 그 암시를 통해 문제를 해결해 나가는 것이다. 〈완역〉

13. 노자도덕경
노재욱 해역 ●272쪽/7,000원

난세를 쉽게 사는 생존철학으로 인생은 속절없고 천지는 유구하다. 천지가 유구한 것은 무위 자연의 도를 수행하고 있기 때문이다. 제일 귀중한 것은 자기의 생명이다 라고 했다. 〈완역〉

14. 장자
노재욱 편저 ●260쪽/7,000원

바람따라 구름따라 정처없이 노닐며 온 천하의 그 무엇에도 속박되는 것 없이 절대 자유로운 삶을 영위하는 소요유에서부터 제물론, 응제왕편 등 장주(莊周)의 자유무애한 삶의 이야기이다.

15. 묵자 박문현·이준영 역 ● 552쪽/15,000원	묵자(墨子)는 '사랑' 을 주창한 철학자이며 실천가이다. 묵자의 이론은 단순하지만 그 이론을 지탱하는 무게는 끝없이 크다. 묵자의 '사랑' 은 구체적이고 적극적이다. 〈완역〉
16. 효경 박명용·황송문 역 ● 232쪽/6,000원	효도의 개념을 정립한 것. 공자의 제자인 증자(曾子)는 효도의 마음가짐이 뛰어났다. 이 점을 간파한 공자가 증자에게 효도에 관한 언행을 전하여 기록하게 한 효의 이론서이다. 〈완역〉
17. 한비자 상·하 노재욱·조강환 역 ● 상·하/각 15,000원	약육강식이 횡행하던 춘추전국시대에 순자의 성악설(性惡說)을 사상적 배경으로 받아들여 법의 절대주의를 역설하였다. 법 위주의 냉엄한 철학으로 이루어졌다. 〈완역〉
18. 근사록 정영호 해역 ● 424쪽/8,000원	내 삶의 지팡이. 송(宋)나라의 논어(論語)라 일컬어진『근사록』은 송나라 성리학(性理學)을 집대성한 유학의 진수이다. 높은 차원의 철학적 사상과 학문이 쉽고 짧은 문장으로 다루어졌다. 〈완역〉
19. 포박자 갈홍 저/장영창 역 ● 280쪽/8,000원	불로장생(不老長生), 이것은 모든 인간의 소망이며 기원의 대상이다. 인간은 죽음을 초월할 수 있는가? 불로불사(不老不死)의 약은 있는가? 등등. 인간들이 궁금해 하는 사연들이 조명되었다.
20. 여씨춘추 12기 8람 6론 정영호/12기/10,000원●8람/12,000원●6론/4,000원	여불위가 3천여 학자와 이룩한 사론서(史論書)로 유가·도가·묵가·병가·명가 등의 설을 취합. '12기(紀), 8람(覽), 6론(論)' 으로 나뉘어 선진(先秦)시대의 학설과 사상을 총망라해 다룬 백과전서. 〈완역〉
21. 고승전 혜교 저/유월탄 역 ● 288쪽/8,000원	중국대륙에 불교가 들어 오면서 불가(佛家)의 오묘 불가사의한 행적들과 중국으로 전파되는 전도과정에서의 수난과 고통. 수도과정에서 보여주는 고승들의 행적을 기록한 기록문.
22. 한문입문 최형주 해역 ● 232쪽/5,000 원	조선시대의 유치원 교육서라고 하는 천자문, 이천자문, 사자소학, 계몽편, 동몽선습이 수록됨. 또 관혼상제 등과 가족의 호칭법 등이 나열되고 간단한 제상차리는 법이 요약되었다. 〈완역〉
23. 열녀전 유향 저/박양숙 역 ● 416쪽/7,000원	역사에 큰 발자취를 남긴 89명의 여인들을 다룬 여성의 전기이다. 총 7권으로 구성되었으며 옛여성들이 지킨 도덕관을 한 눈에 볼 수 있는 교양서. 〈완역〉
24. 육도삼략 조강환 해역 ● 296쪽/8,000원	병법학의 최고봉인 무경칠서(武經七書) 가운데 두 가지의 책으로 3군을 지휘하고 국가를 방위하는데 필요한 저서이다.『육도』와『삼략』의 두 권이 하나로 합한 것이다. 〈완역〉
25. 주역참동계 최형주 해역 ● 272쪽/10,000원	『주역참동계(周易參同契)』란 주나라의 역(易)이 노자의 도(道)와 연단술(練丹術)과 서로 섞여 통하며『주역』과 연단은 음양을 벗어나지 못하며 노자의 도는 음양이 합치된다고 하였다. 〈완역〉
26. 한서예문지 이세열 해역 ● 328쪽/7,000원	반고(班固)가 찬한『한서(漢書)』제30권에 들어 있는 동양고전의 서지학(書誌學)의 대사전이다. 한(漢)나라 이전의 모든 고전을 일목요연하게 볼 수 있는 서지학의 원조이다. 〈완역〉
27. 대대례 박양숙 해역 ● 344쪽/8,000원	『대대례』의 정식 명칭은『대대예기』이며 한(漢)나라 대덕(戴德)이 편찬한 저서로 공자(孔子)와 그의 제자들이 예에 관한 기록의 131편을 수집하여 집대성한 것이다. 〈완역〉
28. 열자 유평수 해역 ● 304쪽/7,000원	『열자』의 학문은 황제(黃帝)와 노자(老子)에 근본을 삼았고 열자 자신을 호칭하여 도가(道家)의 중시조라고 했다.『열자』는 내용이 재미가 있고 어렵지 않은 것이 특징이다. 〈완역〉
29. 법언 양웅 저/최형주 역 ● 312쪽/7,000원	전한(前漢)시대 사마상여(司馬相如)의 영향을 받아 대문장가가 된 양웅(楊雄)의 문집이다. 양웅은 오로지 저술에 의해 이름을 남기고자 힘써 저술에 전념하였다. 〈완역〉
30. 산해경 최형주 해역 ● 408쪽/10,000원	『산해경(山海經)』은 문학·사학·신화학·지리학·민속학·인류학·종교학·생물학·광물학·자원학 등 제반 분야를 총망라한 동양 최고의 기서(奇書)이며 박물지(博物志)이다. 〈완역〉

47. 주례 지재희·이준영 역 ●604쪽/20,000원	중국의 국가 제도를 기록한 최고의 책이며, 삼례(三禮)의 하나. 중국 주(周)나라의 관직을 천관(天官), 지관(地官) 춘관(春官), 하관(夏官), 추관(秋官), 동관(冬官)으로 분류하고 그 예하의 관명과 각 관직에서 행하는 직무의 범위를 설명했다. 〈완역 – 자구 색인〉
48. 춘추좌전 상·중·하 남기현 해역 ●상·중·하/각 20,000원	오경(五經)의 하나. 중국 노(魯)나라 은공(隱公) 1년에서 애공(哀公) 14년까지의 12대 242년 간의 일을 노나라 사관이 편년체로 기록한 것을 공자가 윤리적 입장에서 비판 수정하여 정사(正邪)와 선악의 가치판단을 내린 저서. 주(周)나라 경왕(敬王) 39년에 시작하여 경왕 41년에 완성. 좌구명(左丘明)이 전(傳)을 쓰다.〈완역 – 자구 색인〉
49. 순자 이지한 해역 ● 656쪽/23,000원	예(禮)를 앞세워서 맹자(孟子)의 성선설(性善說)을 부정하고 성악설(性惡說)을 주창한 순자의 모든 사상이 담겨 있는 저서이다. 특히 형명법술(刑名法術)을 대성한 한비(韓非)는 그의 문하생이다. 순자는 총 20권 32편으로 나누어졌다. 모든 국가는 예로써 다스려야 한다는 순자의 이론을 집대성하고 있다. 〈완역 – 자구 색인〉
50. 악기 이영구 편저 ● 312쪽/12,000원	예기 악기편과 여러 경전에 나오는 음악 관련 내용을 발췌하여 엮고, 국악기와 무일도의 도록과 설명도 실었다. 악기는 동양 최초로, 음악 이론과 악장을 다룬 예술서이며 6경(六經)의 하나이다.
52. 원본소녀경 최형주 해역 ● 324쪽/12,000원	학자들이 몰래 보던 동양의 성(性)의 고전인 소녀경(素女經 : 소녀방·옥방비결·동현자)을 완역하고, 원문과 함께 색인까지 수록하여 누구나 쉽게 읽을 수 있도록 했다. 〈완역 – 자구 색인〉
101. 한자원리해법 김철영 엮음●232쪽/6,000원	한자가 이루어진 원리를 부수를 기본으로 나열하여 쉽게 풀어놓았다. 한자의 기본인 부수가 생겨나게 된 원리를 보여주어 한자에 쉽게 다가갈 수 있게 하여, 초보자도 쉽게 깨우칠 수 있도록 하였다.
102. 쉽게 풀어쓴 상례와 제례 김창선 지음●248쪽/7,000원	편의주의에 밀려난 조상들이 지켰던 상례와 제례를 알기 쉽게 풀어서 그 의식에 스며있는 의의를 고찰하고 오늘날의 가정의례준칙상의 상례와 제례와도 비교하였다. 또한 상례와 제례가 실제 거행되는 50여컷의 사진들을 함께 실어 이해를 돕고 있다.
동양사상① - 한글 소학(小學) 어머니 회초리에 힘이 없으시니 임종문 해역 ●284쪽/8,000원	고려 중기 이후 조선 말까지 7백여 년 동안 우리 나라 청소년의 기초 인성 교육을 맡아 온 책인, 소학에서 배우는 가치 있는 삶.
동양사상② - 한글 여씨춘추(呂氏春秋) 외날개 새는 어떻게 날아가나 임종문 해역 ●312쪽/9,000원	이야기로 읽는 중국 제자백가 사상의 백과사전. 역사에서 배우는 지혜와 교훈의 보물 창고. 천문 지리 인사 등의 모든 것을 담았다.
동양사상③ - 한글 이인기행록(異人奇行錄) 이것도 인생이다 유태전 지음 ●314쪽/10,000원	즐겁게 살다 간 사람들의 이야기에서 배우는 삶의 방법과 인생의 의미. 우리의 고정 관념을 깬 사람들의 인생 기록이다.
동양사상④ - 한글 논어(論語) 썩은 나무에는 조각할 수 없고 지재희 해역 ●320쪽/10,000원	인간다운 삶, 인간다운 사회의 이상향을 꿈꾼 동양 정신의 다이아몬드. 공자의 제자마다 달랐던 다양한 교육방법을 엿볼 수 있다.
동양사상⑤ - 한글 맹자(孟子) 맹자로 한국 살리기 이승철 해역 ●312쪽/10,000원	논술 시험을 보는 학생과 수험생이라면 반드시 읽어야 할 논쟁의 대가 맹자의, 정치 경제 사회 문화 등 각 분야의 말솜씨 배우기.
동양사상⑥ - 한글 오륜행실도(五倫行實圖) 나보다 남을 더 사랑한 사람들 지재희 해역·김홍도 그림 ●312쪽/10,000원	나보다 우리를 먼저 생각하고, 내 처지보다 네 처지를 더 많이 생각한 139인의 행적을 그림과 함께 소개.

인 지
생 략

동양학총서〔51〕

가범(家範)

초판인쇄 2004년 5월 25일

초판발행 2004년 5월 30일

지은이 : 사마광

해역자 : 이영구

펴낸이 : 이준영

회장 · 유태전

사장 · 백상태

주간 · 김창완 / 편집 · 홍환회 / 교정 · 강화진

조판 · 태광문화 / 인쇄 · 천광인쇄 / 제본 · 기성제책 / 유통 · 문화유통북스

펴낸곳 : 자유문고

서울 영등포구 문래동6가 56-1 미주프라자 B-102호

전화 · 2637 - 8988 · 2676 - 9759 / FAX · 2676 - 9759

홈페이지 : http://www.jayumungo.com

e-mail : jayumg@hanmail.net

등록 · 제2 - 93호(1979. 12. 31)

정가 12,000원

※잘못 만들어진 책은 구입하신 서점에서 바꿔드립니다.

ISBN 89 - 7030 - 061 - 9 04150
ISBN 89 - 7030 - 000 - 7 (세트)